地球脈動

一場臺灣世界地理學的討論

| 2015 前篇 |

洪富峰、施雅軒　編著

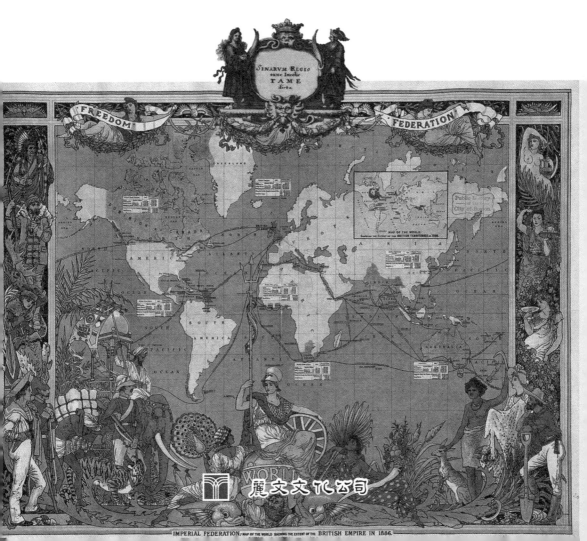

麗文文化公司

■ 國家圖書館出版品預行編目資料

地球脈動 ： 一場臺灣世界地理的討論. 2015 前篇
/ 洪富峰, 施雅軒編著 -- 初版. -- 高雄市：麗文
文化, 2015.11
　　面； 　公分
　ISBN 978-957-748-626-4（平裝）

1.地理學

609　　　　　　　　　　　　　104025112

地球脈動：一場臺灣世界地理學的討論 ▌2015 前篇 ▌

初版一刷・2015 年 11 月

編著	洪富峰、施雅軒
責任編輯	李麗娟
封面設計	鐘沛岑
發行人	楊曉祺
總編輯	蔡國彬
出版者	麗文文化事業股份有限公司
地址	80252高雄市苓雅區五福一路57號2樓之2
電話	07-2265267
傳真	07-2233073
網址	www.liwen.com.tw
電子信箱	liwen@liwen.com.tw
劃撥帳號	41423894
購書專線	07-2265267轉236
臺北分公司	23445新北市永和區秀朗路一段41號
電話	02-29229075
傳真	02-29220464
法律顧問	林廷隆律師
電話	02-29658212

行政院新聞局出版事業登記證局版台業字第5692號

ISBN 978-957-748-626-4（平裝）

麗文文化事業

定價：350 元

推薦序

謝長廷（前行政院長）

　　高雄師範大學地理系的洪富峰教授與施雅軒教授，每個禮拜在高雄廣播電台「地球脈動」節目中討論地理學與國際政治之間的關係，《地球脈動：一場臺灣世界地理學的討論》的內容就是兩位教授將節目中討論的內容紀錄整理並集結出版成書。我本身也是每週二在臺北的綠色和平電台主持廣播節目「有影上大聲」，所以相當了解在廣播節目中評論新聞時事的難處。在這個資訊爆炸的時代，昨天甚至當天早上的新聞，很可能馬上在其他的新聞節目已經被評論過了，如果我們下午的廣播節目要對當天的新聞來做評論，很可能拾人牙慧，反而沒有創新的觀點。相反的，要立即評論當天發生的新聞，其實也有難度，因為要在短時間內對新聞的意義作出定調，掌握相關的資訊，並預測後續可能的發展，若無法提出適當的定調與預測，過兩天之後，自己的評論反而會成為其他人評論的笑柄。

　　因為「地球脈動」是每週二播出的廣播節目，所以《地球脈動：一場臺灣世界地理學的討論》書中的國際新聞也是以「週」為單位，對當週的國際新聞提出評論。洪富峰教授與施雅軒教授從地緣政治的角度，使用「區位」、「距離」、「組織」來評論當週的國際新聞，不僅可以免除時效性帶來的風險，同時佐以地圖的資料，和一般媒體生硬的新聞評論相較之下，更顯得有骨有肉，對讀者國際觀的提升增加了更多的興趣。例如在書中提到的「亞投行」（亞洲基礎設施投資銀行）議題，兩位教授為讀者說明了亞投行在國際關係中所產生的意義，以及中國成立「亞投行」背後的戰略目標，對於國際關係有興趣的讀者，本書很適合當作入門閱讀的書籍。我自己也在廣播節目中評論過「亞投行」的議題，因為我本身是政治人物，評論就偏重在臺灣加入「亞投行」利弊得失，「亞投行」如何與美國的「亞洲開發銀行」抗衡等現實政治的問題。

洪富峰教授是我在擔任高雄市長時期的社會局長，同時也是多年的好友。洪富峰教授在社會局長任內與市政府和議會都保持很好的關係，是虔誠的佛教徒，最近開始在學習太極拳，而我最近也剛好在教授獨創的流體太極，所以我從洪教授的字裡行間可以看出他的人生哲學、對生命豐富的關愛以及對生態環境的關心。因此，我們有許多相同的嗜好和想法，雖然最近開始忙碌於選務工作，但是仍相當樂意為洪富峰教授與施雅軒教授的新書寫序，並向讀者推薦這本好書。

推薦序

王鑫（臺灣大學地理環境資源學系名譽教授）

「立足臺灣，放眼世界」是我們的自我期許。在今天這個全球化的時代，各種工具發達，資訊暢流引導了物流和人流。認識世界、掌握全球動態等，已經是不難的事，只要你有心。

兩百多年前的鴉片戰爭之後，中國人才開始關心國際事務。魏源（1794-1857）從鴉片戰爭的洗禮中，認識到改革自強的重要性。他也力主開放海運，開拓海洋中國。道光 21 年（1841），林則徐遣戍新疆，行前將大量寶貴資料和所輯《四洲志》初稿，交付魏源，囑咐他整理成書。這就是中國第一部世界地理百科全書－－《海國圖志》。其中包括了世界地圖、地理知識等，使國人史無前例的清楚瞭解人在宇宙的位置、中國在世界的位置；也無可避免的引起了中國地位和中外關係的重估，而其結論則是中國人須走向世界，融入世界（蔣英豪，1998）。《海國圖志》是我國近代第一部系統性介紹世界各國歷史、地理、經濟、政治、文化、軍事諸方面狀況的世界地理大百科。

高雄廣播電台推出「地球脈動」節目，邀請高雄師範大學的洪富峰和施雅軒教授和聽眾一起關心國際新聞中可見的世界各地的人事脈動，那些在人類活動的舞台－大地上，發生的人類百態。這篇文集是訪問的文字稿，為了忠於實況，因此以口語的表述為主，讀起來要用感情。由於取材自國際新聞，又是臺灣人的眼光選取的，因此談論的主題是臺灣人關心的國際事務，能反映和連結上我們關心的政治、社會、經濟、文化、生活各層面；趣味性和學習性都高。

生活地理和理論地理是不同的面向，一般人都需要生活地理知識，至於經過系統化的理論地理，則是地理學者的專業。

本書正是生活地理和理論地理的交叉，綻放著交輝的光芒。

洪序

洪富峰（國立高雄師範大學地理學系副教授）

地理學關注的課題，以人類的生活空間作為重心，擴及到以全球為範疇的尺度。在地理大發現的時代，冒險家探險的動力來自強烈的好奇心，到底地平線外或是海洋彼岸有什麼新鮮事物？有什麼珍貴的寶物可以搬回家？不論是和平的貿易買賣或是暴力的搶奪和征服，都促進地表的流動性，包括物質和非物質的各種流動，數百年來，其結果已經貫穿今日人類的生活空間。

地理學家貢獻於地理大發現的神器是地圖，據說克里斯多福‧哥倫布（1450-1506）經過十多年，企圖說服西班牙、葡萄牙、英國和法國王室贊助他航向印度之旅不能成功，最後靠著半買半偷，拼湊得來的地圖增強說服力，才在 1942 年啟航，為西班牙王室「發現」美洲。發現是征服的含蓄說法，卻推促著地理學成為帝國顯學，根據史料記載，德國哲學家伊曼努爾‧康德（1724-1804）曾經講授 46 個學期的自然地理學課程，二十一世紀初，英國王室第二順位繼承人也主修地理學，各國中小學的地理課程，也演進為定位自己的國家，同時認識別人的國家，帶著民族色彩的國民教育。

地理大發現的時代已經結束了，代之而起的是全球電子脈衝 P2P 傳輸的資訊，運輸載具 C2C 運送的貨物，成功將地球時空收斂到每一個人的手機裡，當代與未來世代，人們宅在手機或穿戴裝置裡的時間可能會增長，若結合實境生活空間的主流事件，應有可能找出地球脈動的規律和原則，藉以趨吉避凶。當脈衝越強，國界越模糊，更衝擊地理課程的內涵、工具與教育目標，地理教育和學習的場所不僅限於中小學的教室，於是，施雅軒教授和我商量以廣播和網絡為工具，經洽商獲得高雄廣播電台的合作，嘗試新的地理學教育和學習方式。同時，為了呼應地理學描述地球的學科本質，取名地球脈動。

本書以對話的方式進行，基於地理學研究生活空間的觀念，以一周做為時間單元，篩選六則地球表面主要的脈動事件，提出對話者的識見，期待讀

者閱讀之餘，自行裁剪，啟動自我的地理再發現之旅。

　　本書能夠完成需要感謝幾位在背後支持「地球脈動」廣播節目的朋友，包括高雄市政府新聞局丁允恭局長，以及高雄廣播電台高光海台長、節目組孫鈴組長、主持人于庭，而節目的運作不是僅靠我與施老師就可以完成，幕後的資料收集的第一代企劃小組更是我感謝對象，包括研究所的陳柏鈞、何信甫和大學部的楊紹宏，也期勉第二代的企劃小組，在這個基礎上未來有更佳的表現。

目次

泰國與日本兩國政府簽署了鐵路合作文件，將採用日本新幹線技
　　術連接泰國首都曼谷到清邁的高速鐵路

在拉脫維亞舉行的歐盟「東部夥伴關係峰會」，歐盟與烏克蘭簽
　　署了十八億歐元的貸款協議

中國寧波海事局公布，泰國克拉運河合作備忘錄在廣州簽署

東南亞爆發了移民危機，緬甸政府面臨國際壓力，首度救援一艘
　　移民船將二百零八人救上岸

侯孝賢執導的電影「聶隱娘」奪下第六十八屆法國坎城影展最佳
　　導演獎

新臺幣兌日圓匯率達到一臺幣兌四日圓的價位，創下近十七年的
　　新高

國智庫國際戰略研究所在新加坡舉辦的第十四屆亞洲安全會議，
　　華府與北京對中國在南海填海造島針鋒相對

南韓保健福祉部對於未能遏阻中東呼吸症候群冠狀病毒，也就是
　　MERS 病毒的疫情提出道歉

金門夏張會針對福建晉江供水金門取得 6 月中簽約的共識

國際足球協會主席五度連任引發爭議，歐洲足總主席表示不排除
　　退出 FIFA，並且抵制未來的世界盃賽事

南韓總統朴槿惠召開了因應中東呼吸症候群（MERS）的聯合緊
　　急會議

國際足球總會主席閃電辭職，主要贊助商表示「這是正確的決定」

菲律賓海岸防衛隊證實了台菲重疊海域發生了海巡船艦對峙的事件

印尼盾受到美元走強以及原物料出口驟降的影響，跌破一美元兌
　　一萬三千元的大關

菲律賓總統在日本演講時措辭強烈，引起中國北京政府的強烈不滿

中國超越美國，成為今年全球最大的首次公開募股（IPO）市場

七國集團高峰會（G7）在德國的巴伐利亞地區舉行為期兩天的

美國速食店業者決定讓售將在臺灣的三百五十間直營店，經營權
轉手他人

第1集

104.01.06

〈全球化的時代帶您掌握國際時事關心全球動態歡迎收聽地球脈動〉

片頭：聽眾朋友午安！歡迎收聽今天 104 年 1 月 6 號的地球脈動，我是于庭。單元一開始先跟大家一起來關心上週的國際大事：

俄羅斯購買第三大銀行的優先股避免倒閉

歐元貶值到四年半的新低，歐洲央行的總裁暗示 QE

阿富汗撤軍，結束美國歷史上最長的對外戰爭

波羅地海三小國之一的立陶宛加入了歐元區

巴勒斯坦爭取讓聯合國通過協議案宣告失敗

稍待一會兒節目當中將帶您來關心上週國際大事的詳細資訊。

于庭（以下簡稱于）：現場的時間是下午的兩點二十九分、午後陽光第二階
段，我是于庭。剛才聽到這個片頭音樂大家有沒有嚇
一跳，怎麼于庭的節目好像變成了國際時事的節目。
其實這個是我們從民國 104 年 1 月 1 號開始，要帶給
我們午後陽光第二階段的朋友們一個新氣象，就是要
跟大家來關心一下我們身處的這個地球，到底最近發
生了一些什麼事？其實我們都知道邁入這個全球化的
時代，不管是哪一個國家的動態，對於我們臺灣的人
民來說，都有息息相關的影響！所以在這個午後陽光
第二階段，每周二的後半段，我們邀請到了高師大地
理系兩位重量級的老師，分別是洪富峰老師以及施雅
軒老師，他們兩位會在禮拜二的時候，在節目當中陪
伴大家，我們一起來聊聊上週到底全球發生哪一些重
大的事件，以及這些大事件對於我們的生活都會有影
響。所以單元一開始趕快歡迎我們的佳賓，分別是我
們的高師大地理系的洪富峰老師以及施雅軒老師。請
兩位老師跟大家問聲好！

洪富峰（以下簡稱洪）：主持人、各位聽眾，朋友大家午安！

施雅軒（以下簡稱施）：主持人、洪老師、大家好，我是施雅軒。

于：兩位老師今天來到這個節目當中，其實于庭一直有個疑問，以前就是念
書念地理的一個很刻板的印象，我都會覺得地理可能就是在觀察某個大
洲的某一條河它怎麼流，或是說某一個版塊它有怎麼樣的狀況，但是直
到遇見這兩位老師，我才知道，其實地理學跟我們的全球或國際，是有
一個相當密切的關係。這算是地理學的新趨勢嗎？還是其實這早就有
了，只是我個人比較孤陋寡聞，比較不知道這其中的關係。

洪：因為你沒有念地理系。

于：哈哈。

洪：我非常歡迎，于庭可以繼續來。

于：進修嗎？

洪：進修，可以到地理系來。

于：所以洪老師要不要幫我們來談一下，到底這個地理學跟這個全球之間的關係是怎麼樣的一個連結？

洪：現在我們大部分的人，對於地理學的概念就是停留在過去國中、高中課本，那裡頭講的有幾個國家以及它的自然環境。您剛剛講的河流，從哪裡流到哪裡。過去還有一些考試，如果我要從我們家要到哪一個地方去，那我要採用怎麼樣的交通工具啊……

于：沒錯！

洪：或者是哪一個地區的國家叫什麼名字？那邊有怎麼樣的風俗民情？其實這都是在過去地理所要探討的範圍內，但是真的地理學其實在探究這些之外，其實他還有一個目的，就是我們要了解我們自己的生活環境與社會，我們所屬這個國家裡頭的資料以外，看看其他的國家他們長什麼樣子？他們講什麼話？他們有什麼樣的產業是我們想跟他們貿易的？有什麼樣的高科技？或者是什麼樣的一個新鮮的事物是我們想要去了解的？其實都是地理學的範圍。

于：其實這樣聽起來，我們像是經濟以及旅遊，這些都是跟地理系都是息息相關的對不對？

洪：對，其實最早是畫一張世界地圖，我們過去叫作地理大發現，就是地球是一個空白。

于：空白？

洪：那全世界有航海技術，有製圖技術，有這個冒險精神的國家，他們想要去，我們去把別的地方不知道的地方，我們探究以後把這個資料畫到我們的地圖上來。那個地方有什麼資源，我去把它搬回來。

于：最重要的就是要奪取別人的好處就對了！

洪：對對對對！所以我們有時候說，**地理學是帝王學，因為最早的這門學問，是為「帝國」作服務**。

于：所以那我們今天再來看到，從這個地理學來看全球的這個動態，不曉得老師覺得，就是現在的朋友或者是說我們臺灣的民眾，甚至是我們範圍

縮小一點，就是說我們高雄的市民朋友，了解這個全球脈動到底對他的這個生活有怎麼樣的一個幫助？

施：我想大家在國中、高中都有讀過地理，因為上課時間有限，所以大家所學的地理其實都比較片面化，比如說一個國家的話，你會學日本、美國，但是就只會侷限在日本怎麼樣、美國怎麼樣。但是其實另外一塊，是國與國之間是有互動的。不會說只有我一個人，然後我不去看待別人。所以這就會變成，國跟國之間的發展過程，會影響到全世界的發展。那臺灣，我們常常在強調，我們要「全球化」，或者說我們會受到全球化的「浪潮」。所以今天我們要走出去面對這個世界的話，你就是必須知道這個浪潮怎麼來，要怎麼打。現在漲潮了？還是退潮了？可以因應這樣子的一個趨勢，去做一個預留的動作。這個大概就是我們現在要講的，我們國中叫這個是「世界地理」，可是我現在講的這部分叫作「地緣政治」。

于：地-緣-政-治？

施：等於說是世界地理的 2.0 版！假如打個比喻的話……

于：已經進階到上網版的就對了。

施：對對……

于：我想于庭私下的一個小問題想要來問一下兩位老師。最近我們這個元旦假期過後，第一天這個上班天，其實對於很多朋友們來說，都得到了一個生活上的小小確幸，那就是我們的油價又降了。對於這個油價之前一直節節高升降不下來，大家每每去加油，甚至是一些運將大哥們，他們每天在開計程車，耗在油費上的一些支出真的是很驚人，但是一月五號起油價又再度調降了 0.7 元，可是說創下了五年半來的新低，那于庭個人私下想要來了解一下，到底油價的變化是不是如同老師所說的，跟這個國際關係是有關連？

洪：是。如果這個油價再繼續跌，只要能維持很長一段時間，那航空公司跟航運公司就會很快樂、很開心。

于：哈哈哈。

洪：因為他們是依賴石油作最主要的燃料。

于：當然，對。

洪：價格一直降低了就表示他的成本下降了，那他的運輸成本下降了以後，他的獲利率就增加，所以有人預測未來這一段時間繼續下去，航運的航空公司的股票往上漲了。那另外也會回饋給消費者，那大家的票價就更便宜。有一些航空公司又因為現在全球航線航班越來越多。亞洲是經濟發展越來越快速。那就很多有航空公司希望提供給你這個，比如說高雄小港國際機場，因為航線要進來，北美飛到這個臺灣亞洲的航線，現在很多航空公司在競爭。他憑什麼能夠繼續這樣競爭，因為他的成本下降。

于：是。

洪：那他能夠出來跟別人卡位的力量增加了，所以要去旅遊的人，相對的我們的票價就會下降。

于：所以這一段時間是大家旅遊的，算是滿不錯的時機嗎？如果想要省錢的話……

洪：對，所以不僅僅是大家使用的交通工具，有一些燃油工廠，他的成本也下降了。

于：那請教一下老師，像這個石油下降對於多數的像我們這種一般的市井小民來說好像就是福利，但是有沒有國家是，或者是說有沒有哪一些地方因為這個石油下降，好像最近發生了一些小小的狀況來出現了。

洪：你是指哪一個地方？

于：哦……聽說好像是這個俄羅斯，對不對？

洪：這一段時間俄羅斯、因為加拿大跟美國管制了頁岩油，那個數量大量的生產，所以價格下降。我的理解一桶像中東的油源，那成本大概二十塊美金，那頁岩油大概要抽到大概要抽到六十塊、甚至七十塊，那最近說技術稍微改進一點跌到五十幾塊，所以兩邊在競爭，競爭的結果按照國際上的這種市場的經濟就是，我無利可圖就要退出市場了，可是這一件事情好像支撐了很久了，以至於好像我們這個社會的油價相對反映是比較慢的，我們都享受到好處，是這樣來的。那俄國這一波因為過去一、二十年來、相當程度的依賴他的天然氣跟石油，

于：的出口、對不對？

洪：對，來作為支撐它經濟持續維持的一個動力。那現在價格下降以後，都砍了。從一百多塊降到五十幾塊，腰折！

于：腰、腰斬！就是二分之一的獲利都無去 bô--khì。

洪：你想像如果你的薪水都砍一半，你的感受就大概是現在普亭的感受吧！

于：他們的這一個石油油價一直降，是不是也帶動他們國內經濟有一些，新的措施必須要來出現，要來挽救他們的一些算是經濟上的頹勢嗎，對不對？

洪：這個困難度是很高的，因為在 2012 年的 8 月，記得俄國已經加入 WTO 了，就像臺灣跟俄國之間的貿易，也開始漸漸稍微加溫起來。那……因為這一種開放的關係，很多俄國人其實是跑到歐洲去，他們跟歐洲的關係是密切的。現在有一個數字，全世界「超過十億美金」以上資產的人、居住的城市最多的？

于：在哪裡？

洪：你知道在哪裡嗎？

于：不知道。

洪：是倫敦。但是不一定是英國人啊！

于：是，那？

洪：大部分是阿拉伯的石油王子啊！

于：我懂了。

洪：俄國的這個大亨啊！不見得通通都是盎格魯薩克遜人啊！可是、跑掉！所以這個俄國要想要救經濟、是不是要……再靠這些人？或者說只是在靠石油？恐怕沒這麼簡單了！

于：是！那所以他們現在不能靠石油來挽救他們的頹勢，是不是在一些貨幣上也發生了一些像是……貶值、或是之類的，目前他們針對他們國內的經濟作了一些什麼樣的……措施？

洪：我們對俄國的理解其實相當弱的。

于：對。

洪：對。

于：我、我個人也是。

洪：呵呵，不知道施老師怎樣？

施：我……我也是、我也是。不過我覺得可以談一個，就是剛才講的那個、那個浪潮那個趨勢，我們大概在臺灣已經期盼希望油價降已經很久了，可是為什麼是現在這個當頭？其實就是我剛才講的那個浪潮。也就是說其實這個油價降價的這一波，其實是在某個程度就是這個地緣政治一個對峙。我們常講的美國想修理……以前傳統我要修理一個國家我就是派兵打你。

于：就是對武力、直接就是船堅砲利過去了。

施：可是現在因為大家都要搶著全球化，「你中有我、我中有你」，所以我不能直接，那另外一種就是什麼？用錢打你！

于：用錢，呵呵！聽起來好痛。

施：那怎麼用錢打你？就是他看準了全球靠石油出口的三個重要的國家，我叫做「俄伊委」。俄羅斯、伊朗、委內瑞拉。這三個都是靠、極度靠石油出口的國家，而他們又是「反美」的，所以他們用這種方式，美國就是透過什麼、一種方式，就是讓整個的油價……跌！跌的過程裡面他的貨幣、他的國家，因為他是極度靠石油出口的，所以就會變成他的國內的經濟就會受重創，那當然受重創一種方式就是大家，舉俄羅斯來講、就是盧布大量就拋出來了。就是因為我們都知道，就像說前一陣子日圓對不對，一樣就是這樣貶值，大家就會拋。那一樣，盧布也會拋，這樣就拿到了那個什麼，我不用軍事武力傷害你，可是你就讓對方的民生就是、凋敝了。所以、假如今天來看說，那油價會不會繼續跌？

于：對啊，會不會？

施：會，看樣子會！

于：會，哇！

施：因為什麼？因為美國沒有達到他該有的……

于：他的目的還沒有達陣就對了。

施：目的，對，就是目的其實就是……我們看地緣政治就是俄羅斯他希望俄羅斯從烏克蘭，就是另外一個角度其實就是，現在烏克蘭的國際問題，

那個西方跟俄羅斯的一個角力，但是俄羅斯一直抓著。所以現在、以前傳統就是，好！你抓著烏克蘭那我就打你，那現在就不行。所以我就是透過逼你的國際、國內的民生凋敝對不對，暗示你。

于：說該收手了。

施：你收手了，我就會讓你有獎賞。

洪：這講起來美國很邪惡這樣。

施：是沒有錯啊！

于：可是國際的角力……不就是……會呈現在這樣的一些……

洪：對，美國是一個自由市場啊！當這個……頁岩油的這個價格、就是市場的價格已經低於它的成本的時候，那作這個開採的人，這個生意他就要停了。尤其美國是一個這麼資本主義的國家，是不是可以透過說外交或者是國家的力量來主導，讓這個市場的油價這樣跌下來，恐怕……也不無疑問。

于：所以剛剛施老師是預測說，我們的油價還有可能在……嘖嘖、價格還可能再降。

施：假如我們用比較普通的話就是，假如還沒有、俄羅斯還沒有、普丁還沒有求爺爺告奶奶之前，應該是不會收手……

于：好，所以我們還可以享受低油價一段時間就對了。

洪：那個 KGB 練就一身，這種就是不告爺不告奶。繼續打啊！

于：所以這樣說起來是不是俄羅斯的這一個、算是也是滿應景的，想說就這樣貶值盧布來跟美國槓上了。好像我們對於這個俄羅斯人的認識是有一點……受限的。這個洪老師要不要來幫我們談一下是不是跟之前跟……

洪：其實他們跟歐洲的關係是密切的，所以其實雖然說因為有這個邊界、克里米亞的……那個……

于：戰爭。

洪：問題……

于：問題。

洪：但是……俄國跟德國的貿易額是很高的。那不要忘記從臺灣的角度來看，其實歐洲是我們的一個出口的市場，所以我們也應該去關心說，那

我們有哪一些產業，比如說，我看資料就是有一些電子業其實有跑到俄國去設廠，然後……

于：臺灣的電子業嗎？哇！

洪：有的，因為這個加入、他們加入 WTO 以後，其實以臺灣的跨國公司來講，那也是一個大的市場啊！所以難免要把他當作一個開拓的可能性，所以早就有人去設廠了。所以透過這一條從歐洲然後再走到俄羅斯，或是我們跟她直接、那個貿易的增加。這也是一個、不應該被忽視的課題！

于：所以說俄羅斯目前這個面臨到的一些狀況，其實除了我們大家關心油價的同時也要來關心一下，到底我們這個台商，或者是我們臺灣本土的，不是本土，這個出口的企業對於俄羅斯的一些，哦……往來的貿易，他們到底會受到什麼影響？這也是我們在這一個享受油價比較便宜的同時，我們大家也要來關心的一個話題。那我們既然談到俄羅斯，當然在這個節目當中就要來應景一下，我們來聽來自俄羅斯的民謠，不過、這一個民謠的這一個名字真的是太難了！因為于庭、本人是不會俄羅斯文的，所以跟大家介紹這一首就是俄羅斯民謠，來感受一下這個俄羅斯民謠的、歡樂的氣息！

（音樂）

于：好的，現場時間是下午的兩點四十八分、午後陽光第二階段，我是于庭。今天、在這個節目現場的是我們高師大地理系兩位重量級的教授，分別是洪富峰洪老師、以及施雅軒施老師，他們從這一個 1 月份開始，應該說從 104 年開始，每個星期二的下午的節目後半段，都會在空中陪伴大家，一起來關心上周國際重要的大事，以及這些大事到底對我們的民生、對我們的經濟、對我們的旅遊有什麼樣密切的關聯。那剛才、這個兩位老師幫我們談到說，這一個油價的下跌啊其實不是我們這個消費者開心，但是在這個產油國可是、目前有一點點這個臉色要變調了，因為油價降他們的收入就減少了，所以他們也在這個國際的這一些措施

上，經濟的措施上做了一些調整。那剛才老師有幫我們提到說，其實俄國跟歐洲的關係是相當密切的，那我們知道這個歐洲其實是一個很大、全球最大的經濟的……整合體對不對。就是我們所說的歐盟。那到底俄羅斯受到這一波的這個影響，經濟上的一個凋敝的狀況，他會帶給歐洲怎麼樣的影響？會對歐洲有負面的經濟的一個衰退的造成嗎？要不要請問老師，來幫我們談一下。

洪：對於有一些數字講這個，像法國的銀行在俄羅斯的、在俄國的利潤就下滑。那義大利的狀況也是、狀況一樣。那俄國跟這個歐洲的國家當中關係更密切是德國。

于：德國？

洪：德俄之間的貿易額是很高的，可以七百六十億歐元這樣一年的這個的數字，那當然這種互動受到之間的這個幣值的變動，其實我們不要以為說幣值變動好像對於全國都不利。有人倒著操作啊！我就知道他會貶啊！然後我就一直這個逆向操作、來賺大錢啊！

于：所以……洪老師、在節目當中也要順便告訴大家一下這個操盤的……這個手法就對了。

洪：是，但是心臟要夠強啊！

于：好。

洪：對那個輸贏之間是……

于：分秒……分秒就是好幾……

洪：對。

于：可能好幾億、好幾千萬上下。

洪：所以有人說當代的知識有兩種類型，用美國的概念來講就是，一種是華爾街的，就你要「秒」去看。幾秒鐘幾分鐘那個價格變動，你的損失或是你的獲利、那個……鉅額的。那另外一種的是矽谷的說，我要比較長時間的、一個技術的突破，那產業會改變。所以一個是比較慢的、但是有結構性的，一個是從金融的角度來看他瞬息萬變，所以有人每天就盯著這個盤勢在走的有這樣的工作的。

于：所以這一波的這一個，哦……不管是俄羅斯或者是這個歐元地區的一些

經濟狀況凋敝的話，其實也是給這個投資朋友可能會有一個，哦……入手的這個空間

洪：對的。

于：但是于庭想要問一下，就是說好像聽到說歐洲央行的總裁他面對這個歐元可能已經貶到四年以來的最低點，他好像有提出一個想要來執行的一個措施，希望可以讓這個歐元、算是從谷底要再度反彈。請問這一個，有可能來進行的措施是什麼？

洪：說到這個，我們施老師就很生氣！

于：為什麼？！

洪：現在叫 QE。

于：QE！

洪：讓施老師來表達一下。

于：QE 好像滿常聽到，之前這個日本也用過、然後美國也用過，可是說實在的于庭對於 QE 的詳細的內容還不是那麼清楚，要不要請施老師來講一下。

施：QE 其實……假如換成中文就是「量化寬鬆」，所以有人不講 QE 就直接講量化寬鬆。那量化寬鬆、最簡單的就是印鈔票，就是這樣來的。那為什麼印鈔票就叫作量化寬鬆？這個其實也叫「物以稀為貴」。也就是說、就像說、今天我們生產多的、過剩的柳丁對不對？太多，那柳丁的價格就跌了。所以同樣的鈔票也是。你 QE，為了以後你大量的印製鈔票以後，那這個……鈔票的價值就跌了。

洪：所以要給施老師加薪水。

施：對對對對！

于：啊！哈哈哈！

施：假如說我們也要 QE 的話、就是像這樣子，那為什麼說在……來的路上跟洪老師講就是說，這一波的央行總裁、歐洲歐洲！歐洲，那暗示要 QE，但是在這個月 22 日要開總裁會議，他們會談說……暗示！那為什麼？就是他們，我的理由是他們是不是，他們發現整個的通膨率是 0.3、是不是很低，也就是說大家都不買東西了，那他們覺得合理的是百分之二，那

現在變成是 0.3。

于：對啊！差有點多了。

施：所以這個新聞、現在放的新聞就是「又要差多了」，所以他們打算要 QE。

于：大量的來印這個歐元的……這個面額。

施：對，讓歐元不值錢，然後大家就會拿這個錢來花。

于：來 shopping ！

施：來 shopping 對不對？那這樣就可以活絡經濟。這個是其實在日圓的邏輯，現在會這麼的貶對不對，貶到一美金換一百二十，也都是這個邏輯。就是讓他……一直不值錢，然後人家就會把他拿出來了，就不會一直把他擱著。可是，其實 QE 有個問題就是，那其實他傷害了誰？

于：傷害了誰？

施：就是老百姓。老百姓他買東西假如說、比如說我們早上吃麵包，我們臺灣不產……那個、麵粉，那你就要進口。那要是你 QE、你的鈔票變薄了，那你是不是什麼，你所花的錢……

于：就更多了？

施：就漲價了。所以 QE 其實另外一邊就是民生的物資恐怕會上漲。

于：會上漲。

施：所以說為什麼會那麼生氣的理由，就是說這些的領導者，其實他要達到某一個目標，其實他都不會把老百姓的民生把他擱在……

于：考慮進去。

洪：有一他以前照顧過我們啊一你不要忘記那個消費券就是另外形式的 QE。

施：我們現在是再講歐洲，我們現在在講歐洲啊！

于：好，所以這個歐洲的 QE 可能對於歐洲的歐元地區的民眾來說，會是一個民生的算是一個考驗了，但是如果對於這個算是外國的觀光客要去，是不是應該算一個福利，對不對？就像我們現在去日本觀光一樣、沒錯吧！

洪：當然啊！但是如果一個區域的，比如說你要到歐洲，那他告訴你說在巴黎他現在是，你要練就一身功夫才能去。現在那個歐元也許越來越便宜，我

們去的時候油價也下降，所以各種的價格都下降是很容易去的！

于：好功夫才能出國就對了。

洪：那、這個又是另外一個狀況，不能單一個看一個因素來看。

于：了解，反正就是同一個現象其實都有一體的兩面。

洪：對。

于：不管對於他們自己本國的人，或對於外國的觀光客，其實都有這一個滿大的影響。那今天我們談的這一個歐元地區，也談了俄羅斯地區，好像有朋友就會說，那是不是忽略了我們的這個老大哥？請問我們老大哥美國、最近好像也做了一個很大的一個，算是措施吧？那由於，但是時間相當有限，我們在這個剩下的三分鐘，來請兩位老師來幫我們講一下，到底最近這個老大哥發生了什麼？

洪：美國是我們的老大哥嗎？

于：全球吧、全球的。

洪：全球的老大哥？這個他要扮演這個角色是越來越困難了，包括……我們其實原先想要談的阿富汗他的撤軍，其實都是這種權力在海洋跟陸地上的權力的消長，所帶、延伸出來的一個現象。美國要作為一個全球最大的一個，所謂「世界警察」的角色，現在這麼活絡的一個全球互動過程當中，他繼續維持是有一定的難度的！尤其他經過一個經濟的動盪，那現在要回來了，因為所有的指標都說今年 2015 年，大概日本也不好、歐洲也不好、俄國也不好。

于：那那、那……只有？

洪：哪裡都不好，那只有美國變好。

于：哇！所以我們老大哥的氣燄會越來越強嗎？

洪：你還是認為他是老大哥。

于：對。

洪：那施老師這個、評判一下這個老大哥。

施：哦……主任，你不是要講阿富汗，怎麼突然又變我了勒？！

洪：這個阿富汗其實……我們剛剛講說美國撤軍的這個事情，其實在一百年前有一個這個地理學者就說：阿富汗其實是一個破碎地帶的國家，他就

是在海權跟陸權之外的。那今天美國從這裡撤出，其實指出來另外兩隻「熊熊」。

于：熊熊？

洪：就是「北極熊」跟「貓熊」的力量在增強了。

于：「貓熊」我知道是中國，對不對，啊「北極熊」是……？

施：就剛才那一隻。

洪：就俄羅斯。

于：很好的比喻！

洪：現在北極熊已經受傷了，可是貓熊越來越大隻啊！所以我認為他們的撤軍跟這一個地點是有關係的。那因為時間非常緊急的我們就留在下一次再來討論。

于：好！

洪：為什麼我們會有這種看法。

于：是，好的。到底這個阿富汗的撤軍連帶了、帶動怎麼樣的這一個國際大國的政治角力，我們就希望、這個洪老師以及施老師，我們下週星期二的節目後半段，我們在空中繼續跟我們的聽眾朋友繼續分享囉！那也請兩位老師跟聽眾朋友們說掰掰，我們下週見囉！

施：好，掰掰！

洪：再見！

(End)

第 2 集

104.01.13

〈全球化的時代帶您掌握國際時事關心全球動態歡迎收聽地球脈動〉

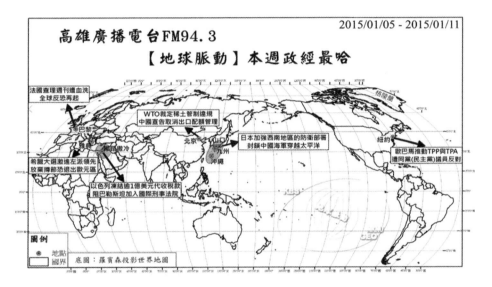

片頭：聽眾朋友午安，歡迎收聽 1 月 13 號星期二的地球脈動，單元一開始我們先來關心上週的國際大事：

法國巴黎的《查理週刊》遭到恐怖攻擊一連三天爆發了殺警、爆炸以及人質危機

多位美國民主黨籍的聯邦眾議員反對跨太平洋夥伴協定

日本正式加強西南地區的防衛部屬

1 月 25 號希臘將舉辦大選反撙節政策的政黨深深領先

以色列凍結巴勒斯坦超過一億美元的代收稅款

遭到 WTO 裁定違規中國稀土出口配額管理宣告取消

稍待一會節目當中我們就一起來關心國際大事的發展動態。

于庭（以下簡稱于）：好的，現場時間是下午的兩點三十一分、午後陽光第二階段，我是于庭。今天是 1 月 13 號星期二，從這一個一百零四年度開始，每個星期二的下午都會跟大家一起來關心一下，我們上週的國際大事，就會進入我們《地球脈動》的單元了！那今天在我們的節目現場，當然一樣來到的是我們高師大地理系的兩位老師，分別是洪老師以及施老師，兩位要為我們來關心一下上週的一些國際大事，那我們先請兩位老師跟聽眾朋友 say 個 Hello 吧！

洪富峰（以下簡稱洪）：哈囉！大家好！

施雅軒（以下簡稱施）：大家好！我是施雅軒。

于：這個施老師，上週、我記得您有來在節目當中幫大家預測一下，就是說這個油價，因為大家都關心希望油價可以再低，雖然已經……大概來到五年的這個新低了。但是、因為我們還是有一點小貪心，當然就是越低越好。而且上周您有來預測說本周的油價會再降。那的確跟您預測的一樣。要不要來幫我們回應一下，您的這個預測是怎麼樣……可以這麼的神準！

施：不知道我為什麼會變……神準，因為這個完全由那個「地緣政治」的角度來去判斷。那我手上的中央社的新聞，講說九五無鉛已經降到二十四點六了。那假如基期從 103 年 6 月 30 號到現在已經降了十一點三元了，那這樣子的一個降幅其實說實在的，真的是相當的嚇人。所以在美國已經出現了一百多家的頁岩油的公司，已經是四分之三……高負債了、這樣的情形了。那這個……看樣子還會不會再下去？我們給兩則新聞給各位聽眾的一個訊息好了，其中一個訊息是中國的石油的輸入，從俄羅斯變多了！變的增加百分之六十五。

于：等於說中國原本是跟其他的國家購買。

施：對對。

于：他？

施：他降低了沙烏地阿拉伯的量，然後增加俄羅斯的量。

于：OK。

施：然後……那個委內瑞拉也拿到了中國兩百億的美元貸款，那我們之前也跟聽眾講說「伊委俄」、「俄伊委」，就是「反美三勢力」，有兩個得到了某種的紓困，那這樣的紓困其實等於說就是、變成是某些的、原本設計這個局的人有點小破功了！

于：啊一就是美國自己！

施：對啊！所以……這樣子的一個情形勢必看樣子，就要考驗著是不是設計這個局的人要不要再繼續？假如繼續再向下？那相信還會再這種低油價，應該還會再持續某個時間，應該是跑不掉的。

于：那美國自己他們也是……等於說他們也必須要降低這個輸出的金額來呼應這一次嗎？

洪：沒有！這一週出現有趣的新聞就是，美國改變了五十年來石油採不出口的禁令，現在他們也出口了，原本他們的油是只有進不能出的，因為是戰略關係。

于：戰略關係。

施：但是他們現在也突然的修改這樣子的一個目標。也就是他們的石油製品也可以出口了。所以現在這一個油價的大戰其實在全球出現了某些以前……六、七十年來不會出現的的一個新的局面，其實都有待接下去的觀察。

于：不過不管這一個國際的油價情勢怎麼變，我相信這個收音機旁邊的這個各位親朋好友們最關心的就是去加油的時候，到底這個價位會不會再降？那剛才這個施老師也有講了，可能還會有持續一段時間。所以大家下禮拜再來印證一下，看是施老師這個預測有沒有繼續的神準。那剛才提到其實這個這一波油價的情勢會降的……哦……一直一直的往下來作跌，其實這個背後有一些戰略、以及能源經濟的關係。那這個背後最大的這個權力的主導者其實就是美國。那我請問洪老師，上週我們原本其實要來談談、就是這個美國他們最近有一個軍事的很新的動態，就是美軍從這個阿富汗進行徹軍了。我們都知道美軍在這個阿富汗的駐軍有長達十三年。就是從九一一之後……就是十三年。那換句話說，阿富汗就是

在這十三年當中其實都處在一種相當動盪不安的情勢，不管是這個本土內的內戰，或者是國外的這個列強來進駐的支援，對於這個阿富汗本土的人民來說其實，都生存在一種戰火的恐懼之下。那洪老師今天也特別帶來了這個《國家地理雜誌》的封面，然後這個封面上面不曉得朋友沒有、有沒有印象。就是這個封面、其實是 1984 年的《國家地理雜誌》的封面。那他的封面是一個阿富汗的少女，應該是少女吧，看起來很年輕。

洪：十二歲！

于：十二歲，對，是⋯⋯算是青少年耶。十二歲的青少年。然後她⋯⋯

洪：小學六年級唷！

于：然後她的⋯⋯這個⋯⋯眼睛就是很⋯⋯臉很瘦，但是她眼睛炯炯有神，而且是綠色的眼睛。好像這一個綠眼睛的少女當初登上這個《國家地理雜誌》封面的時候，引起滿多的關注對不對，請老師來幫我們談一下。

洪：這張是《國家地理雜誌》的一個攝影師，叫 Steve MaCurry 這個人拍照的。那他是從南邊的巴基斯坦，他化妝成⋯⋯

于：化妝？！

洪：化妝，穿他們當地人的衣服然後⋯⋯翻越這個巴基斯坦跟阿富汗的邊界，他跑進去那個難民營拍到的一張照片。當時其實是俄國、也就是現在的俄國，過去的蘇聯入侵到阿富汗。那他們在打仗。打仗的過程當中，那人民就流離失所。這是在難民營當中拍的一張照片，引起世界譁然啊！就是說這種眼神、眼睛，所以眼神是靈魂之窗！看這張照片恐怕⋯⋯在這個世紀未來的年代當中都還會受到影響。不過重點其實是，那為什麼美軍要進去這個位置？

于：對，當初他們進去是不是因為這個九一一事件後，為了要來抓⋯⋯那個

洪：對，塔利班的這個基本教義派，那基本教義派那個跟美國為什麼這麼深仇大恨？這是因為美國繼承了英國，那⋯⋯從宗教戰爭的角度來看一直打到這個世紀初還在打仗，那美國第一次受到那個外國勢力本土攻擊他們的⋯⋯那個⋯⋯

于：國內？

洪：白宮、五角大廈，然後商業的那個象徵的兩個、那個⋯⋯

于：雙塔。

洪：世界貿易中心。那這樣的一個狀況是美國受不了的，那他就要介入啊！那其實在這個介入之前還有更遠還有更早的歷史，因為在阿富汗的東北邊這個位置其跟現在中華人民共和國接壤的地方，有一個非常非常重要的一個位置，叫做「瓦罕走廊」。

于：瓦罕走廊？

洪：對，瓦罕走廊。這個有故事的。這個早年啊！那個在唐朝之前、漢朝的時候，那個佛教徒要去印度取經，

于：取經。

洪：都走過這邊。

于：必經之地就對了。

洪：孫悟空的師傅都走過這裡、唐三藏。

于：呵呵，好。

洪：他走過這裡，那這個位置是有他戰略的重要性。那英國人跟俄國人在早年爭取這個位置的時候，在帝國主義發展的時候，他們在競爭這個位置的時候，我們剛剛講說那個蘇俄，那進入這個區域那去……跟阿富汗人打仗。可是阿富汗不是省油的燈，這個民族很厲害。我們聽眾朋友也許我們這個，習慣上我們知道越南，說越南打敗過美國、打敗過法國，甚至打敗過中國。阿富汗也有這種歷史！

于：哦？

洪：他打敗過英國、他打敗過蘇聯。那現在你說他，美國要從這裡撤軍，那到底代表什麼要的意涵？其實這個民族是你可以說他很兇悍，但你可以說他很有這個自主的能力。

于：自主的能力？

洪：對。

于：老師我想、于庭想要請教一個問題，就是其實我一直不太理解的，像這個美國來進駐這個阿富汗的駐軍，就是從九一一那一年、2001 年爆發之後，開始就是為了要來……算是殲滅這一個九一一事件的這個主謀，也就是賓拉登那可是我們知道賓拉登已經早在幾年前就已經……算是……

就是死亡了，那為什麼美國在這個阿富汗的駐軍會一直延遲到今年的這個年初、才作這個最後的撤軍？到底說，美國當初進駐這個阿富汗是為了要來報仇？就是說你打我們九一一，那我就軍隊去你家門口。還是說？他其實有……除了要來，怎麼講……滿足自己報酬的私欲之外，還是他是這個有其他更國際性的考量？

洪：你可以說他的南邊，剛剛講的巴基斯坦，他是第一個有核子武器的伊斯蘭的國家，然後其實巴基斯坦有……大部分的，就是阿富汗的大部分的族群是跟那個巴基斯坦是同一個族群。那個……有百 42%的那個普什圖人是阿富汗人。但現在佔他們總人口的 42%、大概 1500 萬左右。可是，在巴基斯坦有 2500 萬人。根據一些資料的顯示，這個族群過去是被帝國給他切開，這英國人把他們切開。他沒有變成單獨的一個國家。而現在、到了當今，他切成兩個國家以後、巴基斯坦又擁有核武了。他們族群又很雷同啊！你像美國很擔心核子武器的擴散。尤其宗教不一樣、族群不一樣。那……激進的這個伊斯蘭的那個，想要去攻打西方為主的美國這樣的人，在這個區域

于：很多。

洪：恐怕是……你沒有辦法去理解的。所以美國去入侵到阿富汗，然後在這邊佔領這麼長的時間……

于：對，十三年。

洪：恐怕是為了防止……那個核子武器的擴散吧！一旦南邊的巴基斯坦有什麼風吹草動他立刻可以知道，而且……左邊就是伊朗啊！

于：也是擁有這個……

洪：伊朗也是很兇悍啊！也是核子武器啊！右邊是中國啊！他的上邊是俄國啊！所以你看這個阿富汗的重要性、多重要。而且如果以最近那個中華人民共和國習近平這個主席的，所謂「一帶一路」，其實就是絲路、絲路帶，所以在歐亞的通道上面，他的戰略位置是非常重要的。

于：所以這個美國會在這邊這麼久，其實就是要來掐住不管是……

洪：可是撐不住了，因為……

于：因為？

洪：派軍出去是要燒鈔票的。

洪：**一天一億美金，一天！一天！**

于：一億美金……呵呵……好……所以果然撐了十三年之後就準備要來說掰掰了。那想請問那個洪老師，就是美國撤軍之後那這邊的這個國際安全怎麼辦？

洪：有一個訊息說原來美國也希望這個中國能夠來支援。那形成戰略聯盟，那維持這個地方的穩定。因為就以現在的概念上來講，如果世界能夠和平，經濟上能夠發展。

于：當然。

洪：那區域有矛盾有衝突其實是誰都不樂見。可是這牽涉到少數族群。我覺得這伊斯蘭的尤其像阿富汗這個區域，如果我們看文獻去理解，他們對於「國家」的忠誠度是低於對「族群」的忠誠度的。所以對族群比較忠誠、高於國家。然後對「宗教」的忠誠度又高於「國家」。所以你用國家作為一個單元去看他的時候，有時他的行為是不一樣的。那你要注意，他往東邊其實到新疆，到這個……中國的邊境過去，其實……他們也都是伊斯蘭教的人啊！是穆斯林啊！這宗教上面他們是同一個啊！所以恐怕……這個不是這麼簡單。

于：所以說雖然這個美國，他從這個阿富汗撤軍了，但是接下來這個阿富汗以及周邊像是巴基斯坦啊、伊朗啊、土庫曼這些地方的……這個……紛亂以及紛擾還有動亂還是很有可能再持續……

洪：你想這個宗教在 2001 年的時候，那個塔利班他們取得了政權了之後，他把一個阿富汗的、巴米揚的兩座的著名的大佛就把它炸毀了。那是世界遺產！

于：就是？

洪：所以過去其實是佛教往東方傳的過程當中經過的位置，我們剛剛不是講，孫悟空的師傅都走過這裡去西方取經啊！可是這個都被炸掉了。所以其實現在看起來「宗教」恐怕是這一波衝突的最主要的因素。而且「宗教戰爭」甚至於可以拿來作為未來在全球的各種的這個地緣政治當中的一個非常重要的因素。

于：我們可以想像的到可能接下去這邊的這個動亂可能還是會持續一段時間，但是還是希望說我們提到阿富汗的時候，不要一直想到說這邊好像很多，充滿很多的打仗、充滿很多的這個人民的這個愁苦還是要讓大家看比較正面的一面。所以接下來，我們來聽一首來自這個「上海民族樂團」所演奏的《阿富汗舞曲》，來感受一下其實阿富汗這個地方還是有充滿快樂的地方！那這個歌曲聲過後，我們再請兩位老師繼續來為我們分析接下來的國際大事。

（音樂）

于：好的，現場時間是下午的兩點四十九分高雄廣播電台、午後陽光第二階段，我是于庭。現在在我們節目現場兩位來賓是，高師大地理系的洪富峰老師以及施雅軒老師，在每個星期二下午的節目後半段，兩位老師都會在節目當中跟著大家一起來關心一下上週的國際大事的動態。那剛才，節目一開始這一個兩位老師跟大家關心了一下我們的這個油價動態，以及美國，他們最近在軍事上的這個措施上有一個新的變動，但是除了軍事的措施有新變動之外，其實他們在經濟方面也有一個變動，那就是根據這個……報導顯示說好像多數的這個、多位的這個美國民主黨籍的眾議員他們是反對美國正在推動的「跨太平洋夥伴協定」，簡稱叫做「TPP」。TPP 這個關鍵字，相信這一個多數的朋友應該或多或少在報章雜誌或是在新聞當中都一定會看過。但是您知道 TPP 是什麼嗎？以及跟 TPP 有關的一些國際組織、國際的協定到底是哪些？我們來請這個施老師來為大家解惑。

施：在未來臺灣的發展，大概經濟議題都不會脫離幾個重要的組織，其中一個就是 TPP，就是「跨太平洋夥伴合作協議」，那另外一個就是「RCEP」

于：RCEP？這個是哪一個組織？

施：這個是「區域全面經濟夥伴協議」，就是以前的……所謂的東協以東南亞為主體的，發展出來，就是所謂的+1、+2、+3 或者甚至已經講到+6 了，就是這個。那現在有個新的叫作「亞太自由貿易區」、叫作

「FATTP」。

于：就是這一次在這個 APEC，去年的 APEC 相當火紅推的一個自貿區，對不對？

施：是是是。

于：那想請問老師一下。這幾個您剛才提到的就是不管是 TPP，還是 RCEP 跟這個 FATTP，它到底……這幾個組織之間有什麼關聯？

施：我想一個很有趣的是，這三個組織預計的會員國都是 APEC 底下。

于：都是亞太地區的。

施：對對對對，就是他們……而且都是會員。

于：那為什麼要……這麼多組織？

施：所以這個就會涉及到說，既然大家都是在 APEC 下面的一個會員，那為什麼大家就一個就好了，所以顯然這個是有後面的、所謂的「做莊老大」的不同。所以現在在地緣政治上面我們大概會談的，**大概 TPP、大概就是以「美國」為主的經濟夥伴**；那個 RCEP、或者是說 FATTP **大概會以「中國」為主要的一個後面的支撐的一個力道**。所以這兩個、這兩位、這三個組織未來在臺灣的新聞大概會越這個、只要討論到經濟、大概都不會脫離這三個。那其實我們會一直想到的是。那站在地緣政治的角度的話，其實你忽略了背後的老大是誰的話，其實談起來會很辛苦的。

于：是－那老師我想問一個問題，您剛才說這個 FATTP，也就是亞太自由貿易區，這個是由……他的背後老大是中國大陸，然後另外的那一個哦、TPP 是美國為首的對不對？那我們之前在這個 APEC 在上、上海開幕的時候、開會的時候其實大家都很明顯的知道說，這個就是一個 TPP 跟這個 FATTP 要互打的一個局面。但是我很訝異的是，就是剛才這個哦……單元一開始跟大家分享的，好像說多位的這個美國民主黨籍的議員，居然是反對歐巴馬來推 TPP 的，為什麼啊？因為歐巴馬自己不是也是……民主黨籍的嗎？係安捺 sī-án-ná……同黨派要這樣？難道說他們反對有這個反對的這個、其他的理由嗎？

洪：那你看我們這個臺灣高鐵的這個財務、這個執政黨的立委不會支持執政黨交通部啊！

于：哈哈，是他們反對的理由是？如果不是，哦……這個政黨的因素了嗎？

洪：你也可以想像歐巴馬其實也到了他第二任的最後這兩年了。而且他期中選舉輸了，他現在參眾兩院都……變成少數，所以就是「跛鴨總統」。那每一個參議員、眾議員其實他有他的選區，那一個國家在外面跟另外一個國家簽訂任何各種協議，一定有些產業在這個過程當中會得到比較好的發展條件，其實相對等的有某一些產業可能會受到傷害，或是說情況沒有那麼好。那這些區域的議員如果說這個總統的權力很大那我們沒辦法，那請你幫助我們，給我們一點能量補補貼我們吧！或者是幫助我們吧！讓我們把地方的或者是在地的產業的那個受傷害的狀況降低。

于：請他……？

洪：那還可以被接受。但是現在情況不一樣了。這個……總統已經沒有力量了，那議員會起來造反！那其實說他造反、其實不是造反。因為議員本來就是說為他自己的選區負責，他不是為總統負責啊！所以他們談到各種……當中有一些那個……產業包括這個醫藥、包括各種的那個…還有幾樣這個食品等等，如果透過這個經貿協定以後，他們整個監管的架構弱化了，他們認為是……損害他們的權益的。不要忘記美國是有「遊說法」的，他也有一些企業也會認為我們這個企業就受傷了。說不定還不完全是他自己的產業而已，一個區域而言他可能是跨州的，所以這一個部分沒這麼簡單，尤其美國這麼多的州，那簽訂了這個區域貿易協定好像大家都很簡單說，簽了以後大家就過著幸福快樂的日子、產業就會大發展了，不是的！兩邊在互相貿易的過程當中，當然，長久來看是「合則兩利」。這個我沒有的你拿來，那我有的送給你。可是對一個區域來講他還是有階層的啊！他產業還是有先後順序的啊！那現在反對的這群人出來了而且開始對一個跛鴨總統……開始叫陣了，結果是這樣的。

于：跛鴨總統，是……了解。

洪：很像臺灣啊！

于：哈哈哈，那施老師這邊有要補充的嗎？

施：我想大概就是損及……所有的自由貿易通常下面就是一定有人因為這樣賺到錢、有人賠了錢。

于：就是有優……也有……弊的地方。

施：對，那通常、現在會公開反對的這一批人，其實它代表了就是會賠錢的這一方。

于：那我想請問老師啊，相信臺灣的朋友應該很常聽到 TPP。然後大概在兩、三年前就是因為說這個美牛進口的案，牽涉到說臺灣到底可不可以進入 TPP，到底這個 TPP 跟我們的關係是……怎麼樣？

施：當然假如我們……加入 TPP 以後在自由貿易度上面會流暢相當多。當然現在臺灣在討論，臺灣能不能加入 TPP，其實都忽略了一個就是，在地緣政治的角度裡面不是你「想加入就加入」，而是別人「要不要讓你加入」。那這個……在政府上面一直少了這個，就是我們如何說服別人讓我們加入？這個其實也是需要思考的一個地方。

洪：2013 年 11 月、其實我們的總統就表達說有意願要加入啊！但是只有……有意願啊！那也沒有看到有任何的這個協商，甚至都還沒有開始。那兩岸其實是……之間的就是我們跟中華人民共和國之間的這個協議，稍微兩岸的協議。

于：服貿。

洪：就是服貿，對不對？後來貨貿，對不對？還沒談的。那後來就出事情了，我想政府也沒有能量現在去談 TPP 吧！

于：的確一個所謂的經濟的……協定，或是貿易的協定，站在這一個不同角度來看的話，的確就是有優有弊。有人因此獲利，有人可能就會因此這樣而賠錢，或者是說整個產業一敗塗地。所以到底這個 TPP 後續是怎麼發展？我們就留待這一個……美國以及整個亞太地區的國家，看他們之後會來做怎麼樣的互動了。好的，所以現在因為時間的關係，相當謝謝兩位老師帶來精采的這個國際時事的分析，那也希望下周兩位老師繼續來節目當中，跟大家一起關心國際的動態，謝謝兩位老師！

施：好、大家再見！

洪：掰掰！

(End)

第 3 集

104.01.20

〈全球化的時代帶您掌握國際時事關心全球動態歡迎收聽地球脈動〉

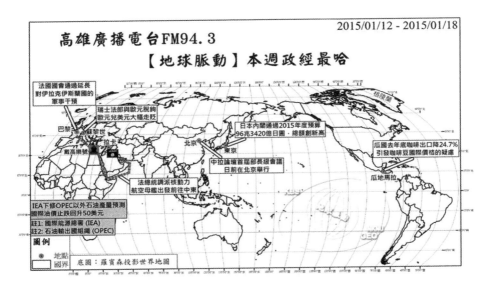

片頭：聽眾朋友午安，歡迎收聽 1 月 20 號的地球脈動，單元一開始我們先來關心上周的國際大事：

法國國會通過延長法國對伊拉克伊斯蘭國的軍事干預
瑞士宣布瑞士法郎與歐元脫勾歐元兌美元大幅走貶
中拉論壇首屆部長級會議日前在北京舉行
日本內閣通過了 2015 年的年度預算總額創下新高
瓜地馬拉咖啡生產者協會宣布去年 12 月瓜國的咖啡出口比起 2013 年
　　同期減少了百分之二十四點七引起咖啡豆國際價格的疑慮
國際能源總署下修 2015 年石油輸出國組織以外國家的石油增產量預測
　　國際油價 16 號開始止跌回升

稍待一會兒單元當中將跟大家一起來關心上周國際大事最新脈動。

于庭（以下簡稱于）：好的，現場時間是下午的兩點三十二分，午後陽光第
二階段，我是于庭，在空中陪伴大家。每逢星期二，
我們在節目當中會邀請到我們高師大的洪富峰老師，
以及施雅軒老師，跟大家來談談一下上週的一些國際
情勢，以及國際情勢的走向。那近期這個國際大事，
大家應該都還活在，這個不是活在，應該說大家對於
這個 1 月 7 號的法國遭受到這個恐怖攻擊的一些狀
態，雖然 1 月 7 號離今天……1 月 20 號已經有一點點
時間了，但是想必大家對於恐怖攻擊的狀況依然是歷
歷在目。而且這個恐怖攻擊的陰影好像還一直籠罩著
全球。都有一直……不斷的有這種小道消息傳出好像
說，在哪一個國家，譬如說在比利時也有可能有這個
恐怖攻擊即將要發生。到底，這一波的恐怖攻擊他的
發生的原因，以及這個背後的這一些文化的因素到底
是怎麼樣？待會兒就要請兩位老師來為我們解惑了。
單元一開始就要請兩位老師跟我們聽眾朋友們說聲午
安吧！

洪富峰（以下簡稱洪）：主持人、施老師、各位聽眾朋友，大家午安！

施雅軒（以下簡稱施）：大家好！

于：兩位老師，剛才于庭提到說，雖然這個法國的恐攻，就是對於這個查理
周刊的算是滅門血案這一個攻擊，雖然發生到至今已經大概十多天了但
是想必全球的朋友都還是歷歷在目，都很怕說會不會又有再下一波的攻
擊？甚至像是美國九一一的攻擊？這麼大，這麼龐大的這種死傷。到
底，法國跟這個伊斯蘭的、一些文化的、一些互動，還是他們一些權力
的角逐，是不是背後有一些文化以及歷史的脈落，要請老師來幫我們分
析一下。

洪：好，其實當我們講法國的時候，我們以為他們是……斯拉夫民族。但有一個數字也許可以提供一個參考，就是其實在這一周、一兩周來，或是從去年開始其實在法國的猶太人，他就搬家了，他就移民回以色列了。

于：為什麼？

洪：這個是一個有趣的事情就是你根據調查，那……法國的這個民意調查，大概有百分之 8、90、大概接近 90% 的法國人士還滿喜歡猶太人的，可是在去年的上半年跟前年的上半年，這猶太他們的商店、他們的猶太社區那受到攻擊的事件又倍增。那其實在所謂查理周刊出現的這個屠殺的狀況之前這些數字都存在了。

于：那這是跟區域內的這一個、我們所謂的伊斯蘭的人民……有關係？

洪：那當然，那我有時候都跟施老師在聊天說，也是到底背後的陰謀是什麼？

于：陰謀？

洪：對……待會讓他講我來提供一些找到的訊息，在法國的監獄當中，那被關的受刑人有百分之六十是穆斯林，以他的人口比例來講這是特別高的，換句話說他們在社會當這樣的人口相對是非常弱勢的，而且會淪落變成……犯罪、犯罪嫌疑人。

于：就是被汙名化就對了。

洪：你也可以這樣講，但是某種程度就是他在社會底層的人數是比較多的，那他出獄之後能夠找到的工作比較不好的，他的宗教又跟別人不一樣，那猶太人相對是社會、經濟各方面表現比較高的。

于：比較是頂尖的。

洪：那他們是在最底層的，所以他不僅僅是種族的課題，和一個宗教的課題啊！所以這次的攻擊當中你可以看到這個，被帶去受訓的，其實就是原來生活在法國的、甚至於是第二代、第三代的移民後代。那他對你的社會是熟悉的啊！他就是你隔鄰的小孩。所以剛剛主持人提到說不僅僅是法國、包括比利時狀況是這樣。他就在隔壁的、隔我們幾家的，跟我們家小孩一起上學的那某某某啊！然後他現在變成是一個伊斯蘭的聖戰士。或是有這樣的嫌疑，大家找不到他。其實現在氣氛變成在這裡。

于：對，那現在法國應該是有沒有陷入一種人人自危的感覺。

洪：那當然是，狀況看起來緊急了。因為他們已經派一萬個軍人去防守那個……包括學校、包括可能被攻擊的媒體，和一部分像猶太教堂、清真寺要去守啊。因為怕法國革命以來就是自由是最高的。自由、平等、博愛，我們都這樣講。

于：自由、平等、博愛。

洪：那我有言論的自由吧！好，那既然有言論的自由，那這一次你把這個媒體的編輯、這個總編輯這樣子的殺掉，就違反這個概念。所以法國現在看起來，我相信，未來一段時間當中，要平穩，還要慢慢、慢慢的，看看整個法國的社會，或是他的政府有沒有辦法擺脫。

于：那想請問施老師好像說法國國會針對這一次的查理周刊的事件之後，他開始提高對於這個「伊斯蘭國」也就是簡稱的 IS，對他們的軍事干預的這個層級已經升高了對不對。來幫我們提一下。

施：我想**所有的恐怖攻擊都是有策略的。所謂的策略就是，他們一定會很清楚，就算要拿人命去換某些的東西。**而顯然的他們做到了。但是其實真正的是他們引發出某種效應以後，這個是不是他們預期、預期要達到的。這個就是我們在談「地緣政治」的時候會去碰觸的一個問題。例如，我們舉一個例子，比如說他的旗艦——航空母艦「戴高樂號」，戴高樂號的造價是四千億台幣。那他如果出動的話，不是只有一隻船就這樣出去了，他還要上面有高空偵察機，下面要有動力潛艇什麼的全部。

于：配套、全部都是。

施：對對對對，因為他是旗艦，所以他不可能受到任何傷害的。就像國王出去一樣旁邊一定要有護衛的。那現在問題就來，這樣一大批人出去那誰要買單？誰要買單？當然是法國人民買單啊！但是問題來了，恐怖攻擊你用兩、三個人所生產出來的這個恐攻、恐怖攻擊導致這麼大批的軍武裝出動了，那這個是不是算計之一？也就是戴高樂號到底決定要出航、是恐怖攻擊前？還是恐怖攻擊後？因為我們都不知道真實的狀況是什麼，所以你就變成說你各個面向去討論的時候他的意義就會變得不一樣，所以你說會不會、未來還會不會再有？那這個就要涉及到說，那原

本這個生產這個恐怖攻擊的後面的那個集團，他達到他的這個目的了沒有？

于：最終的目的到底……達陣了沒？

施：是什麼？假如沒有的話，他就必須還要在……

于：還有下一波？

施：那假如說是「把戴高樂號逼出來」是他們的目的的話，也就不會再有了。

于：沒想到就是……所謂的我們都以為這個、所謂的恐怖攻擊只針對這個言論自由去做他們的這個……算是一種暴力的抵抗，沒想到經過施老師這樣分析也有一種全球政治的一種……算是陰謀嗎？

施：是。

于：還是策略的算計在裡面？他就是以這個……可能兩、三個人力出動，但是最後換來是整個法國人民都必須買單，整個航空母艦、旗艦的配套措施要開始出航了。，那想請問這樣子的的一個恐怖攻擊事件啊，對於全球的一個……算是治安或是危安有沒有什麼後續的……發展，或是後續的影響？

洪：他的背後還是「宗教」，也許可以把他拉到說十字軍東征以來的各種宗教戰爭的現代版。只是現在的、要被你征服的人，其實就在你的社區裡頭。因為經過一、二次世界大戰，那很多被殖民國家的人就移民到所謂先進的社會、先進的國家。你剛剛提到的法國、比利時都是，美國、英國都有啊！那這個伊斯蘭國的這個組織者就可以從這些國家去徵集年輕人、憤青，尤其是他們要的會講你的語言、跟你生活熟悉、走在你的社區裡頭……

于：不會被發現。

洪：不會被發現。然後要他把……裝扮的跟你長都一樣、跟你年輕人長得都一樣，那可是他的信仰跟你不同，那這個伊斯蘭的信仰當中有時候你如果去看看他們的那個信仰裡頭的核心，他也叫你要做好事啊！

于：沒錯、所有宗教的……

洪：對，你的鄰居要很有禮貌啊！然後，甚至在心性上面你要抑制自己的慾望，你要心靈上要提升啊！那這些跟現在的宗教都一樣啊！他們會朝聖啊！我們也經常聽到像媽祖在繞境的時候，不也就是這種方式嗎？佛教徒也會跑到印度，去找當年釋迦牟尼佛當年走過的……那些……

于：路徑。

洪：路徑，都是朝聖之旅。所以在這個部分我想跟別的宗教、從穆斯林的經驗來講也都是一樣的。可是當他們的「國」受到威脅的時候，他們的教育是要拿起你的武器來抵抗。所以把炸彈綁在身上，或是拿槍、奪槍，或是運用各種的武器去攻擊。對他來講，也是他的聖戰士的一部分。當然有人說聖戰這個名詞翻譯的不太好，不過基本上是從這一個概念所衍伸出來的，而且這一群人現在就在你的社區當中。

于：你我的身邊。

洪：對，法國是歐洲國家最多的！那根據一些報導大概超過……那個一千兩百多人已經被徵召了。英國是其次的也有接近六百人左右。所以英國人很擔心啊！

于：也很擔心。

洪：這群人也會回到英國去啊！那剛剛講的比利時和十幾個的國家，通通都有這樣的一個……背景的人，那受過這樣的訓練。所以這個氣氛是我們，可能離的太遠了。在臺灣的社會裡頭，我們都從媒體啊冒一下說，剛剛講的有一個這個戰艦出去了啊！然後就過。可是他們是生活在那個社群裡頭的，尤其剛剛講的猶太人，那旁邊都有軍隊在保護你的學校、如果軍隊在旁邊保護，你會覺得那是一個什麼樣的一個生活方式？

于：應該就是戒慎恐懼吧！好像每天都活在會不會下一秒鐘……學校就有可能有誰衝進來。

洪：或許這樣是讓……這一群人，或是從小就得到這樣的一個生活經驗、獲得這樣生活經驗的人他快快長大吧！他知道人世間本來就不安全的。

于：所以這一波的恐怖攻擊其實，大家可以從這個兩位老師的這個分析可以看出這個恐怖攻擊背後其實他牽涉的……哦、背後的原因其實非常非常的複雜，也非常非常多元。不是我們來理解說，好像是對於這一個言論

自由所起的一個、哦權力的反動，其中也包含種族啊、文化、宗教、甚至是政治利益的……都有。

洪：對啊！你要動員、是怎樣的力量動員是最強的？宗教吧！

于：所以這一波的……、所以很多因素是參雜在裡面，那可能宗教的這個元素、以及號召力是最大的，那這一波恐怖攻擊之後會不會再延續下去，以及這一個……這個算是隱憂的情緒，會怎麼想？

洪：我就想起一件事情。我在過去留學讀書的時候，那擔任一個老師的助教。那我們這個老師是猶太人。那他上的這個「人文地理學」的課是開放給這個所有學生來選的。那有時候兩、三百個人在上課，那有一次我就坐在教室當中出現一個很有趣的畫面！

于：什麼畫面？

洪：因為那個章節是講到跟穆斯林的信仰、伊斯蘭的信仰有關係的，就有一個頭戴著頭巾的、阿拉伯的女生、女同學，他「質疑」我們老師對於一些觀點的解釋，我印象深刻！

于：就是他們對於這個自己宗教的捍衛力是很強的就對了。

洪：那我這個老師是猶太人，他是猶太教的。

于：就兩個不同宗教面對面，然後有不同的……對於教義的一些見解，那這一個紛爭以及這個對抗就會就此產生了。

洪：所以「自由」啊！就是我們經常講說、經常講說啊！自由，「不自由吾寧死」啊！就是「自由」價值是很高的我們要去維護他！那到底什麼是自由？伊斯蘭也有啊！他說我用舌頭、我用我的三寸不爛之舌去說服你，你要遵守我的教義當中的某一些行為也是。

于：所以這個……就是尤於自由的意義非常的廣泛，然後但是大家每一個宗教、每一個人民、每一種種族、每一種文化都要爭取他們認定的自由，然後就會形成像現在這樣的恐怖的攻擊。不過、不管恐怖攻擊他的這個背後的意義是什麼，我們還是站在一種希望，就是流血的事件，以及這種紛爭的事件不要再次上演。

洪：其實臺灣也有⋯⋯這個回教徒啊！在高雄也有清真寺，那從二戰以後好像 1949 年有一部分的這個撤回到臺灣來的這軍公教的人比較多，那他的清真寺就在高雄。

于：但是我們⋯⋯區域內的這一個紛爭很⋯⋯

洪：他看起來都非常平衡。

于：還是應該算是一個 peace 的狀態之下。好的，謝謝兩位老師對於這一個恐怖攻擊所進行的這一個背後因素的分析。現場時間下午的兩點四十七分。剛才一直提到這個法國的這個恐怖攻擊事件，所以接下來我們在這個音樂聲當中為大家選播的是法國的國歌，來聽這一首《馬賽曲》的演奏版，音樂聲過後就要跟大家繼續來關心下一則的這個國際大事。

（音樂）

于：好的，現場時間下午的兩點五十分、午後陽光第二階段。現在在這個節目現場的是我們高師大的兩位老師，是我們的洪富峰老師、以及施雅軒老師，他們在每周二的節目後半段，跟大家來關心一下這個國際，上週的國際大事以及最新的國際情勢脈動。剛才兩位老師已經幫我們分析了這個法國的恐攻事件，那接下來我們的話題還是停留在這個歐洲大陸。據說現在這個歐元地區的上空好像出現了一隻「黑色」的「天鵝」。到底這隻「黑天鵝」是真的黑天鵝、還是假的黑天鵝啊？以及，這個黑天鵝，是不是一隻怎麼樣的一個特別的事件？我們來請施老師幫我們分析一下這一隻「黑天鵝」吧！

施：我們現在看「黑」天鵝沒有什麼了不起，

于：對啊！

施：可是在古代的歐洲認為所有的天鵝一定都是「白」的。所以這個是「無庸置疑」的。可是，後來因為歐洲人發現了澳大利亞，發現了天鵝原來有黑的！才顛覆了某種，！原來天鵝是「白」的還是「黑」的這需要被討論的。所以後來有人就會，就金融市場就把他取就是說，只要是違反常理、有意外性的，

于：意外性的。

施：對就稱之為「黑天鵝事件」。

于：黑天鵝，那為什麼現在歐元上空、黑天鵝存在？

施：基本上「脫鉤」這件事情我們用台幣來兌就是說，事情還沒脫鉤之前 1 瑞朗可以換 31 塊臺幣。

于：一個瑞士法郎可以換 31……

施：1 瑞朗兌 31 塊臺幣，這個消息一出來……

于：對，也就是所謂的瑞士法朗要跟歐元脫鉤。

施：脫鉤，這句話一出來 1 瑞朗換 37 塊臺幣。

于：—他就漲了耶！

施：對！所以也就是說你手頭對不對，就好比說你要去那個……瑞士玩，對不對我就用 31 塊去換，結果一宣布……你再倒回去你馬上就賺了 6 塊錢。那假如你除一下獲利率大概兩成！也就是說一天就賺兩成。你看！你存在銀行裡你要存一年耶，你要存多少是百分之 20。

洪：存二十年。

于：呵呵！

施：所以你就知道一天就賺兩成，也就是說有人一天就賠兩成。

洪：因為一年才 1%、一天就 20%。

施：一天 20%，可是有人就因為這樣子就損失了兩成。所以這一宣布，瑞士馬上就有外商銀行就倒了。

于：就倒了？

施：因為他買不回……他賣出去、瑞朗就回不來了，因為他就多兩成的成本。

于：那請問施老師，到底為什麼瑞士法郎要跟歐元脫鉤？

施：因為這個要因應這個禮拜，這也是可以跟大家預告，這個禮拜歐州的央行要宣布他的 QE 的規模，就是上次我們講的「量化寬鬆」的規模。那現在有人說五千億歐元，或者說五千五百億歐元，因為現在大家猜猜樂。

于：丟進去是不是？

施：要釋放到市場裡面，那以前因為有所謂的瑞朗要盯住歐元，也就是 1 歐元換 1.2 瑞朗。也就是上限是 1.2，那他打算脫鉤了，為什麼要脫鉤？最主要是因為因應歐元量化寬鬆以後整個歐元會下去。他不要跟著下去。

于：他不要跟著一起……沉下去就對了。等於說算是瑞士的他一個自救的方式來拯救他自己經濟的方式。

施：是保有他幣值的規模，但是有沒有救到？我想等一下請洪老師來談一下。

于：好，來請洪老師幫我們談一下。

洪：事實上做生意的人最擔心的就是這種突然之間爆衝了。因為你可能剛剛講的 20%、那個是天鵝都從白色變成黑色的，你要二十年才碰到一次這樣子，所以穩定是這個做生意的人希望得到一個狀況。比如說你今天手上 100 塊臺幣明天如果剩下只能……值今天的 80 塊那你會怎樣？

于：會大哭吧！馬上就是瞬間。

洪：明天就貶值了 100 塊變 80 塊、後天就變 60 塊了！那你會怎樣、你會趕快把他用出去對不對。那現在手上很多那個歐元的人糟糕了！

于：現在怎麼辦？

洪：去年年底、今年初好像歐洲的銀行要開始印歐元了。歐元要貶值了。那你會做什麼事？瑞士跟我們很近啊，你就跑到日內瓦、跑到蘇黎世把他換成是瑞朗存進去，他會保值啊！因為歐元要貶了，趕快跨過邊際。德國人趕快跨過去、義大利人趕快過去、法國人趕快過去，那瑞士的國家銀行怎麼承受的了，大家都來存瑞朗了。而且這麼大的人進來那他承受的住嗎？這不是他第一次啊，最近兩、三年已經有過一次經驗了。在 2011 年。10 年到 11 年這一年半的時間當中他一度漲了 40% 啊。他從原來的接近 1.5 瑞朗去換 1 歐元，在 2011 年的年終的時候漲了 44% 啊。這當然是一年半當中才漲了 44%。這次不是。這次是一天就跳上去變成差不多是 1 比 1.02 這樣的一個數字，一度還漲了 39%，跟上……上一次一年半的那個時間是一樣的，所以才號稱是黑天鵝。

于：黑天鵝事件。

洪：本來慢慢變、慢慢變，本來白色的慢慢變、慢慢變變黑的變一年半，這是一天就變黑了。

于：是，這樣的一個……算是對於經濟上很大的衝擊，對於全球這個市場有可能會造成怎麼樣的一個情勢？

洪：如果用瑞朗做生意的人恐怕一定受衝擊。那不要忘記他是因應歐元，所以你用歐元做生意的人就一定會受到衝擊。比如說臺灣跟德國是有生意，我們上次有談過那德國是用歐元的，那接下來歐元恐怕貶值了，這個對有一些跟德國做生意的廠商是要……

于：付出代價。

洪：你也可以說，

施：要不收歐元。

洪：對，其實有時候就看你能抓得準或抓不準啊。我想很多的專業者現在銀行所謂的他們叫做「金融工程」，他用 Financial Engineering，就是在做這個事情要算到我能夠掌控你的變化。

于：所以說這一個經濟的情勢的變化，好像不是我們想的那麼單純。

洪：對啊！像瑞士的那個大公司啊！雀巢。雀巢在臺灣也很多的廠啊！他股價就大跌暴跌！

于：所以這個算是瑞士法郎，我們原本覺得這個啊、瑞士法郎他跟歐元脫鉤那就他們自己的事，沒想到這個情勢是息息相關的對不對？

洪：我們對歐元是有關連的，我們跟歐洲是有生意往來的。

于：所以我們臺灣如果跟這個歐洲的地區有貿易往來的商人，

洪：要很關注這些事情。

于：很可能在他們接下來的這個投資或是貿易策略上就要去轉換。

洪：對、可能會因為你雖然公司賺錢，可是因為這個貨幣、這個匯兌的關係你變成虧本了、變成虧錢了，這是可能的。

于：所以也可能有很多的國際企業目前都會開始……

洪：要注意、要關注這個事情。

于：矛頭要來轉向了。好的，今天節目當中相當感謝兩位老師為我們分析了這個法國恐怖攻擊，以及在我們的瑞士上面發生的這個「黑天鵝」的這

個經濟狀況。那我們也期待兩位老師下周繼續為我們分析精彩的國際情勢。請兩位老師跟大家，說聲掰掰吧！

施：好、掰掰！

洪：再見！

于：那我們下周見囉！

(End)

第4集

104.01.27

〈全球化的時代帶您掌握國際時事關心全球動態歡迎收聽地球脈動〉

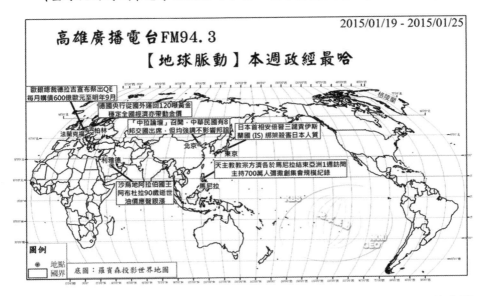

片頭：聽眾朋友您好，歡迎收聽今天 1 月 27 號的地球脈動。單元一開始我們先來關心上周的國際大事：

中華人民共和國與拉丁美洲國家召開了中拉論壇中華民國有八個邦交國出席但都強調不影響與我國的邦交情誼

日本首相安倍晉三表示遭到聖戰組織伊斯蘭國綁架的日本人質疑似遇害

歐洲銀行總裁德拉吉宣布祭出了量化寬鬆每月購債六百億歐元一直到 2016 年 9 月

天主教教宗方濟各搭機離開菲律賓結束了亞洲一周的訪問

沙烏地阿拉伯阿布杜拉國王逝世享壽九十歲

德國聯邦銀行宣布從國外再次運回一百二十噸的黃金

稍待一會兒單元當中我們繼續來關心這些國際大事的發展狀況。

于庭（以下簡稱于）：好的，現場時間是下午的兩點三十一分，午後陽光第二階段、我是于庭，繼續在空中陪伴大家。今天是 1 月 27 號星期二。每逢星期二我們節目現場就非常的熱鬧，因為主播室當中除了我本人之外，還有我們高師大地理系的兩位老師，分別是洪富峰老師以及施雅軒老師，他們會帶著大家一起來關心一下上週的這個國際大事，那趕快請兩位老師現聲，來跟大家問聲好吧！

洪富峰（以下簡稱洪）：哈囉！于庭、施老師、各位聽眾朋友，大家午安！

施雅軒（以下簡稱施）：大家好，我是施雅軒！

于：這兩位老師今天來到這個節目現場，不過于庭想到最新的這個國際大事我個人相當關心的一則這個訊息就是說，好像說在這個上個禮拜……這個拉丁美洲國家跟這個我們所謂的中國大陸召開了一個「中拉論壇」。而且這個論壇的峰會當中、這個部長級的峰會當中，我們國家有八個邦交國出現。我們都知道這個中華民國、臺灣的邦交國其實有很多都是位在這個拉丁美洲。那有八個邦交國出席這個中拉論壇，想必他的這個重要性、論壇的重要性可能有他的地位，但是除了這個論壇很重要之外，其實我們、哦……人民聽到說邦交國去參加中國大陸的這個峰會，那到底對我們的政治的一些情誼或是我們外交的情誼會不會有影響？先來請施老師就這個中拉論壇的重要性幫我們來做說明好了。

施：好，那「中拉論壇」在整個地緣政治的意義上、其實有某種意義存在，我想以前我們在讀歷史課本的時候，常常有講到一個叫作「門羅主義」。

于：「門羅主義」。

施：「美洲是美洲人管的美洲！」

于：就是那個一個美國總統說的，對不對？

施：那今天就是變成一種默契。美洲的事物由美洲，那當然會提出這個當然是以美國老大哥為主要主導的，所以提出這樣的口號。可是今天中拉論壇挑戰了這句話就是……其實亞洲人也可以跟美洲人談談、聊聊，大家

當個好朋友。

于：合作，是不是？

施：對！或者是說談一些有利於彼此雙方的事情。我想說因為我們沒有時間去介紹很多，現在有很多的大建設其實都在拉丁美洲發展，所以有某些的迫切性大家需要說，是不是要進一步？比如我們之前講的大運河、兩洋鐵路是不是一個大的投資，那其實這些經濟的行為，其實背後都有、有某些的政治的效益在的。所以透過這樣子的論壇假如常態的話、常態化了以後，因為現在是外交部長級，以後假如變成是……首長級的話，

于：他的重要性就……

施：那就有點像我們的現在的 APEC 一樣。也就是說，那其實這些成員是有重疊的。那我們之前一直談一件事情是，那假如都是重疊還要再辦、還要再玩一個團體、這就涉及到背後的主導老大哥是誰。所以中拉論壇其實很明顯的就是……

于：他的……重要的力量是來自於中國，對不對？

施：對、對。

于：那老師于庭想先問一下，所謂的這個「拉丁美洲」他是包含整個美洲地區，是不是扣掉美國跟加拿大其他都算拉丁美洲？這樣的範圍的界定是……是正確的嗎？

施：是，可是通常墨西哥會比較尷尬，因為墨西哥有時候有人把他當作「北美」，有人把他當作是「拉丁美洲」。

于：那這一次的……這個中拉論壇有歸到……就是墨西哥他有加入嗎？

洪：墨西哥本來就發起的。

于：他是發起的國家之一。

洪：剛開始的時候就是他們在那裡了。

于：那這一次的中拉論壇當中，其實我們所平常聽到的這一些哦……外交的……算是結盟或是外交的會議好像大部分都是以「經濟」為……主題在做研討，那這一次的中拉論壇他也是就經濟的部分在做……延伸嗎？來做這個合作的尋求嗎？

施：是，那個……看起來是以「經濟」為導向的議題，可是、之前有人有講

過，所有的經濟議題、國際的經濟議題，一定不能夠忽略「政治」這一塊。沒有，沒有那個經濟歸經濟、政治歸政治的。就是在國際的經濟行為上面一定是經濟跟政治、他其實是互相會作一個搭配，只是成分多或少而已。那這一次的中拉論壇雖然看起來是經濟成份是比較濃的，可是不可以忽略的是背後有某些的政治成分會、還是會可能會發酵的。尤其是……要搶奪美國在拉丁美洲的主導的一個過程。

于：是，那聽施老師這樣講啊！其實于庭一開始以為這個中拉論壇可能比較偏向經濟，但老師這樣一解說其實背後的這個政治的、權力的意識其實是還滿濃厚的。但是提到這裡可能有的朋友就會來擔心了，因為據說這個中拉論壇當中我們國家有「八個」邦交國出席耶！既然他包含了政治議題，那我們國家的邦交國出席跟中國大陸一起來談合作，到底對於往後我們跟這些邦交國的友誼會不會有一些生變？是不是請洪老師來幫我們解惑一下。

洪：我其實還滿同情臺灣的外交官。

于：哈呵呵，怎麼說？

洪：因為我們的邦交國經過這些年這樣淘洗了之後，可能我們在媒體上面聽見我們邦交國的訊息就是他欠錢沒有還我們。那我們又跟他打官司了。那他們又如何如何。那這些國家也不好意思說什麼，好像相對的沒有那麼凸顯。我們想一件事情臺灣的外交人員最重要的是誰？可能你會認為說，好像是駐美代表比較重要、駐日本代表比較重要，

于：就是駐比較大國、比較重要的國家的，

洪：甚至於駐新加坡代表也很重要啊！可是為什麼他們叫「代表」？因為根本沒有邦交國啊！

于：因為他們不是「大使」，對不對？

洪：所以我們叫什麼、有一些單位就會寫著叫作這個「臺灣經濟文化辦事處」，或是叫「臺灣經濟文化代表處」。就是我來辦這個「經濟文化」、我們的「政治」不見了！所以剛剛這個施老師說這個通通都是政治，那我們用我們的經濟跟文化作人民的交流、其實也是在……以政治的概念作前面。在地緣政治上面的概念也是這樣，這是原則，可是我們

把這個地方抹掉不談了！這一次是因為這個外交部的報告說啊！這些邦交國去了啊！有幾個沒有去。這個其實我們要同情外交部長跟他的同仁，也很為難啊！你要教他怎麼辦。

于：他們是不是也有進行前置的勸退對不對。好，但是後來好像有四個國家是沒有去，有八個邦交國是有去。

洪：我想這個數字當然是一個重要性，可是更重要的就是說能不能有一個實質的互動。那這些國家大部分是還欠臺灣的錢，那欠錢當然邦交國有時候就是……文化經濟上的往來都很有可能。我們在國內也有你自己跟旁邊的人做生意也會欠錢啊，不能說邦交國就不欠錢啊！我們的公司也在跟美國的公司打官司啊，還在互告啊！所以這個都是可能的，在國際的這個經貿事務上面是一個常態。或是你必須要……相信這樣的事情現在發生了、未來也還會有啊！所以不用太擔心這個，不過重點是剛剛我們前面的播報我們談到，就是說比如說，方濟各教宗來了菲律賓，那時候有一個新聞說，那為什麼不到臺灣來？他是我們在歐洲唯一有邦交的國家。

于：是……那為什麼？

洪：為什麼不來？因為他時間排不出來啊！好，這當然是外面我相信我們的外交人員也相當的努力，但是也許你會有一個期待，他能不能來？他能不能在那邊講幾句話問候一下臺灣的人民啊？跟我們有

于：人民們……Say Hello 一下。

洪：或者是我們的這個天主教相關的神父們，有藉由這樣一個很近很近的活動、有一些訊息 pass 給我們，那會鼓舞我們的人心，而且現在這個教宗的國際形象非常好。

于：對方濟各的國際形象。

洪：他不論在……宗教事務、不論在兩性議題、不論關心弱勢的，或者是國際的各種的事物上面，他的展現其實會……讓人家很喜歡的一個宗教領袖吧！

于：就是很友善！

洪：不是每一次都要來跟你傳教的，

于：呵呵呵！

洪：是要來跟你談話的、關心你的，很像隔壁的這個老阿伯這樣的形象。那像這樣的一個教宗，而且跟我們有邦交的關係。

于：直接的邦交。

洪：在快兩年前，我們的總統跟他的夫人還去參加他的就職典禮，這個是多麼好的一個關係啊！可是這一次我們竟然沒有辦法做到這一點。當然也有可能行程上的困難，可是我們會……也許你會像我一樣會期待吧！就是我們聽眾朋友會想說，對啊！如果我是天主教徒，然後在菲律賓，能不能有一個記者去請他講幾句話問候臺灣類似這樣，不是經常玩這種遊戲嗎對不對？那如果我們的外交部能夠做到這一點那我們要跟他打一百分，來給他拍拍手！新聞上說我們有連絡他、說他太忙這……太顯消極了！這個也是我們算一方面鼓舞我們的外交人員，因為臺灣情況就是這樣二十二個邦交國，我們來之前施老師還在統計說，你看，這個有去的國家是這麼大、沒去的國家這麼小等等，除了這個以外其實我們應該更積極啊！

于：所以從這個老師的分析、兩位老師的分析，不管是所謂的這個中拉論壇，還是這個教宗方濟各到菲律賓去做拜訪，其實這樣的一些國際情勢上面不管他是宗教、他是經濟，其實他背後的這個政治意味也都是相當濃厚的。那也期待我們的這個外交人員，可能在我們的外交使命上可以做更多的使力。

洪：有時候我們可能想像所謂中華民國到底有多大，這我們現在先把統獨的概念先擺一旁來看，我們以為我們可以跟所有的地方包括歐洲美洲，像這個中拉的互動，很大的共同體其實是拉丁美洲跟加勒比海，

于：加勒比海共同體。

洪：其實有十一個國家都在加勒比海跟我們有邦交的，只有一個國家在拉丁美洲中間那裡有十一個，就是佔我們二十二個的一半。那臺灣這麼小、相對這麼小，如果我們的想像是過去中華民國這個版圖這麼大去跟他們建交，也許有一個對等的基礎，但今天不是也牽扯到一個更深層的問題，到底誰代表中國啊？這樣講下去我們今天這個……節目也可能就可

以不用了、就講不完了，可是重點在這裡，就是那現在在網路的時代，在這種有……好像人越來越重要的時代那能不能有一些突破的做法，這可能是外交單位應該要做的。打開一張地圖我們不能一直教育我們的年輕一代，我們的年輕朋友跟小朋友說啊！我們就是剩下這些朋友。那心裡面多難過啊！

于：應該要比較正面的方式去……

洪：所以我其實還是願意鼓舞說外交人員是這麼困難沒有錯，可是要在積極一點，可以想盡各種辦法，比如說剛剛講方濟各的事情，那其實都可以做的。或是這次拉美這個中拉的這次論壇當中也許可以有一個國家的人就跑過來啊！都可能的啊！那做了什麼樣的事情那種實質的互動，而不是說……你沒有辦法阻止別人跟別人互動，但是我們應該主動說我們可以跟你怎麼樣互動，不是新聞上只有說我們又去……那個……借錢，然後又去打官司、然後要不回來這個每次都很洩氣啊！不是嗎？

于：所以從這一個我們洪老師的這一番話，其實給我們的臺灣的外交使命的人員其實提供一個比較積極的作為，希望未來我們的這個外交的情勢或者是外交的實質的建設，

洪：我再補充一點，比如說，其實也不見得要用「國家跟國家」這個概念來談，其實也可以「城市跟城市」的

于：哦！姊妹市！

洪：姊妹市。比如說，都有一些活動學生可以互訪啊！比如說我們的天主教都可以到這個……梵蒂岡，那拉丁美洲的國家也都是講拉丁文啊！一些西班牙文，那我們的學生也可以去訪問，這個其實都有只是媒體上我們看的比較少。

于：曝光度沒有那麼高。

洪：因為故事性太弱！所以其實這個故事性能夠增強讓兩邊的這種城市跟城市之間的、社團跟社團之間的把他凸顯，而不是完全只是在政治。在大的這個建設計畫上面，一晃就過去的，因為人總是生活面向上面、需要一些有趣的事物，我們跟每個國家交往、我們跟每一個城市互動，我們想想他們有怎樣一個有趣的事情我們可以來學學談談，這不是比較有趣

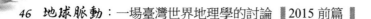

嗎？

于：就比較從軟實力的方式去跟他們互動。

洪：也可以這麼說，所以其實我覺得我們不妨，我相信其實中央政府有在做這樣的事情，其實也可以結合地方政府某一些過去也都有，只是現在好像這個訊息越來越少、越來越少。

于：比較少曝光。

洪：這很可惜。

于：是是是，那洪老師這一番建議，或許可以成為未來在這一個城市啊以及社團，就是不同國度的城市社團的互動上提供另外一個參考。那剛才兩位老師幫我們提到，其實我們臺灣的邦交國多數在這個中美洲的、中南美洲的邦交國多數都集中在加勒比海，所以現在來欣賞來自加勒比海熱情的民謠，相信大家應該常常在電視上欣賞到這首歌吧！送給大家"Guan tana mera"！

（音樂）

于：好的，現場時間下午的兩點四十九分、午後陽光第二階段，我是于庭。現在節目現場在進行的是《地球脈動》，邀請到我們高師大地理系的洪富峰老師以及施雅軒兩位教授，來帶領大家來了解一下最新的這個國際大事，以及這個大事對我們臺灣對我們亞太地區有怎麼樣的影響。剛才我們關心過這個……中國、中共，跟拉丁美洲一起召開「中拉論壇」這一個事件，那接下來我們的焦點來回到我們的鄰國也就是日本。這一週，相信日本的民眾、日本的人民他們的心理都很不好受，因為他們的這個算是同胞吧，被這個伊斯蘭國 IS 給綁架了，而且根據最新的消息顯示，兩位人質當中其中一位已經確定遭到這個伊斯蘭國的斬首，那另外一位可能就要來進行這個後續的……人員的交換，以人質換人質。趕快請這個施老師來幫我們分析一下，究竟這個伊斯蘭國他為什麼會這麼做？

施：伊斯蘭國在最近一些國家的研究裡面，他其實提供了某一些的特例，為

什麼會是特例？

于：特例、特別的例子。

施：他有特別的例子，因為一般的被美國標定的恐怖組織基本就是，人家捐錢給他、他就買武器，然後他就放自殺炸彈跟什麼……很少出現像伊斯蘭國這樣，他是類似像政府的，或是類國家的出現。因為我找了一堆……一些的資料，他的有效管理區域是五萬五千平方公里，比臺灣還大，臺灣是三萬六千。

洪：三萬五千多平方公里。

施：好，三萬五千多。

于：哈哈！

洪：很接近、很接近。

施：也就是他的領土，有效管理範圍還比臺灣大兩萬平方公里。那他自己所轄的下面有四個委員會，宗教、諮詢、軍事、保安四個委員會。然後負責管理佔領區的電力、自來水、食物跟汽油的供應。

于：講到這個電力跟汽油，是不是很關鍵？

施：對對對，維持、他們要負責。而且他們還抽稅，而且他們有法庭，所以只要是在他們管轄區犯法的，就會接受嚴厲的制裁！

于：所以這樣聽起來伊斯蘭國其實不是大家想像的就是，恐怖組織隨便聚集起來的一盤散沙，他其實很有……很有這種政府規劃一層一層的。

施：他們有組織還有土地，有管轄的人民，就是一般我們認為國家的定義。

于：應有、應該有的都有對不對。

施：甚至他還有……他還有經濟的一個部分，因為他打下了伊拉克的第二個大的都市叫作……「摩蘇爾」的銀行、的裡面拿到了 4.25 億的美元，是現鈔！然後因為他也打下了，因為他的所在地大概是在伊拉克、阿富汗跟敘利亞的邊境，所以他有拿下了一些油田，所以他出口。一桶大概介於 20 塊到 30 塊美元，就是說他也可以…他有賺錢的。

于：他也可以做國際貿易，也賺錢。

施：對，然後人家就估他一天大概可以賺一百……一百萬美元，一天收入。所以美軍轟炸他五個多月也只拿回來七百平方公里。所以這個其實在國

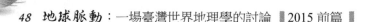

際政治的討論，或地緣政治的討論是相當特殊的。所以這個已經顛覆了傳統就是從二次大戰以來，對獨立國家或民族國家你要怎樣跟他去交往，或是他怎麼興起，他……基本上是拔地而起的一個全新的一個國家的概念。

于：沒錯，這個相當特別的國家－伊斯蘭國。其實從去年一直到今年他的……應該說他惹出來的事情在國際上一直是紛爭不斷，那但是在之前我們關心到這個伊斯蘭國他的作為好像都是在這個歐美，不是歐洲就美洲，但是……現在、已經伸手進入亞洲了，跟日本有關。要不要請這個洪老師來幫我們講一下，抓這一個日本也會跟 IS 扯上關係。

洪：我想在這個新聞事件裡頭有一個報導說，剛剛稍微提到的是一個日本人說要拿來換囚的，交換在約旦邊境的一個伊拉克的女死囚。那據了解，她是 IS 的這個高階人員的親屬，有這樣的關係。其實在這之前，因為這個安倍晉三到中東去訪問，他飛機上開始三隻箭以後，他第二次擔任首相、他要變成國際的領導者之一，中東當然是重要的一個地區，他去以色列、去中東，那要注意約旦，因為他在約旦的時候似乎有同意說要把兩億美金，要來撥做這個承諾、來做一個資助，非軍事的援助這個區域的國家。那約旦這個國家其實他們在整個伊斯蘭教的這個家族的繁衍當中，其實很接近他的先知穆罕默德的。那在九○年代美國人去打這個……伊拉克戰爭的時候，其實約旦是沒有參加的。所以對 IS 來講，其實他們可以說在整個伊斯蘭的地區是比較偏英國跟美國的。

于：約旦是比較親美。

洪：約旦以前跟我們中華民國還有建交，我記得我小時候我還買過郵票是我們建交多少年的紀念郵票。

于：真的！

洪：我現在手上還有，他們現在已經跟我們斷交了。那因為他們、我們是跟著美國的腳步走的，所以其實約旦是跟美國關係良好的。那他們有一些地區還有倫敦的人去做旅遊，甚至於那個印第安瓊斯、都在那邊拍過片啊都在約旦的領域裡頭。所以他們跟英美的關係相對好的，我想日本大概也是走這條路。所以正好這一次，因為你嗆聲說要兩億美金，我就拿

這個兩個人來說，你來換、要給你教訓你、教訓你。

于：給他顏色看就對了。

洪：其實他的目標不是日本，我相信他的目標還是背後的美國。因為他們認為在他們的觀念裡有個猜想，這個分析起來看，其實日本是跟著美國的腳步在走的。

于：所以這個 IS 會動到這個日本的……

洪：因為手上正好有日本的人質啊！

于：反正就是……我明著是說我來報復你提供給約旦的這個金源，但是背後其實是又要來引起美國或是歐洲更大的……

洪：恐怕不是背後，就明著告訴你。

于：對，哈哈。

洪：誰跟你好，

于：誰跟你同夥，我就要……

洪：誰跟你同夥、誰跟你們一起修理我們，

施：我就報復。

洪：我就回擊你。所以剛剛講說除了他佔領區，或者是他現在成立國家的領土的範圍他的治理，他一邊在打仗、一邊搶別人的土地、一方面還在……那個美國為主導的這些還在打他們啊！那在這樣的情況下他要維持治理，然後還要到處只要有可能的、對他國家、對他不利的，

于：威脅的。

洪：他就要站出來。這個其實是剛剛我很同意剛剛施老師的論點，就是高度自理的。在戰爭當中還維持這樣的一個治理的形式，當然我們都是從資訊上來理解沒有親身的經歷真正的狀況，其實有時候都還都是表面的，可是不要忘記在伊斯蘭這樣的一個系統當中，他發展的其實從這個宗教、甚至宗教之前文明發展的幾千年的歷史其實不能小看的。

于：那這個伊斯蘭、現在這個伊斯蘭國就是槓上了日本，就是說你的人質換我的人質那以這個……日本安倍晉三，他其實都是以這個打這個和平主義的……路線在走，老師預測他會接受這樣嗎？

洪：其實我是覺得重點還是給約旦壓力，就是他的目的就是藉這個機會看能

不能把他們的人換回去。你想想看我們的領導者、高幹的人去幫我們打仗，要被殺的人，然後我們把他換回來，這對伊斯蘭國的內部的這個民心士氣的鼓舞有多……強大。所以我覺得重點是在，媒體聲稱的被關這個伊拉克籍的這個女囚被關在約旦，我覺得應該去關注這個焦點，在打仗的過程當中有這樣的一個訊息回來，你想想看那是多大的一個鼓舞。

于：那後續到底這一個……日本囚犯以及、不是日本囚犯，日本人質，以及約旦的這一個，關在約旦的這一個女炸彈客、聖戰士他們之間的互換結果到底怎麼樣，就留待這一個後續的國際情勢來繼續做發展了。

　　好的，今天因為時間的關係，相當謝謝施老師以及洪老師來到節目線上，那我們也預約就是下週同一時間節目當中我們繼續來關心，哦本週的國際大事，謝謝兩位老師！

洪：謝謝！

施：好、謝謝！

于：現場時間是下午的兩點五十八分，音樂聲當中跟大家說掰掰囉！祝福你有一個開心愉快的午後時光。明天同一時間節目當中見了，掰掰！

(End)

第 5 集

104.02.03

〈全球化的時代帶您掌握國際時事關心全球動態歡迎收聽地球脈動〉

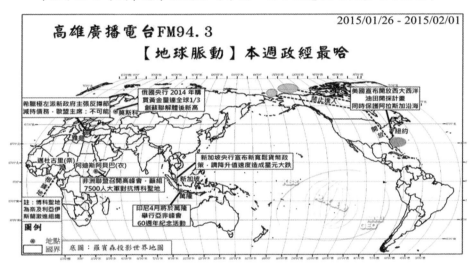

片頭：聽眾朋友您好，歡迎收聽今天 2 月 3 號的《地球脈動》。單元一開始我們先來關心上周的國際大事：

印尼 4 月份將在萬隆舉行亞非峰會六十周年的紀念活動

非洲聯盟呼籲組成跨國的聯合軍隊以對抗奈及利亞伊斯蘭組織博科聖地

美國政府宣布開放西大西洋一片地區開採石油以及天然氣的計畫

新加坡金融管理局宣布新的寬鬆貨幣政策以刺激經濟成長並且對抗通貨緊縮

俄國央行 2014 年購買黃金達到全球的三分之一創下從蘇聯解體之後最高的記錄

希臘新政府主張反撙節希望減弛歐洲聯盟的債務歐盟悍然表示：不可能

稍待一會兒節目當中我們再一起來關心這些國際大事的詳細狀況。

于庭（以下簡稱于）：好的，現場時間是下午的兩點三十一分、午後陽光第二階段。今天是 2 月 3 號星期二，每個星期二的下午的節目後半段都會邀請到我們高師大地理系兩位老師，洪富峰老師以及施雅軒老師來到我們的節目線上，跟大家一起分享這個國際的情勢以及國際的動態。那剛才，藉由這一個單元開頭的一個國際新聞的分享，相信大家都應該聽的出來，其實上週的國際大事跟我們前幾次節目當中談的主要議題都是在做一個延續性的發展，不管是恐怖主義，石油能源以及貨幣的這個政策。所以我們今天單元一開始就要先請施老師來幫我們做一下，上周這個國際大事後續發展的一個 Review，來，施老師請。

施雅軒（以下簡稱施）：好，那我們上個禮拜，或者說前幾次談的，在這個禮拜陸續都有在提到，所以我們快速幫大家回顧一下。那在經濟的一個面向裡面，那新加坡幣匯率大跌，其實也是跟歐元一樣，他是為了刺激經濟的成長。那其實這樣的後果，其實我們一直在呼籲一個問題就是說，其實消費是一種文化、是一種習慣，你有可能讓你的幣值貶了，然後你就會花更多的錢，這個其實是我們大家一直在討論的。但是這一招其實各國央行都很喜歡用。那再來就是希臘的新政府，主張「反撙節」的……上台了！當然第一個動作就是希望要求能夠減債，歐盟主席就說這是不可能的。Say NO。那這樣子後續會怎麼樣其實那就變成一個矛盾點，可能以後會引發某種的衝突，對歐元區的……動盪，會增加不確定的一個因素。那再來一個有趣的新聞是俄國央行買黃金。這個買黃金其實在以前二戰剛結束的時候、整個經濟混亂的時候，其實中華民國來臺灣的時候也有這樣的情況，就是說你新臺幣要訂價到底值多少錢，其實由你的央行有多少的黃金來當作是一

個……基準。那現在俄國央行他需要買黃金，那剛好又遇到盧布大跌，那其實是不是在某種程度有可能俄國的央行，其實有可能當盧布遇到某種崩盤的時候，他要止跌，其實他就要變成是要讓人家知道說，我手上有多少黃金來作為是一種止跌，或者是

于：的籌碼。

施：對對對！這個是一個相當很有趣的一個觀察點。其實不只是他，其他新聞顯示德國央行，也是一樣從海外併了相當多的黃金進來，所以黃金在現實還是一個相當重要的一個貨幣。那再來是兩個，就是一個是非洲、非洲的一個叫作「博科聖地」的伊斯蘭組織，這個其實呼應最新的消息就是日本的人質，其實應該是……

于：斬首。

施：那這個其實會造成全球的某種政治某個很大的一個壓力，也就是說對於類似像 IS 組織，像是在非洲他也出現了，那這些所謂第一世界怎麼樣去面對，我想這個大概對他們會相當的一個頭痛。那再來最後一個就是美國政府宣布開放西太平洋的一個開採石油。我從新聞上也看到說最近油價漲上來了，兩天漲了 10%的樣子，今天看的新聞。那但是其實這個美國開放大西洋，這樣子的一個鑽探的石油，其實在某個角度而言，其實他是在一樣，回到一個作空石油油價的這一方。但是現在的現實有可能油價漲了，可是整個大趨勢，這一條新聞其實顯示美國政府其實還是站在壓抑油價的部分。好，以上大概我所談的部分是這樣子。

于：是，所以剛才藉由這個施老師幫我們來 run 了一下，就是上周的一些國際大事。其實我們都可以看到這些國際時事都在陸續發展當中，所以如果有一些比較更新，或者是比較重要的新聞點，我們也會在後續的節目當中一一為大家來做比較深入的分析以及探討。那今天，我們節目主要的主軸要來關心一下，哇！這個十年才會有一次的這個「亞非峰會」，亞洲的亞、非洲的非，亞洲峰會他在今年已經是六十周年。那今年六十周年的這個算是相當盛大的一個，哦……紀念的日程會在今年的 4 月、在萬隆、印尼的萬隆來舉辦這個第六十周年的亞非峰會。那今天節目當中兩

位老師，也要就這個亞非峰會到底是什麼？以及他所代表的意義？然後這個開會的話、他有什麼特別的議題要來探討？為大家來作分析。那先來請施老師來幫我們講一下，啥物是 siánn-mih-sī「亞非峰會」？相信很多的朋友，包括于庭在內其實我對於這個名詞是有一點陌生的，因為他好像不常出現在新聞上對不對？

施：我想我們奧運啊、或者世足賽啊！四年一次我們都覺得這個好長，可是他們基本上會引起世界的注意大概是十年一次。那最早是在 1955 年就是民國 44 年開了第一次會議，所以我們常常講說，亞非會議、亞非高峰會；或者是萬隆會議，大概就是這一個部分。那我想在 1955 年這一個亞非會議其實主要的一個精神，其實就是聯合以前的殖民地國家，然後，排除以前所謂的美俄。

于：排除當時的兩大國，對不對？

施：就是說我們不要給這些老大哥參進來，就我們這些小老弟坐下來、來聊什麼，聊我們國家的前途。那所以當時候幾個重要的議題，比如說如何保衛和平啊、爭取民族的獨立啊、發展民族的經濟啊，這個都是當時候的峰會所主要所討論的。那……為什麼臺灣、中華民國會比較少接觸的主要的理由是……這個會議討論是沒有參加的、沒有參加的。

于：從頭到尾都沒有。

施：對對對，反而是對岸的中華人民共和國是有的、是有參加的。而當時候的時空環境中華人民共和國他派去的人、主團長就是……周恩來。周恩來當時候是國務院的總理。那當時候還沒出發前，曾有遇到過一個小插曲，就是他坐的飛機被炸掉了。

于：他原本要坐的飛機被炸掉了。

施：在香港被炸掉了，所以引起不小的騷動。後來他……收到了情資，所以緊急換飛機，所以原本那一班的飛機就……一樣起飛了，然後在印尼外海就爆炸，但是他沒事。

于：所以原本要炸他，但是沒有炸到就對了。

施：對對，所以他去的時候，當時候中華人民共和國在全國邦交國，我看資料是那個時候只有六個，以現在來講。

于：民國 44 年的時候。

施：對對，1949 年 10 月 1 號成立以後。

洪：比今天中華民國的邦交國還少。

施：還少，只有六個。所以他抱著某種的精神是，我是來交朋友的、我是來交朋友的，所以他去的時候被海 K！

于：被海 K？怎麼說？

施：錫蘭的總理，或者是伊拉克，當時候爲什麼海 K 他，他就說我們這個峰會就是要去除殖民主義，當時候他就指責周恩來說，你們共產主義就是殖民主義！所以當時候，我們講的「滿面全豆花」，所以他去對不對他就**說我是來交朋友的，我們是來交朋友的，所以當時候留下一句話叫作「求同存異」。**

于：「求同存異」、哇！好哲學的一個……

施：當時候他的整個口號都是繞著這一方面來打算這樣子。

于：那這樣想請問這個洪老師，不曉得您覺得說亞非峰會他在這個歷史上有怎樣一個定義，爲什麼當時候會讓所有的這個第三世界的國家想要來團結一致？

洪：其實你想一想那時候韓戰才剛剛打完。

于：民國 44 年、1955 年。

洪：那這個、二次大戰結束，然後這麼多的勢力在重整的過程當中，我們也才剛剛，當時的中華民國跟中華人民共和國還在劍拔弩張的時代。而且當時我們在聯合國裡面。所以國際上當時是站在，假設我們從今天的角度來看過去的我們，那是我們在參加聯合國。那這一群人在開聯合國以外的另外一個會議，聯合國的大哥都不在了。當時中華民國也是聯合國的大哥啊！跟我們邦交的人也很多啊！那今天正好倒過來了經過了六十年，所以那樣的場景我們其實今天來看這樣的事情說，六十年之後在印尼又要開很像是類似的會，可是他的整個國際的情勢，

于：完全……

洪：整個地球的脈動已經走到不一樣的方向來了。所以我們今天待會要來談這個議題，或是未來他真的開這個會的時候恐怕會有許許多多的可能

性。

于：那提到這個亞非峰會，就是所謂的亞非峰會裡面，這個第三世界的國家就包含了亞洲以及這個非洲的各個的國家，而且據說今年的這個六十周年紀念的亞非峰會當中，很可能有一百零九國的大頭，也就是他們的領袖，還有二十五個國際組織的代表會來到我們的印尼萬隆。會來進行這個會議的參與。其實對於這個多數的朋友來說，在當時這個非洲大陸還算是一個，哦……人家說的「黑暗大陸」啦！

洪：是嗎？這個是歐洲人對於非洲的這個誤解。

于：在當時，我相信民國 44 年的時候，應該臺灣人對於非洲的認識應該也不多吧。

洪：那我們就被歐洲人殖民太久了。難怪連臺北市的市長都說，殖民還不夠久，文明還不夠好。

于：哈哈哈！所以就是經由這一次六十周年的亞非峰會的紀念活動，也希望通過今天的節目讓大家對於這個亞洲非洲為什麼要聯合起來，以及這個峰會今年到底會怎樣的發展，待會我們在歌曲聲過後要來請老師幫我們做更詳盡的分析。那接下要來送給大家跟非洲有關係的歌曲，我們來聽這是電影《北非諜影》的主題曲，送給大家"It's time goes by"~

（音樂）

于：現場時間是下午的兩點四十六分。您所收聽的是高雄廣播電台、午後陽光第二階段，我是于庭。今天星期二我們《地球脈動》的單元，所以今天的這個主播室非常的熱鬧，有我們高師大地理系的洪富峰老師還有施雅軒老師，那接下來的這個時間當中兩位老師要來幫我們講一下。剛才有提到，今年 4 月這個亞非峰會就要邁向六十周年、六十大壽了，所以這一個相當特別的這個紀念的年份當中，會在印尼又再次來重新舉辦這個萬隆的這個亞非峰會。那想問一下這個兩位老師，就是這個亞非峰會這個第一次辦的，就是 1955 年第一屆的時候就在印尼的萬隆，那為什麼六十周年的時候又會回到同樣的地方？

施：我想這個舉辦的時空，大概回到了現在的總統。

洪：佐科威。

施：那他是被稱之為平民總統，所以他上任的時候其實印尼對他有很多很高的一個期望，可是因為就任最近的百日發生了某些的問題。比如說人事任命啊、或者是他削減燃料的補貼啊，甚至包括所謂的廉政、廉政警察的一些問題。所以其實……印尼總統他一直希望在某個程度能藉由這樣子的一個外交、這種國際的盛事來提升自己在國內的一些支持度。

于：要逆轉勝就對了。

施：對對對、希望能辦這樣子，所以其實印尼這樣的國家，其實跟臺灣是相當的……接觸相當的頻繁的。我相信在各個地方都可以看到很多辛苦的勞工，來幫臺灣這個國家能夠站起來，那但是現在佐科威有這樣子一個動作之後，他會精心的布置這個某些的活動。比如說現在第一個爆點就是，傳言說金正恩

于：北韓的這個……

施：第一次出國訪問。

于：第一次的國際曝光。

施：對，可能會在這個地方。那當然就會吸引某些的國際的媒體，焦點就會關注在這個地方這樣子。

洪：真的嗎？北韓的……

于：我們施老師有不一樣的這一個 idea，來請老師談一下。

洪：我覺得爆點不只金正恩，我覺得爆點應該是習近平，他其實是打「習近平牌」啊！

于：洪老師覺得是他的爆點應該是要抓著中國大陸的習近平，是不是？

洪：因為他去了之後，非洲跟亞洲跟他們現在交好，而不需要他援助了。或是跟他有各種互動的人去的機會會增加，所以才可能促成一百零九國的領袖去，他們一直想像這個多的國際組織、甚至包括聯合國的秘書長都號稱將會出席，那是看誰的面子？是看佐科威的面子嗎？一百多個國家的、看起來說不定比紐約還要重要了，他是個短暫的時間裡頭作這麼一件事情，難道就為了六十多年前的那一場會議？因為整個情形已經倒轉

了、轉變了，這個情勢改變到這樣子，我覺得還是在打習近平這一張牌。所以到時候如果中共的國家主席沒有去，那中華人民共和國、或者我們稱中國大陸，那這個習大大沒有去

于：習大大……

洪：整個會議要開成他原先設想的那樣一個狀況、恐怕就會遜色不少，所以我覺得北韓這件事情，恐怕……可以觀察。那當然會有很多的這個引爆點，可是就問下一個了，那這樣能夠把現在佐科威受到的這種狀況扭轉過來嗎？

于：對啊！

洪：我覺得困難度重重。通常我們講說一個國家的領導人當他內政不好的時候他就搞一點外交活動。當他內部的敵人太多的時候，甚至於帝國就去攻打誰然後大家同心一致，一起喊：打過去！然後我們就團結了，在印尼這個國家很困難。你只要了解這個整個狀況，他有一萬七千多個島嶼耶！

于：是，在管理上非常的複雜。

洪：有住人的才不過六千個左右，超過三分之二左右的島嶼上面是沒有人住的。然後他的種族有三百多種！他語言有七百多種！然後他其實在宗教上面雖然大家都說他是全世界人口來講的話，兩億四千萬當中這個穆斯林的比例是最高的，而且就是人數是最高的這個國家，可是他並不會有這種宗教的一定性。你說他是穆斯林國家，但是他不像是伊斯蘭國，他不是伊斯蘭類型的國家，他只是那麼多人信奉。那為什麼會這樣？因為他過去被殖民，我們剛剛講說他開這個會是六十年前，他希望才剛剛獨立出來，希望非洲跟亞洲跟他相同背景發展出來的國家、當時叫第三世界的，能夠透過這樣子的一個會議能夠彼此之間、互相之間學習，然後去主張去跟別的國家反殖民，然後反帝國，然後爭取這個民族獨立。而且他們也推出了「要維護世界和平」、「要團結」等等這樣的一個口號跟想像。那現在來看現任的這個總統，這個宗教雖然這麼多，可是她的包容性是比較高的，其實不像是我們剛剛講的、把別人的人民拿來殺的這種恐怖主義的處理的手法，所以你即便有這個大的峰會進來了，可是實

質是什麼，這群一百多個領袖到你們家來了你恐怕只是多花錢而已。

于：其實于庭在看這一個亞非峰會他的主軸就是一些，譬如說「促進世界和平」、然後「第三世界的國家要聯合」，但是他好像沒有一些很實質的產出，譬如說我們在看一般的峰會會促進一個什麼經濟的合作、或是促進怎麼樣的建交，但是這亞非峰會他的實質的意義只有就是讓，第三世界的首領到這邊集會這樣子而已嗎？

洪：這個問題就來了，就是一百多個國家的首領來了，那聯合國的組織都來了，那當然這聯合國的組織也許可以藉由這樣子的一個方式，來協助印尼的某一些在內政上面碰到的問題。可是就要很精心安排。難道要開這個峰會才能夠幫忙嗎？而且都經過這麼多年了，難道平常的時候就不能過來幫忙嗎？假設在一般的時間當中這些國際組織，或是想來參加的國家跟印尼也有一些貿易、文化、經濟或者是說各種的互動，那就來跟印尼有一些實質的效應，為什麼要等到這個峰會？

于：對啊！

洪：這個是一個大的課題啊！就是國際上我們總認為媒體的報導，那出現這麼大的一個效果出現以後，那我們就得到好處了。好，即便是有好處，我們又經常問一個問題，那這個好處是誰在分配？

于：誰在分配？

洪：對，比如說我們在簽一個合約。這個合約是某一個少部分的特別的一部分人，或是我們習慣用這個字眼「財團」。財團其實不是什麼壞事。做壞事的財團才是。可是如果他是正常的經濟活動……的貿易，而且透過這種方式能夠讓你地區的經濟往前推，

于：提升。

洪：那不是壞事啊！所以應該這個會議的主軸，如果還去只去重述，如果我們要避免戰爭、我們要基本人權、我們要人格的尊嚴、

于：和平。

洪：男女要平等、社會要自由等等，這個都流於口號了。這個是……這個將要開的這個會、我個人的想像，如果真的開成了，那這個國家主席也去了。好，然後一百多個國家領袖都來了。

于：領袖，全部都在那邊。

洪：這麼多的國際組織都來了。我們還是真的要去估算，到底這樣的會開完之後對印尼的真正的幫助在哪裡。如果開完會之後他們的國民依然是要到出口勞工，到全世界各地。從資料上來看是以馬來西亞跟沙烏地阿拉伯為主。剛剛施老師談的臺灣，其實在我們的左鄰右舍，說不定也會都經常碰到。

于：對，印尼籍。

洪：來幫助我們。我們真的要感謝。站在臺灣社會的一個立場，真要感謝這一群人，可是如果開完這個峰會以後，今年 4 月之後狀況沒有改變，那我認為之後這位印尼總統的這個聲望，

于：顏面無光。

洪：或者是說他的治理面臨的問題恐怕會更高啊！

于：是，所以藉由這樣的一個，其實所謂的這個國際的峰會、國際的組織要來做這個集會、或者是說這個峰會的開幕，他這個背後的一個意義，都好像高出於我們表面上所看到的。像剛才兩位老師幫我們分析的，究竟這次的峰會會有哪一些大咖，他可能來到這一次的這個峰會的現場？亦或者是說，這個峰會他開完之後在今年的 4 月會有怎樣的實質的產出，對於我們的國際的互動、或者印尼……他的國家的、他的這個總統有什麼樣實質的幫助？這個就可能要等到這個 4 月底的時候這個峰會來實際的運行。

洪：當然這個已經走出來了。他已經發出邀請函了。所以從實事求是的角度來看，他真的要去估算他可以得到些什麼。

于：所以他們現在應該就在運籌帷幄，就是要……

洪：應該要。就是他的幕僚跟這個政府應該要趕快來估算這個事情，要不然開完會之後如果只是國際新聞，然後一切都沒有改變，那開會比沒開還要慘啊！

于：哈哈「開會比沒開還要慘」所以這句話算是這個洪老師，要送給印尼的一個忠告吧！對不對？

洪：真的，他會派人來聽，很榮幸！

于：哈哈哈哈！好的，我們今天節目當中，相當謝謝兩位老師為我們來分析，以及為我們來關心了一下這一些國際的時事，那我們也期待下周，我們繼續空中見面，請兩位老師繼續為我們來分析國際上的一些精彩的脈動、精彩的互動，謝謝兩位老師！

洪：謝謝主持人。

施：大家再見。

于：好的，現場時間是下午的兩點五十七分，音樂聲當中跟大家說掰掰囉，明天同一時間節目當中再會。

(End)

第6集

104.02.10

〈全球化的時代帶您掌握國際時事關心全球動態歡迎收聽地球脈動〉

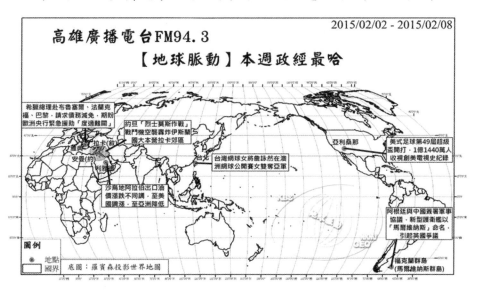

片頭：聽眾朋友午安、歡迎收聽今天 2 月 10 號的地球脈動，單元一開始我們先來關心上周的國際大事：

美式足球超級盃第四十九屆在亞歷桑納州鳳凰城大學體育場開打
臺灣網球女將詹詠然在澳洲網球公開賽奪得了女雙亞軍
中東沙烏地阿拉伯出口石油的價格漲跌不同步調，到美國調漲，卻降低到亞洲的石油價格
約旦發動了數十架戰鬥機對敘利亞東北部展開空襲
阿根廷與中國簽署了軍事協議
希臘領袖在布魯塞爾、法蘭克福以及巴黎各地請求債務減免期盼歐洲央行緊急援助度過難關

稍待一會兒單元當中將帶大家一起來關心這些國際大事的詳細資訊。

于庭（以下簡稱于）：好的，現場時間是下午的兩點三十二分、午後陽光第二階段，我是于庭。那這個星期二的節目後半段，都會為大家邀請我們高師大地理系的老師，來現場跟我們一起關心上周的國際大事。那今天來到現場的是我們高師大地理系的洪富峰、洪老師來這個節目當中。我們今天要跟洪老師要跟大家一起來分享的這些議題，其實于庭個人覺得還滿有趣的。因為我們前幾集的《地球脈動》當中，談的都是比較嚴肅像是政治或是經濟、甚至是戰爭的一些議題。但是今天要帶來給大家的這個國際的議題，相信很多朋友應該都很喜歡，就是跟「運動」有關！我們都知道這個全球的運動非常非常多。不管是這個籃球、棒球、足球，那很多很多的球類都在這個全世界各地來進行當中。上周在美國就有一個相當盛大的國際賽事，也就是四十九屆的足球「超級盃」舉辦。那也這個產生出了最後的總冠軍，今天我們就要從這個議題開始為大家聊起到底這些全球的運動風潮，它是怎麼樣形成的？以及這些運動風潮到底跟我們的這個全球的一些互動有什麼關係？好的，我們就請我們今天的特別來賓洪富峰洪老師先跟大家問聲好，老師好！

洪富峰（以下簡稱洪）：主持人、各位聽眾朋友，大家午安！

于：是，洪老師！想請問上周、好像上周在美國有一個相當重要的運動賽事，也就是四十九屆的「超級盃」，它的最後的總冠軍隊伍產生了，對不對？那剛剛、哦……剛剛這個節目還沒開始的時候，于庭有稍微跟老師來聊一下，其實老師本人對於運動的涉獵很深，然後他來跟我說，其實這個美式足球，他好像只有在美國才有對不對？

洪：對啊！這個美式足球或是他們自己叫足球，其實只有美國人在玩。那但是他、雖然只有他們在玩，但是他是一個很大的生意，以球團的形式存在。

于：球團？

洪：那球團分成兩個聯盟，一個是國家聯盟，一個是美國聯盟，那每一個聯盟各有……合起來有三十二隊，各十六隊。那十六隊在分成四個區，分東區、西區、南區、北區，東南西北這樣分成，……好像中區，不是北區，分成四區。那分成四區之後，四個隊去打，那一年的季賽從 9 月到 12 月，那在十七周當中要打十六場比賽，按照他的勝負比然後去挑選出各區的冠軍隊。那冠軍隊之外有一個叫 Wildcard、外卡，外卡就去跟當中，冠軍隊當中比較弱的在打一次，那不論都是打一場而已、驟死賽，誰贏了誰就晉級。

于：真的？就一場定生死這樣。

洪：對對，那打完了之後再去跟另外一個隊打，打到之後就形成一個區的冠軍，就是國家聯盟冠軍、或是美國聯盟冠軍，到最後聯盟冠軍跟聯盟再去打一個

于：再決鬥！

洪：叫作超級盃，所以就是決鬥了。然後這個現在就是把這個……超級盃變成很大一個生意了。

于：生意？怎麼說？

洪：因為在這個過程當中星期天，然後他在過去的三個月、一季當中，這個打了接近四個月、四個月甚至到五個月。

于：賽程，五個月。

洪：五個月一直延伸到季後賽，最後到底誰是冠軍？那球員大概都已經很累了。誰還有那樣的體力打到超級盃？而且維持這麼高亢的這個狀況，變成美國社會的非常大的一個重要的事情，那而且他是一個大生意。

于：所以就是說不管是對於

洪：球員薪水很高啊！比賽那麼多人在，每一隊有五十三個人啊！很多人是恐怕一輩子都很難上場的。你看到的就是防守隊跟攻擊隊在那邊打。我剛去美國讀書的時候也看不懂，後來我的學長就……警告我。

于：警告你？為什麼？為什麼不能看？運動賽事不是很……

洪：因為你會迷進去。因為我過去也打橄欖型的球，他知道是用他的經驗來

　　警告我。他的經驗就是一看了以後，會從第一場看到最後一場，一直看到超級盃，所以你最好不要看，要不然你都忘了要讀書了。

于：就很像很多的婆婆媽媽看連續劇一樣，就是第一集看下去後就沒完沒了了。

洪：唉，你……擋不住啦！你非看不可！就是會這樣子。

于：那剛才這一個……其實我不知道聽眾朋友、這個收音機旁的聽眾朋友有沒有一個疑問，我想有的朋友會跟這個我們看的白色跟黑色的這個足球混淆。其實我們今天節目當中提的這個美式足球。

洪：他就是橄欖球。

于：他就是橄欖球，就是我們俗稱的橄欖球。那老師之前聽說老師是英式橄欖球的。

洪：英式他不一樣，他叫 Rugby、RUGBY。這在臺灣也很久了，從日據時代就有了。那我打的隊伍那個學校今年也要七十年了，所以今年的 10 月我們要慶祝七十年的這個隊伍了。

于：那想問一下老師，就是之前在這個比如說運動賽事的報導上看到這些美式足球的選手們，他們好像上場的家私 ke-si 很多。就是整個全副武裝，為什麼要裝的好像要去打仗一樣？

洪：那其實因為他允許碰撞，而且碰撞的是激烈的。這美式足球，或者有人叫美式橄欖球、就叫美式足球，這個美式足球他有防守隊跟攻擊隊，所以說比如說兩隊，我把我方的攻擊隊跟我方的防守隊是不同的人，那他會暫停、暫停是可以廣告，跟資本主義有關係。

于：哈哈。

洪：因為他賣廣告，那他在暫停的時候，防守隊就上來了，對方攻擊的時候，這個撞擊力道是很強的，有時會繞到後面然後去把一個人撲倒。

于：這算是來陰的嗎？

洪：合理合法的防守的行為。那所以為了防止這個球員受傷，所以他就身上就纏繞著非常多的繃帶、護甲、頭盔，通常那個是塑膠、碳纖維做的，他最主要的是頭盔，因為頭不容易保護，而且很脆弱。于庭，你有搭過這個……雲霄飛車嗎？

于：有，有搭過。

洪：如果用地心引力來看雲霄飛車，他最高會達到五個 G，就是五個地球重力加速度五倍。那這個橄欖球的撞擊，據說有那麼強的撞擊的時候，那可以達到一百五。

于：哇，那這樣根本就是三十倍的那個雲霄飛車下降的……

洪：用地球的加速度、地心引力。

于：天啊！

洪：這個加速度，大概就是用 G 這個字可以一百五十幾，那有一個醫學的看法就是說我們到一百 G 的時候你就會腦震盪。

于：所以……

洪：他超過，他可能當然不是每次都能夠撞到這樣，或是位置不對、也不是那麼恰恰好這樣，但是防守、防止球員受到這麼嚴重的傷害就是一個非常重要的課題。所以其實在運動上面的各種研究，為了防止他們受傷的新發明都不斷的出現，最近看過一個說用磁力，讓這個頭盔當中撞的時候，因為形成一個抵抗力。

于：反彈嗎？

洪：對，讓那個……重力加速度

于：撞擊力。

洪：撞擊力沒那麼大。

于：是，把他吸收掉就對了。

洪：對，類似這樣，或是把他消緩、來保護這個腦袋，因為是危險的。

于：那所以這麼危險的活動美國人這麼愛玩、是怎樣？跟民族性有關嗎？

洪：我不知道其實我也滿愛玩的，在年輕的時候，哈哈！

于：哈哈！可是老師您玩的是英式橄欖有到美式這麼的激烈。

洪：我身上也掛很多彩啊！這個……牙齒被撞掉的，腳被、我有一個假牙其實就是這樣來的。

于：就是因為

洪：撞、被撞。

于：比賽的時候被撞。

洪：撞掉以後彎掉了，彎掉以後，因為在比賽當中，我就把它扳回來，繼續
　　打。

于：哦……

洪：然後下了……結束以後去看醫生，醫生看說還好，當時還很年輕吧！後
　　來我去國外讀書，年紀稍大一點有一天吃東西，吃著吃著，怎麼有骨
　　頭？我明明沒有吃骨頭啊！那個牙齒就碎了。

于：哇！

洪：所以以後，當然就去看牙醫師啊！就裝了一顆假的，到今天。現在聽眾
　　朋友看不見，但是于庭看的見，我的這顆門牙是假的。

于：的確是看不太出來，如果老師沒有說的話，但是就……

洪：這個就是打橄欖球留的紀念之一。

于：算是這個英勇的運動賽事選手上的，算是。

洪：說英勇的賽事，其實不好意思啊！居然被人家打敗了這樣子。

于：啊！不要這麼說。

洪：撞掉一顆牙這樣子。

于：那想問一下老師您剛才提到說，這個……超級盃在美國開打其實是一個
　　很大很大的生意，也是一個資本主義下的一個活動，那為什麼要這麼
　　說？

洪：是，你看那個媒體又記載說，今年又比去年更高，說三十秒的廣告，他
　　就用三十秒做一個單元的那賣給你四百五十萬美金，大概一億三、四千
　　萬左右，以現在臺幣來算。三十秒耶！

于：三十秒就……一億、一億多……

洪：我們不曉得高雄廣播電台一年的費用是多少。

于：哈哈哈哈！

洪：能不能去買幾格廣告這樣子。

于：一億多可能……哦這個……我們有一點難以達到。

洪：問問台長啊！問問市政府看有沒有這個可能性。那你看可是他很多人
　　看，比如說上億人看，其實你如果用他的電視機來算，在那一段時間平
　　均是兩個電視機就有一個電視機一直看，百分之五十，就是四十到六十

之間，那有一些是轉台，看一下換一下、看一下換一下，最高都有達到
八九十、八九成。

于：哇賽！

洪：十部電視機有八、九個電視機在看。

于：在觀賞。

洪：你看有多少人在看啊！所以他已經變成是全民運動。在美國是這樣子，
這個是一個，那另外一個其實你從他的廣告的內涵你可以看得出來那個
社會裡頭，是什麼樣的資本，想要藉由這樣一個運動的比賽，來告訴你
我現在在賣這個。那不免俗的這個漢堡是一個、汽車是一個，賣啤酒也
是，這個跟運動相關的，很快的吃一吃東西、喝點啤酒運動去了這樣。
好，當然也有內衣的去。那今年有一個比較特別的據說是網頁設計公司
出現了，那個手機遊戲出現了。

于：手機 APP。

洪：線上遊戲出現了，遊戲也出現了。那我前不久念過一篇文章在談這個美
國人的汽車文化跟網路文化，那有一個有趣的數字是，現在美國年輕人
開車的數量到達一個頂，稍微往下跌一點點，因為他寧可不要開車，然
後他搭公車或是別人載他、可以上網。所以換句話說，新的時代、新的
年輕人的生活的形式，電腦都不見了。反正就是隨手可得的一個資訊的
工具，通通可以出現。而我是從哪裡出來的，比如說從西雅圖的海鷹，
就從西雅圖來的，就 Seattle。那 Seattle 來的，我就 Seattle 的場就是我的
主場，就是我家。所以在主場裡頭就會有球迷，有些球迷還是死忠的球
迷，他就會追逐。

于：然後他就會跟著球隊南征北討就對了。

洪：現在大概像這樣的人越來越少了。因為每個人要過他的生活啊！這種癡
迷這樣的狀況或許、但是隨著現在轉播到處都可以看。但是他的好處是
具有歸屬感。而且另外比如說我們這個城市如果有這樣的一個比賽，你
朋友來我們這個城市拜訪的時候，我帶你、正好時間還很巧，我們買幾
張票去看看現場的比賽。這個就是他們生活的一部分。臺灣的球隊我們
當然也有，那我們比如說高雄我們會說，你來的時候我帶你去看一場足

球賽嗎？我去看一場網球賽嗎？我們比較少。

于：對，比較少。

洪：我們江惠演唱會啊！偶爾出現要封麥才出現那麼瘋狂，所以這個是他們生活的一部分。

于：從這邊其實也看得出所謂的美式生活的風格，其實跟我們臺灣的生活風格是不一樣的。

洪：不太一樣。而且這天很特別，據說那天的食物消耗量是全年之中排名僅次於這個……感恩節、Thank sgiving。

于：感恩節？就是一天大家看、然後一邊塞零食，哈哈哈！

洪：所以大家會越來越胖，哈哈！所以運動設施會越來越需要，因為大家都吃很多。

于：從這樣老師的分析其實帶出一個很有趣的議題。其實運動賽事不只是，喜歡運動的人才會去關注的。其實對於很多廣告商零食商啊，然後我們一般中產階級的朋友，對於他們來說這些運動賽事就是大家來歡慶的一個時刻。

洪：比如說像 club，因為也許不是在家裡看。

于：到那個 club 裡面一起。

洪：club 俱樂部、在 pub、或者其實有時候是他們的球迷俱樂部，類似這樣的場合，或是有人開 pub，他就把他開成那個運動的球迷俱樂部。所以他的客戶就喜歡運動的人，那這個就不是超級盃才來，他只要有時候比如說假日，或者是休息的時候，星期五、星期六、星期天，尤其這個比賽星期天很多。那也有我過去在讀書的時候也有叫做 Monday Night Football、星期一的，星期天打不完讓你星期一再看一場，叫星期一的 Monday Night 的。所以剛剛講說我的學長才警告我不能看，因為你每天都在看。

于：袂使蹽落去，呵呵呵。

洪：而且他不只這個，這個美式足球的這種那個足球的比賽，他現在還在打籃球啊！籃球打完、這個超級盃打完，這個籃球的這個熱季就來了，籃球打完了棒球又來了，所以你全年都在看運動節目。

于：對於美國人來說，這個運動真的是他們生活當中的一部分。

洪：這是美國夢的一部分啊！努力工作然後努力的去消費。

于：觀賞運動賽事。

洪：休閒、然後努力的吃這樣。

于：相當特別這個運動的現象，運動背後其實有這麼多可以讓我來關注的一些相當有趣的。

洪：其實你可以說這是資本主義生活的一部分，而且其實是某種程度會讓你會有個衝動想去嘗試看看，那樣子的生活到底是什麼。

于：如果喜歡運動的朋友，或許你可以挑在明年度這個超級盃要再次舉辦的時候

洪：他平常也有。

于：平常也有？

洪：就是、就是季賽，9月開始會有季賽，所以到今年9月又要開始了。

于：是。

洪：其實他每年一度一度、每年這樣子持續不斷的，資本主義做生意絕對不會空下來的！

于：哈哈！相當有趣的一個現象，這就是美國啊！如果大家有興趣的話一起來參與吧！好的，提到這一個運動賽事，總是要來一點熱鬧一點的音樂，不過我們這個目前沒有橄欖球的代表歌曲，那我們當然要聽代表足球的歌曲、然後熱鬧一下，帶給大家 Ricky Martin 的歌聲。

（音樂）

于：好的，在 Ricky Martin 熱鬧的歌聲當中我們又回到了節目現場，然後相信這個我們的午後陽光第二階段的聽眾朋友們應該會好奇一件事，就是為什麼星期二的後半段一向都是有施老師加上洪老師來跟大家見面，係按怎？今天只有聽到洪老師的聲音？洪老師！我們施老師去哪兒了啊？

洪：是的，這個是有分工的。因為我們跟施老師念的是同一所大學，那我在念大學的時候都在打球，打了五、六年，念研究所也在打球，那施老師都在讀書，那今天講打球的，他很外行所以就不來了。

于：所以是要迴避的意思是嗎？

洪：哈哈哈哈！

于：好！我們開一下施老師的小玩笑，也讓大家知道今天節目當中是洪老師來跟我們分享這個運動賽事，以及一些相當有趣的國際現象。那剛才跟大家分享的是美國的超級盃，接下來要來關注這個運動的賽事，是臺灣朋友很多很多都一定很熟悉，而且很喜歡的，就是網球。上周我們臺灣女將詹詠然在澳網拿到了這個女雙的亞軍，請老師幫我們來講一下，這個女雙、哦不是，這個詹詠然所拿到這個比賽亞軍的澳洲網球公開賽，它是不是一個滿大、而且滿國際性的一個賽事？

洪：是，這個就是網球員的聖盃。

于：聖盃？

洪：她只要一生能過拿到這個盃也就表示說她是頂尖的選手。

于：就是獲得肯定了。

洪：那當然臺灣到目前為止單打的成績也還不像雙打。

于：雙打這麼傑出。

洪：雙打都拿過冠軍了、好幾位。那詹詠然其實在 2007 年的時候，在澳網她就拿過、她就已經拿過這個亞軍，她已經算是成名一段時間，也是很傑出的運動員。那男子當中就是盧彥勳，那再早可能很多聽眾朋友也許不熟悉，像「王思婷」。

于：王思婷⋯⋯好。

洪：哈哈！這個我們主持人就看起來一臉疑惑的樣子。這個其實是最早、臺灣最早，十二歲就已經是在臺灣排名第一的，那今年已經四十多歲了，也是過去的，你看四十歲都已經退休了的老將，所以運動員其實都是年輕人的世界，像我這樣還在談運動，其實就是在⋯⋯就是在⋯⋯不服老！

于：不要這麼說，是老師用這個經驗來跟我們分享。

洪：那你看這個網球，其實這個所謂四大公開賽，澳網、美網、法網跟英國的⋯⋯

于：溫布頓。

洪：溫布頓。這個就他們的聖盃。這個是職業隊。那這個職業隊臺灣最近這幾年漸漸有人進入到職業隊的比賽，這是好事情，如果我們國家能夠在這方面，我們社會能夠在這方面越來越多的話，表示我們是越來越成熟的一個社會，多元了。因為你看運動員其實他們經常要變成職業運動員，你看看很多人是國中要考高中的時候，就要十二年國教之前，現在才剛開始，過去九年國教要考高中，就隱約著你未來要走什麼路了。所以很多人在小學，甚至到了國中，甚至在更早小學要到國中的時候要準備高中的時候，有很多有運動天分的人他就放棄了。

于：對，他就是走這個。

洪：他就不走了。

于：平常就是唸書考大學的這條路。

洪：所以社會太單一了，大家都往這個方向走。這個對社會的發展未必是完全是好事。其實美國我們剛剛講的像足球員，他們也有些人回來，離開球隊很快就退休以後，他變成企業主。

于：他來贊助。

洪：不！他變創業，他對社會的貢獻其實有一定的才華。

于：更大。

洪：所以我相信在臺灣現在各行各業中有很多人他們都有運動天分，只不過是我們過去的發展，或是現在的發展其實還不夠好。像有一些球員其實是家庭幫助，或者是有一些企業的贊助，剛剛講的王思婷，她是四維女網隊的一位楊斌彥先生、四維企業的長期的贊助，才把她的才華發揮出來。

于：發揮出來，對的確。

洪：這個其實都不是很正常的，其實我們需要這個有、制度的。這個制度就是有經紀人，讓經紀人來看人，這個球員是可以的。那像這個盧彥勳他是李遠哲前院長、中研院的院長看見他打球，開始贊助他，慢慢把他培養起來的。其實這是伯樂，是百年難得一見的。

于：滿難得一見的。

洪：其實臺灣在這方面要發展，這些運動員將來應該變成是經紀人變成教練，在發掘新的運動員，跟這個新的可能。

于：新的潛力股。

洪：對，那這樣子臺灣的職業運動才能夠來搭上這個國際這個的班車。

于：老師幫我們分享一個很重要的觀念。就是說這個運動賽事在國內以及這個國外風行，就代表了社會發展以及社會觀的一個轉變，那我們也很期待臺灣社會可以越來越開放，可以對這個運動員的培養。

洪：多元，價值是多元。我一個朋友他是一個牙醫師，他小孩要去打大聯盟他就很反對。

于：哈哈哈，他希望去讀書就對了，這也看出其實我們傳統的父母大部分都是希望小朋友們就是一直念書，念到多高就多高啊！然後當個博士，然後出來像老師一樣當教授。

洪：我原先想的是我要打棒球。

于：真的嗎？所以您是有……

洪：欠栽培、欠栽培。

于：哈哈哈哈，所以各個那個……經紀人或是業主如果有興趣的話，可以跟我們高師大的洪老師來接洽。

洪：不過我已經太老了，哈哈哈！

于：那我們也期待臺灣的社會能夠有更多、多元的發展，讓我們年輕朋友們能夠好好發揮他們的才華，今天因為節目關係要跟大家說掰掰囉。

洪：掰掰。

于：那我們也期待洪老師以及施老師，下周應該會歸隊吧！跟大家一起來分享下周精彩的國際時勢，那下周見囉，掰掰！

(End)

第7集

104.02.17

〈全球化的時代帶您掌握國際時事關心全球動態歡迎收聽地球脈動〉

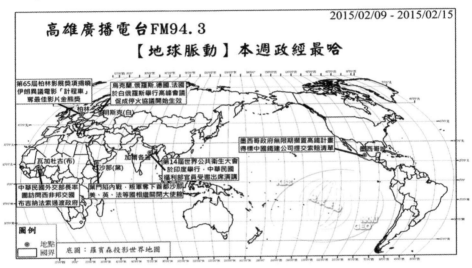

片頭：聽眾朋友午安，歡迎收聽今天是 2 月 17 號的《地球脈動》。單元一開始我們先來關心上周的國際大事：

中華民國外交部長率團訪問西非邦交國布吉納法索

第十四屆世界公共衛生大會在印度加爾各答舉行中國民國受邀進行專題演講

第六十五屆柏林影展最佳影片金球獎由伊朗的異議電影《計程車》奪得

烏克蘭、俄羅斯、德國以及法國在白俄羅斯舉行高峰會議促成了停火協議開始生效

中國鐵建股份有限公司日前標到墨西哥高鐵計畫遭到無限期擱置將向墨西哥政府索賠

受到葉門內戰的影響美國、英國以及法國相繼關閉或者準備關閉所屬的大使館

稍待一會兒節目當中將帶大家來關心這些國際大事的後續消息。

于庭（以下簡稱于）：現場時間是下午的兩點二十九分、午後陽光第二階段，我是于庭，在空中陪伴大家到下午的三點鐘。每逢星期二的節目後半段就是，由我們高師大地理系的洪富峰老師還有施雅軒老師，會在節目現場、跟大家一起來關心國際大事。那雖然今天已經是小年夜了，但是老師並沒有放假，今天還是風塵僕僕的來到節目現場，要跟大家一起分享上周的一些國際新鮮事。那我們就先請兩位老師來跟大家拜個早年吧！畢竟明天就要過年囉！哈囉老師們好！

洪富峰（以下簡稱洪）：主持人、施老師、各位朋友，祝各位新年羊眉吐氣！

于：羊眉吐氣，那我們施老師？

施雅軒（以下簡稱施）：好，那主持人好、洪老師、各位聽眾，大家羊羊得意！

于：好，一個羊眉吐氣、一個羊羊得意。希望我們臺灣的未來就如兩位所說的，這個過了一個羊年之後，哦、跨進羊年之後，就會越來越好。那明天開始，就是我們中國的這一個，算是傳統的一個……重要的節日，就是一年一度的除夕夜。但是對於臺灣的人來說其實滿歡樂的，大家都才迎接這個農曆，舊曆年的到來。但是我們的對岸好像說，中國的一個有限公司，鐵建股份有限公司，目前好像有一個計畫遭到擱置，對他們來說，好像要作出一些反擊的動作對不對？要不要請老師這個、施老師先來幫我們講一下是怎麼一回事？

施：我想可能要跟聽眾講一下一些的基本資料，那……中國鐵建公司在墨西哥原本是標下一個案子，已經標下囉！這個案子是一個高鐵，全長是兩百一十公里，然後總工程經費是三十七億美元。但是因為某種的因素，後來被墨西哥政府宣布無限期擱置，等於說我用法律的手段我開國際標，我標到了然後

于：標到了，然後不執行，就是甲方說我無愛 bôài 啊！

施：對對對對。

于：為什麼會這樣？

施：這個就當然引發其實大家一個很重要的關注，因為這涉及到中國這一兩年來的所謂的「鐵路外交」。那當然這個鐵路外交，他引發了某些的效應。那我們之前有回顧了某些新聞，比如說「中拉論壇」或者是……跟南美阿根廷的軍購，理論上中國跟拉丁美洲關係應該是很好的，但是為什麼他要索賠？這個就會涉及了某些的後面的一些討論，那當然我們知道說現在的、中國的鐵道外交，他基本上到處去標，號稱是六大洲都要有中國鐵道。

于：對，有 Made In China 的鐵道，對不對？

施：那我們都記七大洲，那為什麼叫六大洲，因為有一洲根本不可能會蓋，就是南極，對不對？

洪：哪一天南極也再蓋一條高鐵。

施：那就七大洲了。

于：就可能是給企鵝用的，哈哈哈。

洪：觀光使用的。

施：所以人家會覺得說這個後面可能會有某些的問題，比如說那個時候墨西哥政府在開標的時候是兩個月前就開出來了。就是說兩個月資金計畫都要到位。所以就會有人懷疑當時候日本的川崎重工，這種比較具競爭力的，都沒有辦法兩個月提出這些建設計劃，可是中國的鐵道公司做到了！

于：做到了！

施：就是兩個月資金跟計劃都到位了。

于：是……他們是怎麼樣辦到的？

施：所以人家就會覺得說，為什麼施壓給墨西哥政府的理由是，那你是不是有故意洩漏給墨西哥政府做這樣子的一個計劃，所以中國官方顯示到了，

于：我就先準備。

施：我就先準備好了，等你開標說，這個在某種的資格標上面，我兩個月後我就要了！這個你做不到，因為基本上這種評估就要有兩年，他要有兩年的一個評估。所以人家就會引發某些的爭議就是說，所以是不是有，就會引發某些效應說，總統是不是有收賄的問題？

于：就是收賄，然後我就先透露消息讓你知道，然後讓你標到，你也很快就可以開始了。

施：對，可是問題是，又有另外一方壓制。墨西哥的總統你要廢除，不然我就要把你怎樣。所以後面這個其實感覺雖然是中墨兩國，可是背後其實還是有一大串的一個問題在後面做一個牽連的動作。

于：其實透過施老師幫我們這樣一個說明，其實中國近年很大力推這個鐵路外交就像是，其實有點像是之前的登陸月球太空能力的這種插旗動作，就是我要在哦、世界的大洲都插上我這個 Made In China 的鐵路的鐵道，來展示算是我們的這個中國的國力吧。那我想請問老師啊這樣的一個……算是廢標，對於中國來說、應該說他標到是，他想要賺錢嗎？還是他其實是想要展示他的國力？

施：我想這一個所謂的鐵路外交，洪老師等一下會跟大家介紹，其實整個的六大洲都有鐵路的一個、Made In China 的中國鐵路，他其實他有一個很重要的原因是走出去，這是他們號稱算是中國夢之一啊！就是走出去。當然走出去在某個程度他需要有某種的競爭的一個優勢，比如說原物料還有技術，所以這一次他的報價對不對，中國鐵建他的報價低於川崎重工，我們的臺灣高鐵就是川崎重工做的。

于：日本的。

施：對，百分之三十七、便宜百分之三十七！

于：差這麼多？

施：不知道。重點人家就是你要求的我都做的到。可是我就是比人家便宜百分之三十七。那你可以照合約書走，你可以盯我，你可以盯死我啊沒關係啊！可是我就是做的到。所以有人會認為說這樣子的一個優勢對不對，連現代集團、連龐巴迪都競爭不過。

于：都競爭不過，等於算是一種低價競標的一個……嘖、很……背後的一個策略就對了。

施：而且川崎重工會更、心裡更鬱卒，因為中國高鐵的技術基本上是川崎重工

于：教他們的。

施：對。

于：尷尬了！那我想問一下為什麼標到就標到了，墨西哥政府，現在就是剛才施老師說的，可能國內有一些反彈聲浪，但是……到底是因為國內這些聲

浪，所以政府就願意說那我們就先擱置嗎、應該不是這麼的單純吧？

施：因為現在還是在這個 ING 的階段，還是現在進行式，所以我剛剛說，是不是總統受到怎樣一個壓力？到現在大家都只能猜、沒有任何的證據，甚至我剛才講說是不是有收到中國的好處？這都是猜的，因為現在都還在進行。

于：還在進行當中，那這個中國的這個鐵路外交會不會就此就受到一些阻礙，或者是他們要轉向，還是要怎樣，要不要請這個洪老師來講一下，您對於這個，這一次墨西哥高鐵突然要遭到無限期的擱置有沒有怎麼樣的一些看法？

洪：如果報價比別人低這是在外交上經常有的，外交就是要補貼你，所以如果用國家的力量，用外交的資金來補貼百分之三十七，那剛剛有講到，所謂的高鐵外交，那整個六大洲、七大洲都要接起來了。這麼多。比如說那個我們看一下資料，這個巴西跟秘魯的這個兩洋鐵路，橫跨南美洲大陸，長要五千公里

于：哇！五千公里。

洪：預算六百億美元，那印度德里的清奈高鐵，全長一千七百五十四公里，那預計的這個建造成本高達兩萬億盧比，

于：大概是……將近

洪：大概是一千九百七十九點八八億人民幣。那泰國鐵路，那有這個七百四十六億人民幣。衣索比亞有一個輕軌，這個比較短三十公里。那美國加州高鐵全長 837，在 2029 年要完工了，預計六百八十億美元。那還有泛亞鐵路網的東盟通道，昆明到新加坡，這個就是剛剛施老師所說的這個高鐵外交，那你想像如果國家用整個全國的力量在做這件事情，那個沒有送給你就還不錯了，才減到百分之三十七而已啊！這整個其實是我們可以這樣的觀察，這是整個中國夢的實現。所謂兩個一百年。他在中國、中華人民共和國建國一百年、中國共產黨建黨一百年，這種地緣戰略的思考上面他一定要到國際上面去，那鐵路這種基礎設施是非常適合的，因為中國也具備了這樣一個條件，他幅員廣大蓋了這麼多條鐵路，工程師不虞匱乏。

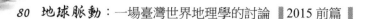
于：就是……資、哦不是資金，這個技術上其實是 OK 的。

洪：那過去他們也培養了很多這樣的工程師跟人員啊！那些人員蓋了一條鐵路之後，沒地方蓋了怎麼辦，要輸出啊！所以這種外交其實不僅僅是只有技術，他其實還有人員，你要考量這群人把鐵路都蓋完了那接下來要到哪裡去？他只好到國際上去蓋六大洲、七大洲所有的鐵路啊！這是第一個觀點，符合他現有的，要進入國際，師夷狄之技然後迎頭趕上這樣的概念。所以要下場比賽啊！他就要去搶標啊！搶標之後一段時間這個規則就可以因為他們的下場而漸漸的修改，到最後他就變成主導了。

于：先以這個低姿態去介入。

洪：他才不是低姿態，我看起來都很高調耶！我都虧本都要給你做啊！對不對？就像跟臺灣的這種談判、讓利給你啊！臺商都來啊！他一下子就取代你了，這個是整個中國夢的概念的實踐，是因為他自己有這樣子的經驗，不要忘記中國蓋鐵路的時間已經很長久了，我們小時候念的書，什麼詹天佑的故事啊！在我這個年代的人念的課本當中，這種基礎建設被認為是現代化的一個重要的指標。所以他去的地點，當然還包括美國、這個加州，這個最近在……這個歐巴馬政府上來後，用這個方式來降低公路、降低飛機的使用，讓他比較固定而且很快速的，那其實這也是一個基礎設施啊！美國也在重新打造他屬於他國內內部的。所以中國在這個時候用這種方式來作為一種進入這個國際市場，進入國際的外交場域裡頭的這個手段，我覺得是高明的。

于：反正大家都需要。

洪：那另外一個是經費。大家會覺得說，他怎麼請那麼低標，那經費從哪裡來？其實中國並不是一個相對非常富有的國家，他的人均所得比臺灣還很低耶！低我們一倍以上耶！那他怎麼拿這個錢？請不要忘記「影子銀行」的力量。

于：影子銀行？

洪：對，他其實不是一般商業銀行，他是槓桿操作的。借錢再拿這個借錢的憑證再去借錢這樣，槓桿操作的一個方式，讓這個資金變得非常的龐大。在過去的這個七、八年當中，那中國的這個……債務已經從七億美

金升高到二十八億、七兆，對不起，七兆到二十八兆了。

于：七兆！乘四了。

洪：對，中央跟地方加一加，那個比例是很高的，所以看起來是很有錢，但是……也借很多錢啊！而且是槓桿操作的關係啊！所以他當然要去索賠啊！

于：你害我了錢 liáu-tsînn，呵呵呵呵！

洪：對，所以即便是「中國夢」、「兩個一百年」，但是也不能夠完全當作是把水、錢拿來砸在水裡這樣不收回來的，他也希望能夠藉由這樣的一個基礎設施養下一個基礎設施，所以說不定，其實不只鐵路、包括港口、包括機場、包括各種的這個開礦；甚至在日本的買過土地，要去買水源地的，希望能夠取得水，中國缺水缺的很嚴重啊！尤其高階的水、高級的水。所以這是一個全面的，所有的這個觸角都要伸出去。我認為其實是中國夢的一部分，這個收起來看是這樣，只不過這一次，也許在這個過程當中真的碰到一些什麼樣的事情了。那我跟施老師在談說，是誰不願意這個事情完成的！

于：對啊！是誰？我也好好奇，哈哈哈。

施：我們也在猜是誰，我們想到之前講的「門羅主義」是什麼？

洪：呵呵呵呵。

于：自己的國家要自己來著力。

洪：這個施老師總認為說，美國老大哥有很多的作法。

于：所以這背後也可能是一隻這個看不見的手，伸向了這個計畫。

洪：說不定、說不定，或者是說不定其實只有內部的，因為任何一個做國際標的，他不可能不跟當地的企業結盟。也說不定，這個我們也沒有足夠的資料去分析。也就是說是墨西哥內部，要跟不同的跨國廠商合作的這些在地廠商，當中出現了矛盾，所以藉由這個矛盾，所引發出來的一個角力把政治經濟都擺進來的結果，也有可能，說不定還不到門羅主義的概念。

于：呵呵，其實藉由兩位老師這樣說明，一個看起來好像很簡單，人家說的一個毀約的事件，但是他背後所涉及的這個政治啊經濟，以及中國權力、中國觸角外伸的這些，哦……算是計劃以及這個伏筆，埋的都非常非常深，到底這個中國跟墨西哥高鐵計畫後續會怎麼樣來演變，我們就

　　靜觀其變吧！那提到這裡先跟大家分享一首墨西哥民謠，待會兒歌曲聲過後，我們再請兩位老師繼續帶我們來關心國際大事。

（音樂）

于：現場時間是下兩點四十六分、午後陽光第二階段，我是于庭。現在節目當中進行是地球脈動單元，邀請到我們高師大兩位老師洪富峰老師、以及施雅軒老師，帶大家來關心這個目前正夯的一些國際大事。剛才討論過我們對岸的中國目前遇到的一些遭遇，那接下來其實我們臺灣的人民是、算是，相對之下是很幸福的。因為目前在大家歡慶中國年到來的時候，在這一個……算是中東地區的一個國家的人民，真的是目前正遭受到內戰的煎熬，不管是當權者還是一般的平民百姓，都因為現在的內戰、現在的戰亂而過的民不聊生。接下來就要請老師來幫我們分析一下，據說這個內戰爆發之後，好像原本在這個國家所設立的一些美國啊！英國、法國的這個大使館好像他們都準備要來撤離了，到底為什麼會有這樣一個動作？

施：我想在談這樣一個新聞我先給各位聽眾分享一個訊息，就是「美國增兵科威特四千人」。那我們現在來看，現在中央社談的，就是我們先念另外一段，就是美國陸戰隊當時候在撤出葉門的一個敘述，他說，陸戰隊先在使館摧毀武器，撤離前又在機場摧毀隨身武器，然後隊員隨身武器又用大槌擊碎，然後所有的電腦檔案、電話敏感資料全部都銷毀。好那我們現在

于：相對比之下。

施：相對比之下，科威特可以增兵四千人，為什麼葉門不要？

于：是因為于庭剛才提到葉門在內亂嗎？他擔心他們在那些一些士兵也好，或是一些文官啊、大使的文官會有生命的安全嗎？

施：哦！內亂是一個前提，但是問題是以美國的陸戰隊或者是軍隊的實力，科威特可以派四千人，那為什麼這邊不派四千人？我們好奇的點是在這個地方。尤其是葉門，假如大家因為手邊，我們沒辦法看世界地圖，假

如你手邊有世界地圖把他打開來看。

于：看一下葉門的位置，老師大致上跟我們空中導覽他大概在哪裡？

施：他大概是扼守「紅海」跟「亞丁灣」的一個國家，那大家都知道紅海跟亞丁灣是什麼樣的交通路徑？「蘇伊士運河」。**所有的歐洲的貨運通過蘇伊士運河，要經過紅海、經過亞丁灣，才有辦法到印度、東南亞，然後到所有的東亞**，所以葉門他的地位的戰略位置相當的重要。然後亞丁灣的寬度大概只有臺灣海峽的寬度而已。

于：這麼的不寬。

施：不寬的。

于：但是他的這個重要性比起臺灣海峽更勝非常非常多倍。

施：所以他要是在葉門放任何有關於這些像飛彈，這種所謂對著船的那個武器的話，那基本上所有歐亞的航運會被切斷的。那你就知道對於全球的一個貨運，這是一個很熱門的航運會遇到什麼樣的問題。但是美國放棄了。不只美國放棄、英國、法國也都不要了。

于：相繼也要放棄，係按怎？

洪：這個放棄的國家都有航空母艦。

于：呵呵呵。

洪：所以我不怕你。

施：那這樣誰會倒楣？就是沒有航空母艦的倒楣。

洪：沒有航空母艦，或是只有一艘航空母艦的，這邊顧著、那邊照顧不了的會倒楣。所以也許是，從這個角度切是一個。那另外一個是其實他是內戰。

于：對，他的這個最原始就是葉門的內戰。

洪：因為國家在內戰啊！所以我們暫時將我們的大使館關閉這是可能的，一旦你平息的時候我們在回來。這個過程當中你只要回顧一下這個葉門的最近、這個二、三十年的歷史。1990 年他們南北葉門才統一耶，到了 1994 年的

于：1990 年才統一。

洪：1990 年。現在 2015 年。

于：那也沒多久啊！

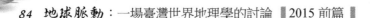

洪：二十五年了。

于：那沒有很久啊！

洪：對，可是他二十五年前、在二十一年前 1994 年他們又因為有矛盾又產生
內戰，然後後來當然又統一了。因為打仗的關係。南北戰爭，哦北方打
仗打贏了，那就一路到現在。可是這個國家最大的問題其實不是只有內
戰，或是宗教而已，他其實是貧窮。我們有一個指標來看他，在所有聯
合國會員國的一百九十三個、九十四個當中、九十九……，那……一百
八十幾個、有去計算這個「人類發展指標」的，他的排名才一百六十
耶、很後段班。那人類發展指標大概有三個部分，一個就是……生活水
準，那生活水準，這生活水準最主要其實就看你的收入，看你的 GDP 平
均每個人有多少錢。這是一個簡單的平均值，那大概可以表示一些說，
整個來講，這個平均這個地區的人到底過什麼樣的生活。他才 1500 塊左
右耶。在現在、美金、一年，所以非常貧窮。那這個貧窮在「阿拉伯之
春」、2011 年的時候他受到這個突尼西亞還有埃及的這種

于：影響。

洪：對，還有內部有一點衝突，就更演進了、把過去的這種戰爭在加上宗教
的不一樣，很容易就把裡頭不一樣的人就激起了內戰的矛盾了，演變到
今天。所以有一個觀點也許是，或許這個國家都要放棄；另外一個角度
是他也莫可奈何，因為這是人家的內戰。

于：于庭補充說明一下，目前這個葉門的內戰其實他除了老師剛才講的他很
貧窮之外，再來這個地方他有兩大教派，就是伊斯蘭的「遜尼派」跟這
個「什葉派」。那我們這個念過一些國際歷史就知道說，遜尼跟什葉就
是勢不兩立。雖然都隸屬於這個伊拉、這個伊斯蘭教，但是分支不一
樣，所以他們衝突好像一直在發生。

洪：這也是一個難題。當然有人寫文章說，其實伊斯蘭他們也是愛好和平
的。從各種的犯罪，或是從這個內部的這種矛盾來看，他們比別的這個
非伊斯蘭國家更安全啊，只是我們對他的理解，我們都把對方說，你看
他……他非常的、兩邊互相的衝突。其實不同的教派都有他們的……這
個激進團體存在啊，不見得只有這個伊斯蘭教。所以我們從這個角度去

看他，說不定也會有誤解的可能。他區域就是不一樣，我跟你就是不同的宗派。不一樣的宗派、宗教，代表我其實就不同的國度。所以我們不應該在一起的，這是可能的。

于：那其實，以往老師來節目當中幫我們分析一些國際大事的時候都會提到說，很多的國際事件他都不是表面那麼單純！可能我們表面看到的是 a，但是他最後、背後促成的原因可能是 b 或者是 c。那剛才于庭就在請教老師說，那這個葉門的內戰啊！而且美國、法國、英國居然就是相繼要來，哦算是有一點放棄的意味。放棄內門、放棄葉門。那到底背後是不是有大國的勢力在介入啊？

施：就是人的觀點，他設一個局，他設這個局讓這個航道產生某種的危險性，可是他產生某種的危險性要做什麼，我們就不知道了。

于：對，要做什麼？

洪：我就是有航空母艦啊！你航道出了麻煩我有航空母艦啊！

于：那航空母艦是要守護我自己，還是守護大家？

洪：所以通通就看我的，還是我在掌控啊！那另外一個、另外一個從比較務實的角度來看就是，你在內戰我暫時撤開，我旁邊還有航空母艦，所以我還不怕，所以我還都能控制、就是 under control。所以即便撤大使館，看你打到怎樣的階段再說了。

施：因為我們之前不是有回顧那個法國的那個戴高樂號嗎？我就一直在查戴高樂號

洪：會不會跑到這兒來？

施：戴高樂號現在到哪裡？

于：到哪裡了？

施：這就是不知道啊！這就是軍事機密。他一定要到底了才會現蹤。但是有沒有可能，這個跟那個有關係，我們不知道，因為我們是平民老百姓我們都只能夠猜。

于：我們也沒辦法取到這種軍事的機密的消息，但是這個內門葉戰。

洪：葉門！

于：對不起，是「葉門」不是「內門」。

洪：哈哈哈哈。

施：不是「高雄內門」。

于：其實我一直想要去內門吃好吃的內門名產被大家發現了，哈哈哈哈。

洪：那今天下午就可以了。

于：哈哈哈，好！我們回到今天的主題。葉門內戰目前正在如火如荼的開打，然後英美法三國的這個目前的一些，所進行的一些相對應的措施，目前是可能來關閉他們的這個大使館。那到底後續會有怎樣的這個發展？

洪：你看這個國家在 5 月 22 號是他們的統一紀念日，他們把這一個當作是一個重要的事情。統一是有紀念日的。所以他現在又分裂了。甚至於可能不只有兩股，那現在因為宗教的關係可能更細瑣了。所以從美國、英國跟法國的角度來看說，你們又回到混亂的狀態，所以我暫時先離開，等到你們處理好了我再回過頭來，看到時候是你們的人民選擇了誰，或是情勢如何的變化。所以也許，到不見得說是讓出亞丁灣旁邊的航道。終究那個過去的海盜，現在都在那個這些跨國公司，就是這幾個大國、海洋大國他們的軍人所組的公司的保護之下，這個航道現在是沒有問題的，相對還是比較穩定的。所以從這個角度來看我認為撤大使館說不定其實只是一個暫時不得不

于：暫時性的。

洪：又擔心說我的武器被你拿去攻擊對方了，所以就把他銷毀。

于：好，不管怎麼樣我們都還是要來看後續的這個國際情勢，怎麼樣的演變下去再來看看，哦如果後續有這個更大的發展，我們再在節目當中跟大家一起討論。好的，今天因為節目的關係我們的《地球脈動》就暫時進行到這邊，也請兩位老師跟大家說掰掰，下次再見面就是我們春節後的開工日！開工日兩位老師就要來到節目當中，跟大家一起繼續的奮鬥！

洪：果然羊羊得意啊！哈哈哈哈。

施：大家新年愉快！

于：謝謝兩位老師，謝謝！

洪：謝謝。

(End)

第 8 集

104.02.24

〈全球化的時代帶您掌握國際時事關心全球動態歡迎收聽地球脈動〉

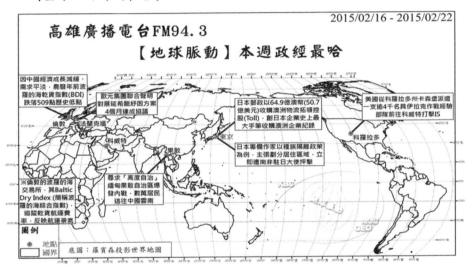

片頭：聽眾朋友午安、歡迎收聽今天 2 月 24 號的地球脈動。單元一開始我們先來關心上周的國際大事：

美國派遣一支超過四千名的部隊前往中東科威特打擊 IS

歐元集團發出聯合聲明對於展延希臘紓困四個月達成了協議

日本郵政將以五十點七億美元收購澳洲物流拓領控股創下日本企業史上最大手筆的收購澳洲企業記錄

日本專欄作家以南非種族隔離政策為例主張劃分居住區域立即遭到南非駐日本大使的抨擊

中國經濟成長減緩導致波羅的海乾貨指數跌落了 509 的歷史低點

稍待一會兒節目當中將帶大家來關心上周國際大事的詳細資訊。

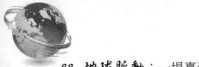

于庭（以下簡稱于）：現場時間是下午的兩點二十九分、午後陽光第二階段，我是于庭。每逢星期二的節目後半段，都會邀請我們高師大地理系的兩位老師，來到節目當中跟大家分析這個國際大事。那雖然上周我們這個臺灣的朋友們，應該說、應該說整個華人圈的朋友們都沉浸在這個新春過年的氛圍當中，但不要忘記了這國際大事，就算我們放假在過年，他們還是持續在進行、持續在發生。所以今天節目當中一樣邀請我們高師大地理系兩位老師，洪富峰、洪老師還有施雅軒老師，一起來跟我們談談上周的國際大事，先請兩位老師跟我們問聲好吧！今天是開工的第一天，要不要跟大家打氣！

洪富峰（以下簡稱洪）：對！繼續羊羊得意。

施雅軒（以下簡稱施）：對。

于：那今天剛好也是老師們開學，這個開始授課的第一天，所以對他們來說也是新學期的這個新開始。但是提到這個新開始我們也要來談一下，在我們過年放假放的很心的時候，在我們的國際情勢當中，哇！一樣是這個詭譎萬變，很多國際大事都發生在上個周末，要不要請這個施老師先幫我們就上周這個國際上到底發生什麼事情，來跟大家哦、做一個簡單的這個導讀一下。

施：好那在導讀之前，我想有一個那個澄清。就是上禮拜的一則新聞，就是我們講說中國鐵建低於報價的川崎重工百分之三十七，我上禮拜講的是墨西哥高鐵，那我查一下數據，這個數據其實是加州高鐵的數據，不是墨西哥高鐵。所以澄清一下。好，那上禮拜國際的大事，那個歐元、那個延展四個月，等於說我借你錢，對不對？

于：無要緊，你……

施：四個月後再講。

于：再來還。

施：對，等於說這樣子而已，所以這個事情四個月還會再玩一次。

于：還會再來吵一次。

施：對對！只是說大家、雙方都在賭四個月會發生什麼事情，那假如說都沒發生事情，那有沒發生事情的一個處理。那再來就是美國從科羅拉多州派遣一支部隊。這個之前我們這個上禮拜有稍微預告有提到，就是說、葉門他放棄了，可是鄰近的

于：加重了這個科威特……

施：對，四千名，這個應該也有美國地緣政治上面的一個考量。那至於會發生什麼事情，這個我們也沒有辦法預測，只是知道說這樣子的差別的一個待遇一定是有故事的。啊！對，上禮拜我們有講到那個法國旗艦的那個什麼、戴高樂號出現了！

于：已經、已經升上來了嗎？

施：對對對對，出現了。

于：他現在在哪裡？

施：前往中東的路途。

于：想必大家都要來加入這個。

施：他曝光了，好，那接下來就是日本郵政收購澳洲物流。我不知道臺灣對於日本郵政這家公司的概念是怎麼樣。有一個數據是，全球前五百大唯一贏過日本郵政的只有 TOYOTA。

于：那他所以是全世界很重要，很這個那個什麼、市佔率很高。

洪：日本第二大的公司。

施：日本第二大企業日本郵政就類似像我們的中華郵政這樣子，只是他們在某個經營的策略上面，其實跟我們的中華郵政是差很多的。所以他收購了澳洲物流。因為這一家澳洲物流的公司，其實是專攻亞太的。那當然現在我們常在講的以前我們很重視製造，可是現在變成什麼？你掌握物流更重要。你沒有掌握物流，你東西可能賣不出去。

于：一個平臺、集散的平臺。那接下來還有這個國際大事？

施：最後一個緬甸，緬甸這個爆發內戰，「果敢」這個地方是相當特殊的一個地方。就是十九世紀末，清廷割出的三塊土地，就是臺灣 1895，還有 1896、1896 的一個……我現在有點不清楚、1896 的……，還有一個是

1897 的新界、就是香港新界，一個就是這個地方、果敢。所以他會變成是說，現在收回來的土地裡面，果敢是、以前號稱割出去的土地裡面，他是沒有收回來、他是屬於緬甸的，所以他百分之九十以上都是華人，所以現在

于：逃亡的也是，華、華裔的對不對？

施：對對，他一翻過去就是雲南，因為原本他就是雲南的，只是他割給英屬緬甸。

于：就是在被、政治上被切分出去了就對了。

施：對、他在那時後割給英屬緬甸，所以現在會有一個很尷尬的情況是，中華人民共和國要不要聲援的問題。老百姓是要聲援。可是問題是在整個官方網站是箝制這個言論，是不准聲援的，因為這個會涉及到中華人民共和國跟緬甸的外交關係。

洪：家大業大、有時候出手難免有些困擾。

施：就像大象一轉一下就把那個什麼、螞蟻壓死了一樣。

洪：有一些顧忌在。

于：那接下來兩位老師要來幫我們繼續談的這個點，其實于庭覺得還滿訝異的就是這個議題怎麼會到現在又開始要成為一個國際的焦點了？就是日本專欄作家在這個新春、過年這一段期間，提出了一個日本針對國內的外籍勞工，要把他們做一個種族的劃分，對不對？

施：這個……這則新聞看起來不是很大，可是他凸顯兩個東西。站在日本上面他其實面臨少子化的勞動力過少的一個問題，那在臺灣其實就是用外勞來補充，可是日本他們也想這樣做，可是問題就是說那這些外勞進到各個社區的時候，受的了受不了？所以後來就是這個作家的主張就是，好我們就把他隔離、隔離開來。可是他要舉隔離開來，就挑到了一個「南非種族隔離」這樣的一個例子。那我想，每個國家都有那個不能談的議題，就是你跟西班牙，你不要談鬥牛好不好，或者說跟德國人，不要談納粹好不好。這個都是很尷尬的議題。那在南非就是種族隔離。那我現在的同事也是我現在的學長，他是留學南非的，他就跟我講說，講一個故事，他有一天跟他一個白人朋友突然尿急要上廁所，然後他白人

朋友走進廁所，他也跟著走進去，突然他看到一個東西趕快跳出來！

洪：為什麼？

施：因為看到了那個廁所是白人用的廁所，要是他進去被開槍打死了，是無罪的！

于：到現在還是？

施：沒有、沒有、沒有，那時候是他在留學的時候啊！

于：他在留學的時候。

施：他大我很多歲，所以這個就是種族隔離所留下的某些社會不平等。所以為什麼南非，日本的、南非駐日本大使為什麼會這麼積極的把他當作是一個東西來去評論，道理就在這個地方。

洪：剛剛那個故事講的是我的同學，現在也是我們的同事了，不過他對自己的白沒有信心。

于：哈哈。

洪：看起來他很白啊！

施：他也是黃種人啊！什麼白。

洪：還是很白，看起來是滿白的。

于：那這個我不太清楚為什麼說，因為其實在臺灣也有這個外籍勞工大量的在我們的臺灣的境內作服務，好像這一些外籍勞工跟我們一般的臺灣人的相處也是都可以維持在很 peace 的狀態，那為什麼日本人對於這樣的一個、等於說外籍勞力的輸入他們有這麼大的反彈，這是跟日本民情有關嗎？

洪：應該跟國情有關。日本政府是很難接受外來移民的。有人在日本工作多年那其實拿不到日本的、哪怕是永久居留權都拿不到，其實就是一個外籍勞工的身分。你永遠是外國人。那這種概念，在整個系統當中，隨著現在他需要這麼多外籍勞工，而且這個政策一打開，是不是會一下子進來非常非常多、非常大數量的外籍勞工，就會進入到日本的一般家庭當中去當幫傭。就現在你看到在香港、在新加坡、在臺灣，其實隨處可見！這些我們社區裡頭當然很多的外籍來的移工，來幫助我們家庭，他要面臨這個狀況的時候，跟他的這一個、原來跟外國人有相當程度距離的這個概念，他要被打破了。所以才會出現這樣的一個顧忌。可是剛剛

施老師說，就是有話不能談。就有些、有些點不能談。所以這一次才變成是一個、一個案例。可是話再說回來，其實日本社會其實很多元耶，他們連共產黨都有耶！

于：對啊！那怎麼這麼外籍勞工要這麼……

洪：所以他其實各種聲音、在各種聲音的過程當中，提出他對於現在、人力減少、然後老年化的關係需要照護，家庭需要幫傭的這種外籍勞動移民、進來協助他們的家務，或者是生產系統裡頭的一個解決的方案，然後錯誤的引用現在大家不想聽的、就是碰到人家的梗了，那個痛處被戳了一下，所以才會出現今天的新聞。其實如果我們設想，在我們的社會當中我們每天也在談各種的可能性啊！那也有爭議啊！那會變成國際新聞是、因為這個南非駐日本的大使，他去抨擊了這個觀點。但是我個人認為，就是、如果說是從國家尊重的角度也許是這樣，可是也未免太小題大作了。在我看起來，其實我們每一個，我們自己也面臨這樣一個問題，如果這個作家所說的這個案例，其實他是事實，歷史上是發生的

于：對，是沒錯。

洪：你站在南非的立場，事實就事實。後來也因為這樣子他們和解的之後得了這個諾貝爾和平獎，也改善了南非現在的國家的命運。那向上提升。其實過去的那個的歷史被提出來，對一個外交官來講、其實可以更雍容的態去對待。所以我是認為，我總覺得好像……對沒有錯、好像被戳了一下。可是這不是今天國際社會的經常有的狀況嗎？我們有些話聽起來很刺耳，可是在外交的

于：謀略。

洪：謀略上面，他用這種抗議、而且抨擊的方式，也許有他的內部不得不然的作為吧！可是我們從一個旁觀者，就在我們的近鄰來看待。那我們其實也要謹慎。

于：也要謹慎，真的。

洪：因為我們用了這麼多的、外籍移工，我們是怎麼對待他們的？不是隔離這樣的一個、也許會戳傷那個南非人的這個心情而已，我們是已經現在進行式，那我們到底做的如何？我覺得就這一點可以反省。我們上次也講到

啊,印尼在未來五、六年他不再輸出了,那那個時間點之後?

于:我們的勞力需求。

洪:其實有時候不應該只站在我們的勞力需求,我們應該開始思考,在這個過程當中,我們整個內部的因應政策,而不是只站在勞力需求這個簡單的概念而已,這個是值得借這個案例來深思的。

于:那個洪老師這樣的想法其實,我覺得對於,應該說很多國際上的一些大事都可以足以作為我們國內人民、或是國內政府的一個借鏡。那從這個日本爆發這樣的一個事件可能引起南非他的駐日的這個大使、開始有一些抗議。但是我們也要來反身性的想想我們,對於我們周遭所存在,可能每天你都會出了門你都會見到的一些外籍的勞工,不管是外籍勞工還是外籍的幫傭,甚至是外籍的這個醫護人員,我們都要對他們至上更高的敬意。也要用一種比較平等,以及比較友善的態度來跟他們作互動。

洪:你會不會說跟他住在一起,其實生活上你是把他隔離的。

于:所以我們要來想想我們到底是怎麼樣來跟這一些,算是我們很親密的生活夥伴,但是我們的內心,因為我們的生活實質的互動,到底是怎麼樣跟他們來進行的?好的節目進行到這裡,我們先來聽一首跟非洲有關的歌曲。歌曲聲過後,我們再跟大家來聊聊接下來的另外一個國際大事。

(音樂)

于:好的,現場時間是下午的兩點四十五分、午後陽光第二階段,我是于庭,在空中陪伴大家到下午的三點鐘。那今天節目當中一樣邀請到我們這個高師大地理系的洪富峰老師以及施雅軒老師,兩位老師來到節目當中跟大家聊聊上周的這個國際大事。上周我們華人圈都在歡樂的中國年中度過,但是、好像在這一個、航運景氣的一個指數上,不曉得是不是跟中國年來到有關係,據說他已經降到歷史的新低點。究竟這個航運指數跟我們的生活、以及他到底是什麼,到底跟我們未來的經濟發展有什麼樣關係,要請兩位老師幫我們來說明一下。

施:好,那我們講的就是 BDI。

于：BDI？

施：BDI，那中文翻譯就是「波羅的海乾貨指數」這最淺顯易懂的、白話文！

洪：也可以講「波羅的海指數」。

施：那當然這個是要凸顯、為什麼叫作乾貨。

于：對，呵呵。

施：因為在整個遠洋的運輸裡面對不對，他有兩種。一種是貨櫃。所以這個不算貨櫃的。還有一個就是油輪。也就是說除了貨櫃跟油輪以外、都算這個所謂的乾散貨。那其實就是什麼，比如說鋼材啊、紙漿啊、玉米啊、煤啊、礦啊、鐵礦砂啊！所以，我這樣舉例其實，為什麼說這個指數為什麼這麼重要，其實這個

于：因為很多元。

施：民生。

于：民生都跟這些有關係。

施：這都是民生。甚至包括所謂的建築景氣、有關係。所以為什麼會有這個指數出來，其實在全球的這些金融的這些研究，或者是說玩、所謂的期貨，或者是類似股票的

于：投資。

施：對，都很重視這個指數。就是因為他是一種先行的指標。也就是說當需求、這個邏輯是，他降低的時候就表示需求變低了，那需求變低就表示大家就不用那麼多了，那大家都不用，那景氣就是下來了。所以為什麼說是先行指標的道理就是在這個地方。那他降到三十年來的最低點，那是不是就有人開始連結，那是不是、中國的經濟是不是，剛才有提到說是不是因為春節？是！可是春節是每年都一次啊！他不至於說一次降到三十年的低點。

于：降到這麼低？

施：對，所以

于：就是其他的三十年中國春節也沒有這麼嚴重就對了。

施：對、所以人家就會不得不懷疑說，一直在談所謂的中國經濟所謂的「軟著陸」、「硬著陸」，不管是軟或硬，真的要著陸了。就是我們所謂的

經濟發展他已經到了某個階段，就要開始轉向所謂的空頭了。

于：那剛才施老師幫我們做了一下這個分析，想說這個 BDI，就是我們波羅地海的乾貨指數，他的這個降到歷史新低點，或許就是跟我們中國的經濟有可能，要走到一個比較低的一個層面、比較低的低點了。那不曉得洪老師對於這樣的一個說法，有沒有什麼要補充，或者是說、老師有其他的想法？

洪：我認為這個指數，其實也可以從一個角度來看。就是臺灣的一些航運公司，被納進這個波羅的海指數裡頭的公司。那有一家那個上市的公司，就是「四維航」，四維八德的四維、航是航運的航。那這個是目前臺灣最大的、專門在做這個散雜貨，

于：散裝、雜貨、運輸。

洪：然後營運的一間公司。那根據資料他在今年已經有六十二艘船、六十二艘船，六十二。那他在巴拿馬也有子公司。那他的這個航運當中，最主要的包括礦砂、煤炭、穀物、工業原料，然後，這個過程當中，這個包括他要運載一些機件，他還有一些板材、鋼材、化工品，剛剛講到的紙漿等等、通通都是。這個公司，那其實他現在有一個，你如果從資料上去看他有一個有趣的事情是，

于：有一個趨勢是不是？

洪：他開始在經營非航運的轉投資。他在宜蘭的、那個蘭陽溪的溪口南邊做了一個很大的、大型開發案。根據資料投資二十二億，大概做一個很大型的這個遊樂設施。

于：所以這樣是表示說航運已經……

洪：其實，好像他的航運已經到達一個、他多於出來的資金，那他要去做別的運用。那他的三分之二的這個收入大約來自於租金。就別人租他的船，或是他代別人管理等等。那最主要是他把他的船去租給需要船運的公司、去運他需要的貨物。那這個四維航在臺灣算發展的最好的，從 1985 年到現在才不過

于：1985 年到現在也三十年而已啊！

洪：三十年，對。所以你其實如果去看四維航的股票上上下下、上上下下，

幾乎也可以呼應整個 BDI 的指數。他用 BDI 指數那個很高的時候，你看四維航，好好啊、一直往上走，下來的時候，他似乎也就跟著下來這樣，他有一個連動。所以我認為我們也許這個公司不在高雄，其實以港都高雄的聽眾朋友，其實可以上網去查這個資料就有，你要看過去三十年來他到底怎麼走的，這個是有趣的。那第二個要談的這家公司叫作「裕民」。裕是富裕的裕、民是人民的民，裕民。那裕民這家公司其實比較有趣，他原先是做貨車貨運的。

于：貨車貨運？

洪：對，路上的貨運的。

于：這個好像跟航運……

洪：剛開始是做貨運，那後來在這個 1980 年代開始運水泥，所以他最早是運水泥，他是水泥的專業的海運公司。到了 1984 年以後，他……這個上市，然後開始專門做海運事業。後來到了新加坡到了香港都成立各種的分公司，他當然也很大。那他的客戶主要是鋼鐵公司跟電力公司，就主要客戶群。那他也有相當多的這個、那個……營運的這個量，那你也可以用裕民的這個營業額來看。那裕民這些有趣的事情，我們應該看這家公司他想要這個、做成什麼？他說他做世界級的這個物流運輸。他要做「世界級」的！你也可以把他的公司的那個股價，然後去對上這個波羅的海的指數，指數上上下下去看待，那至少這兩家公司。那更有趣的還有一家公司是，我就不講他的名字。他是臺灣最早上市的那個航運公司，可是他現在最主要的營業是在中國大陸投資，去做百貨，甚至有些去做房地產。所以這些公司其實都已經到達了某一個範疇，然後他們甚至到剛剛講過巴拿馬、講過香港、講過新加坡，其實有一些這個其他的區域去做航運，可是似乎已經到達一個頂了。

于：一個瓶頸了。

洪：就是說量到這裡了。那兩岸直航之後也有人直接，就是有一些波羅的海指數的一些公司，就直接跨越海峽到對岸去，這些公司的營運也都存在。所以用這個角度來看，其實波羅的海指數，其實也可以用臺灣現在的、在營運的這些公司、去做一個對應，那就可以看得出來這個指數的

上或下。其實在對應到中國做為世界工廠，三十年是不是開始要硬著陸、或是軟著陸，也可以當作是一個事先的指標，因為這些公司真真正正，其實就在操作那個指數會出現高低的一個經營者。

于：那這個指數是怎麼樣來構成的？

洪：當然他有他的歷史。其實如果從歷史要來講的話，應該要講到這個「漢薩聯盟」。

于：哈哈哈哈，漢薩聯盟，這個我好陌生。漢薩聯盟是什麼啊？

洪：哈哈，對，這個我們那個施老師是學歷史的，歷史地理學。他其實是地理但是歷史講的多。其實這一張圖更好看，我的這個手上，但是聽眾朋友看不見，也許未來我們可以去引用。你看這黃色的線就是每年五千個以上的航班經過的地方，你看波羅地海、就是這個顏色最深的這個位置。啊其實最早將近在七、八百年前，他們就在這個位置。

于：洪老師現在手上拿的是一個這個世界地圖。

洪：兩張世界地圖，而且是海運圖。

于：對，然後有非常這個航線的這個路徑在上面。然後我們可以看得出來、于庭幫大家看，最密集的就是圍繞在波羅地海這邊所衍生出來的航線。

洪：亞洲也是，亞洲這個地方也是，然後「歐」跟「美」之間也有一條這樣子，其實你可以看得出來這就是全球航線，這就是全球航線的一部分，覺得沒有問題，那可以推到漢薩聯盟，後來在英國崛起之後就以倫敦作為……中心，因為他變成海上的第一大帝國，當他把西班牙人打敗以後，統合了全世界的海運，所以剛剛那個前面，連那個中國邊界上都有一個「英屬緬甸」、去割讓中國的土地，他海權最大的時候，所以有些商業活動就以倫敦作中心，然後就漸漸集結，各個地方都以倫敦作中心，其實也可以從這個運輸看的出來，到今天的金融業為什麼也以倫敦作中心的原因之一。所以我們應該把這些數據，跟這樣的一個現象兜起來，你就可以比較清楚的看見、整個全球的經濟活動的脈絡，波羅的海是很重要的。

于：是，這個波羅的海指數，想必有在玩期貨或者是股票，甚至是這種經濟投資的朋友應該都不陌生，那對於一般的這個市民朋友也不要覺得說，

好像這個跟我們的生活沒有關係，其實我們高雄港就是航運、這個進出最頻繁的一個地方。我們洪老師今天手上帶來一個好多，好多跟船、應該算是船的圖鑑對不對？

洪：對，這個時間這個太短了，不過簡單念一下。其實你在高雄港、第一港口的邊邊、或是二港口的邊邊，或是在大樓上你會看到一些、有釣竿的一些載重物、雜貨什麼船，那散裝貨輪、什麼那個「前舉型甲板重載貨運輸輪」等等這些。

于：各種運載的船都有，都有他們的名字。

洪：專業的、其實都有名字，其實我們這個聽眾朋友應該都可以去看一看，然後上網去調圖，點一下網路上也都有，你就可以認識這個船，你甚至可以知道，他是運什麼貨的。

于：剛才于庭也很好奇，想說這個散貨是欲 sī-beh 按若裝 án-ná-tsng 哩？經過兩位老師的說明，原來知道說，我們這種船型，真的是像我們女生的衣服一樣，你不管你要哪種造型通通都有。

洪：哇！這是我今天學到最大的一件事情，原來船的運輸是可以比女性的衣服、這麼專業！不同場合、不同的用途！

于：就是根據不同的用途、我們有各種不同造型的船隻要來航向大海……

洪：這個結論做的非常好！

于：那今天的節目當中兩位老師為我們來分析，從這個日本的這個作家所提出的一個南非種族隔離政策、作為例子，以及我們再來談到說在農曆過年期間，好像，我們的這個波羅的海乾貨指數，也跟著放假去了，所以，哦、轉向比較這個疲弱的歷史新低點，然後兩位老師也跟我們一起來關心，跟高雄最有關係的，就是我們的航運的出口。那也跟兩位老師預告，下周節目當中希望兩位老師繼續為我們帶來更精彩的國際大事，我們下周見囉！

施：掰掰。

洪：再見。

(End)

第 9 集

104.03.03

〈全球化的時代帶您掌握國際時事關心全球動態歡迎收聽地球脈動〉

片頭：聽眾朋友午安，歡迎收聽今天 3 月 3 號的地球脈動，我是于庭。單元一開始我們先來關心上周的國際大事：

約旦和以色列簽屬協議未來將建立水道引紅海的水注入死海解決區域缺水問題

巴西面臨嚴峻的缺水危機政府祭出嚴厲的限水手段

瑞士因應瑞士法郎對歐元升值將近四成推出相關措施保護當地的企業

烏克蘭外匯儲備降至一百億美元以下未來半年恐怕面臨金融危機

比利時畫家迪羅的系列作品《台北廢墟》一圖被親伊斯蘭國推特帳號發布引起了廣泛的討論

美國總統歐巴馬否決由加拿大興建將近兩百（千）公里的油管到美國墨西哥灣

稍待一會兒節目當中將帶大家來關心這些國際大事的後續發展。

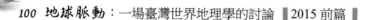

于庭（以下簡稱于）：好的，現場時間是下午的兩點三十一分、午後陽光第二階段，我是于庭，在空中陪伴大家到下午的三點鐘。那星期二的節目後半段《地球脈動》的單元，一樣今天來到現場很熱鬧，我們的高師大兩位老師，洪富峰、洪老師以及施雅軒、施老師，要帶著大家一起來關心上周的國際大事。剛才，于庭已經就這個上周的一些國際大事幫大家做了一個簡要的說明，那待會兒節目當中會比較詳細的跟大家分享，這些國際大事他關乎到的層面，以及他們跟我們的生活到底有怎麼樣的一些關係。那我們先請兩位老師跟大家問聲好。

洪富峰（以下簡稱洪）：主持人、各位聽眾朋友，午安！

施雅軒（以下簡稱施）：大家午安，我是施雅軒。

于：兩位老師剛才已經提到，好像這一次上周的新聞有很多舊的新聞一直在作延續的發展，那我們是不是請施老師先就一些，算是舊聞但是他又有新的這個、哦新的……枝節在發展當中，來跟我們稍微提醒一下。

施：好，有兩則是關於水資源的問題，一個就是紅海。他要引進紅海的水到死海。那我們都知道從衛星影像上面，死海慢慢已經枯竭了。

于：就是越來越小了。

施：越來越小、越來越小。這個從衛星影像就看的出來。那現在要讓他恢復某種的蓄水的功能，你不可能再靠降水了，所以你就可能要透過一些水道的修築，但是水道的修築他需要跨國際的，所以他為什麼說以色列跟約旦作一個簽約這樣子的一個動作。那另外一個是，不可思議的是南美的巴西面臨到缺水危機，那為什麼大家會覺得是不可思議？甚至是說、是三十年來的最大缺水危機。因為他有一個亞馬遜的熱帶雨林區。

于：蓄水很充足。

施：對你只要看影片，啊！到那邊有很多多樣性的生物，那其實水是不缺的，可是為什麼後來會缺？那就會討論說、這個就是有，因為整個世界經濟的一個成長，你把這些雨林都砍掉，種大豆，種玉米。所以整個蓄

水、等於說他降水還是下來，可是土地

于：抓不住、留不住。

施：抓不住，就流掉了。所以等時間到了，他只要一不降水補充馬上就出現
　　問題了。所以他這邊講說限水限到什麼，規定小孩子在學校不能刷牙。

于：這樣有一點、有一點辛苦了捏，不能刷牙。

施：對啊！就是說不能用公家的水了，都不可以了。所以這個是很、很可怕
　　的一件事情。那再來就是那個、瑞朗升值，我們之前有討論過

于：有討論過

施：升值四成，現在穩定下來是升值四成，那出現一個什麼樣的狀況？就是
　　現在有人會覺得，因為瑞朗比較貴對不對，所以我一樣要買披薩，我就
　　打電話到德國，然後叫德國送披薩來瑞士，因為他們是在邊界。

于：這樣……那個德國會願意送嗎？

施：因為……願意啊！就是只是跨個邊界而已。他們那個義大利、德國跟瑞
　　士，這個是三個地方的。

洪：都用歐元。

施：對。

于：聰明！

施：所以現在瑞士、這導致什麼，瑞士的這些披薩店對不對，沒有生意了！
　　大家都打電話，因為有外送，所以就制定好法律，禁止德國的外送披薩
　　車進瑞士。

于：呵呵呵，這個法令有一點好笑了。

施：對啊！你會覺得很好笑啊！但是這個就變成說你貨幣快速升值的結果，
　　你就會壓抑當地的

于：民生的一些經濟的發展。

施：大家都去、大家都不在這邊買了，直接搭車到別的地方去買了。那另外
　　一個消息就是、這可能是烏克蘭，這烏克蘭現在是真的是很倒楣，那一
　　方面有軍事問題，那現在他的外幣已經、外幣儲備已經降到一百億美元
　　了。這個有可能會引發金融危機，也就是說他因為我們一般來講我們兌
　　外面，應該說

于：外匯

施：外匯是在貿易的時候要用的。那當你付不出錢的時候，他就會出現一些金融的一個很大的一個問題出來。

于：那剛才那個施老師已經就這個上周的一些延續性的國際大事來跟我們分享，不過接下來有一個很重要的議題要跟大家來做這個比較詳細的討論。那就是在上周的時候好像說，在這個……我們都知道現在的這個社群網站，真的是非常非常的快速，而且上面也充斥著很多很多的訊息，那就有出現在推特的這個，算是系統當中的一個帳號，叫作「哈里發時報」。那他在這個推特上面，就 PO 出了一個好像是臺北的、算是浮照圖，裡面有很明顯的一根這個臺北 101，而且，這個臺北 101 好像不是目前就是很繁榮的狀況，是四周的房舍啊！四周的一些街景都是慘遭可能焚燒過後的景像。那這樣的一個訊息被 PO 出來，好像引起了我們臺灣的媒體的恐慌，就想說、這樣是不是說暗示我們，不是暗示，是暗示我們的、不是暗示我們，是暗示 IS 要對我們臺灣的臺北造成下一步的這個、發起的攻擊對不對。

施：我想這個比利時的畫家其實、他其實只是要引起大家，就是說假如我們輕易的引發戰端的話會出現什麼樣的景觀，所以其實這一幅圖，他一系列的

于：這一幅圖他不是 IS 他們去繪製的？

施：不是、不是，這個是比利時一個作家在 2013 年畫的。那有所謂的香港廢墟、上海、紐約、新加坡、杜拜、東京、多倫多、莫斯科都有

于：都被繪製成廢墟的模樣。

施：對對對，假如說發生戰爭的時候就會變成是這個樣子。

于：那只是說這張圖，臺北的這張圖被 IS 拿來作引用了。

施：對、所以現在我們在講說，我們在討論這樣子的一個問題的時候，**可能要有一個所謂的「百分之二十五」的一個機率下面去作**……什麼叫百分之二十五？就是說：第一個，貼這張文的人是有沒有意義。就是說所謂的沒意義就是，我就只是貼圖而已。

于：哼，就是想要隨便找一個城市的圖來貼。

施：這一個是「無意義的」是百分之五十；「有意義的」、「他是有放訊息的」百分之五十。好、那我們就是、本來就是無意義的那我們就不用討論了，因為討論就沒有意義啊。

于：對啊！就是隨機。

施：隨機，對，那另外百分之五十、還有一個就是，各百分之二十五是什麼？一個是「他知道」那是臺北、一個是「他不知道」是臺北。假如說貼圖的人根本就不知道那張是臺北，我們會覺得說，怎麼會不知道？那是因為我們生活在臺灣、101 是著名地標，所以你就知道這是 101。

于：101，臺北街景。

施：可是你要想全球那麼多人，他怎麼會認的出來那個就是

于：101。

施：對！

于：不是臺灣人或許根本就是不知道。他就是隨機找一個城市的圖就貼上去了。

施：對，所以我才會說有一種可能是他「不知道」那個是臺北，他把他貼出來了；一個是他「知道」是臺北把他貼出來了，所以就是百分之二十五。所以我才會說，這個又是在分剛才的「有意義的五十」，然後在一個是「臺北」、一個是「非臺北」，所以又各百分之五十，所以我們討論的基礎是在那一個百分之二十五會成立的那個基礎上面，來看這個樣子的一個問題。那這個問題就會變成出現那個什麼？那「貼圖的人知道他是臺北」。那我們一般新聞界的人已經都會認為說，這個在二十五的情況下面是認為他要發動恐怖攻擊，這是大部分的新聞。可是你知道嗎？我查一下所謂的兩地，就是說伊斯蘭的行政中心「拉卡」離臺北，因為地球是圓的我們談直線距離是不太可能的。

于：他要飛一個弧線大。

施：對對對對，所以叫作「大圓航線」。我們一般的術語叫大圓航線是七千三百八十六公里，就算七千三。

于：足遠 tsiok-hn̄geh-eh。

施：但是這是最短的，因為真正要過來不可能就是直線的飛，對不對？

于：是，一定有航線的那個問題。

施：所以他不可能、這麼遠的距離他發動一次攻擊，他一定要有什麼目的性。所以為什麼大家會覺得、甚至有國防的立委說，這個的機率很低的理由就是，因為他距離太遠了，所以他要發動攻擊，他消耗的能量太大。所以這個就回到，就我個人的一個解讀，是要散播了某些的訊息、這個當然要散播這些的訊息，可能有兩種的。一個情況就是，一個是看到的人知道這個訊息代表的是什麼意思，一種是我看到以後，我主動去連絡 IS 的機率是比較高的。

于：所以是有被、施老師的立場是覺得說，背後有那個⋯⋯軍事的意義，是不是？

施：就是這是兩個，一個就是我告訴你要做什麼事情，但是我要貼一張圖出來。

于：暗示。

施：這個叫作「啟動」、「密碼啟動」。就是說我先跟你講。當然我們不可能在網路上打啊！有可能是一、兩個月前，可能是甚至一年前我就會跟你講，我告訴你會發生什麼事情。但是過了一年以後，我怎麼知道你什麼時候？就是你會在網路上突然看到一個什麼東西，我會先跟你講好，這個就叫「啟動」。這個是一個可能性，但是啟動什麼我們不知道，因為我們不是當事人。可是另外一種就是沒有一個人知道他要啟動什麼，可是他看到那張圖，他就會透過管道，那個、他對這張圖有興趣的人，他會透過管道去問「你為什麼要貼這個？」就吸引人來問他這樣子。

于：那這個是施老師的看法。不曉得洪老師您對於這樣的一個照片被貼出來，有什麼樣的⋯⋯

洪：這個、城市是文明的代表，那文明的毀滅，那其實就是城市變成廢墟了。所以這是一種黑色美學的

于：黑色美學？

洪：你可以這樣的觀點來看他，那如果從 IS 的角度、我的觀點是，他們在操演

于：操演？

洪：操演，他要告訴全世界說，你如果違反我，或者是想要攻擊我，我要讓你的都市變成這個樣子。用都市的廢墟來告訴你，我的內心世界是不容許挑戰的，我的宗教是不可以被詆毀的。那另外一個是，你看他們的戰士很多都來自西方社會啊！那這一次剛剛點名的城市大部分在東亞，那你會不會覺得說他在擴張他的增兵的計畫，喚起他們的戰士、聖戰士回來吧！要讓世界變成我們想要的樣子。就剛剛也許施老師說的密碼就是這個意思。

于：就是一種聖戰士召喚的⋯⋯暗示！

洪：招兵、招兵買馬的方式，而且現在就運用這種，那個城市的⋯⋯已經被炸掉的這種廢墟的方式來表達，這是猜想。但是另外一個就是他，不斷的跟別、周邊他是西方主要國家戰爭，他也一直要拋出議題啊！這也是一個威脅，包括對日本的記者，所處理的那種、看起來讓人不愉快的方式，而且很悲慘的過程，這一次就是不是個人，是城市。

于：是城市。

洪：你也可以這樣來解讀，那當然我們好像稍微震驚了一下，然後有一些新聞，到目前為止還 OK，可是也許可以思考在恐怖攻擊的一個處理的方式已經在你我的生活當中了。這個是如果要用，知道他要幹，知道他要 pass 某種訊息，也許可以朝這方面去思考，那當然要研究才行，這只是推測。

于：這個恐怖攻擊真的從一開始，比較早期就是、比較他的範圍是比較濃縮的。然後現在就已經拓展到了全球。那施老師好像有議題想要來補充。

施：我剛才講一個密碼的啓動，我舉一個比較有名的一個經典。就是那個時候那個什麼、日軍要去攻擊美軍的珍珠港的時候，他發動了三十五艘的機動部隊，因爲怕被美軍偵測出來，所以是全部是散出去的。那我全部都散出去⋯⋯

于：要集合啊！

施：不是，就是要在定一個時間說好，我飛出去珍珠港，那就是要有一個啓動密碼，那個一個啓動密碼就是「登上新高山」。那大家知不知道「新高山」在哪裡？

于：新高山？

施：就是我們的「玉山」啊！所以那個時候在我們常常在講說，在二次大戰
歷史裡面，其實有臺灣某種、就是新高山、就是那時候日軍要，就是說
我們都散出去，對不對？然後我收到的資訊說「登上新高山」，好，就
是……

于：就是要要要開始攻擊了

施：對，就是要開始攻擊了。這個就是密碼啟動，我指的就是這個樣子。當
然我們不一定說 IS、這個親 IS 的推特，他是要啟動。

于：但是不管他是哪一種啟動，我們這一些節目上的一些分析，都是提供給
大家參考，但是我們最終還是希望，這樣的攻擊真的是不要發生在你我
的世界，因為我們臺北的天空是很美麗的，希望他可以一直美麗下去。
送給大家王芷蕾的《臺北的天空》，歌聲過後再一次回到節目當中，跟
大家分享後續的國際議題。

（音樂）

于：好的，現場時間是下午的兩點四十七分、午後陽光第二階段，我是于
庭，在空中陪伴大家度過下午時光。今天星期二我們《地球脈動》的單
元，現場請到兩位老師，分別是我們高師大地理系的洪富峰老師、還有
施雅軒老師，來這個節目現場跟大家分享國際時事的最新動態。剛才分
享完這一個我們的這個臺北的算是地標 101 的這個街景空照圖，被 IS 的
這個推特帳戶來發布之後，接下來要關心的我們來到了美國。美國發生
什麼事，近期有一個法案被歐巴馬來進行否決，那這個法案是跟這個石
油的「油管法」是有關的。大家可能會覺得說，這個油管法不就是他們
國家境內的事情嗎，是按若 sī-àn-ná 會變成好像一個國際議題，就要請這
個兩位老師來幫我們做分析。那我們先請洪老師來幫我們一下、幫我們
說明一下，到底這個油管是不是真的很重要，是按怎 sī-àn-tsuánn 會變成
國際議題哩？

洪：國際其實只有美國跟……這個加拿大而已，那這個很重要是因為，其實

　　石油是現在最主要的能源，在現在開始、過去已經有這個半個世紀以上
　　了，恐怕未來也是很重要了。

于：繼續重要下去。

洪：他是能源的一個最大宗。那油源、變得非常重要的金融的一個來源，那
　　這個案子叫「KeystoneXL」，他全長有 1179 英哩，將近

于：1179，這麼長。

洪：1179 英哩，接近兩千公里。那他的內徑的寬可以到 36 英吋、91 公分左右。

于：很粗。

洪：那他從那個加拿大的邊界到美國的中西部，一直拉到這個 Nebraska（內
　　布拉斯加州）的 Steele City。那如果這個設置、他可以增加九千的工作機
　　會，那可以源源不斷的每天提供八十三萬桶的石油給美國的市場。那未
　　來還可以再增加，所以一直認為是很重要的一個能源的輸入管。

于：建設。

洪：那在 2013 年的 1 月，最後那個州長、Nebraska 的州長已經同意了。那同
　　意的問題其實有一個前提的，就是這邊有一個地下水源。

于：水源保護的地方。

洪：有一些的濕地、生態，那另外是有氣候的變遷的這個倡議者認為，你用
　　這個油頁岩去提煉頁岩油，他製造的這個氣候變遷的氣體是比較多的，
　　所以應該要限制。所以就一直這樣，在環境、在環保的議題、在地方的
　　建設等等，到最後終於在美國的國會通過了，送到總統

于：總統那邊。

洪：然後總統把他否決！

于：否決掉了。

洪：那你算美國其實一天要到一千五百桶的原油、一千五百萬桶的原油。

于：一千五百萬桶。

洪：要八、九百萬桶是要進口的，加拿大佔了百分之二十九。

于：所以這條油管如果

洪：是很重要的。

于：蓋好之後就是說，讓這個加拿大的原油可以直接送到美國裡面，對不

對？

洪：可以更快速，其實現在也有，其實更快速，他本來是一個直角，現在拉成一個直線這樣。但是、其實不只是這個問題，各位聽眾朋友可以想一想就是說油價現在那麼低耶！如果是美國的一些石油公司，也有些已經倒了耶。那小……已經倒了，那你不斷的增加，用簡單的經濟的一個概念，當供給量增加、那價格就要下跌啊！所以會不會有這些公司也去遊說說，你不可以讓他過。而且再加上環境議題的考慮，那否決，那這個其實看起來也可以是在情理之中。雖然美國到 2035 年他仍然要進口，在三點五到七點五百萬桶，那你還是需要。所以這家公司、Keystone XL 這家公司，總裁就寫信給美國的國務卿，告訴他說，2004 年的時候我們有報告，2005 年、2014 年、2015 年我們都有報告，都可以符合你的要求的，這是很重要的，我很謙卑的希望、我很忠誠的希望，你能夠跟你的總統

于：來這個報告一下。

洪：同意讓我們這個通過。其實這是一個生意。

于：對、滿大一個生意，而且剛才提到說 1179……

洪：而且他說，你從我們這裡拉了石油管之後，你沙烏地阿拉伯的、委內瑞拉進口的量可以再降低一點，我提供給你就好了。

于：我提供給你們就好。

洪：其實聽起來就是在賣石油。

于：是，所以這一段的這個算是加拿大的石油經濟，目前就被這一個歐巴馬給攔腰、否決，攔腰砍了。

洪：應該、應該暫停吧！

于：暫停……

洪：因為……後面還有故事啊！不是嗎？

于：那歐巴馬的「總統的否決權」這麼大嗎？

洪：總統的否決，這個請施老師來談談，國會也有力量的啊！

施：我想說這個新聞其實我們在看是因為，看到美國這樣子的全球霸權，兩邊都是民意選出來的，所以都擁有民意基礎的時候，你怎麼設計一個遊

戲制度讓

于：就是國會也是民意、總統也是民意。

施：也是民意的時候⋯⋯

于：那要到底怎麼辦？

施：所以現在的規則就是國會提出一個法案，就類似像我們的立法院，提出一個法案，歐巴馬他否決了，就像我們的總統一樣，我們把他否決了，可是否決故事不是就這樣結束了，而是國會可以再把他接回來，再討論、再表決，假如過了三分之二，總統就沒有資格，因為我們又是多數民意了，我們不用每次等到說都是要四年來玩一次，而是說那個時候就可以展現一次民意的基礎，然後我再把他推回去這樣子，這時候總統就一定要簽名。

于：那我想知道一下這個歐巴馬他否決的原因到底是基於環保的立場，還是基於經濟的立場。

施：我想表面上看起來他宣稱是環保，可是應該也有國內一些財團的一些考量。當然還有一個就是共和黨跟民主黨，因為這是共和黨主導的，在某個程度就是，我都是不給你好看，這個也都個人恩怨、黨的恩怨也是有。但是實際上是什麼，這個只有他自己心裡明白。可是從我們後面可以推敲，大概都不出這三類的一個因素。而且就他而言，其實在歷任的總統在統計上面雷根用了三十九次、柯林頓用了三十六次、小布希用了十二次、歐巴馬才用三次而已。

于：所以是用很少的意思。

施：他用很少的意思，他竟然用了！所以你就知道，這個議題其實有很特殊性在這邊的。

于：搞不好總統其實在他那邊也有他的特殊的考量。

洪：表面上看起來當然是環境議題，因為這也是歐巴馬擔任總統以來，他的民主黨以及跟他相熟識的人。

于：他都很注重。

洪：比較偏環境、注重環境的人支持度比較高，那比較照顧弱勢這個概念是搭配了，所以用這個議題來談，好像也是合情合理。但是不要忘記這個

　是石油，而且美國希望他自己國內生產的油佔他自己的消耗量的比例要上升的，所以主導外人進來，增加自己的供給的量。

于：內需。

洪：對，內需增加，聽起來也是合理的。

于：哇！所以這樣的一個單純的油管的建設，其實牽涉到兩位老師幫我們分析的像是哦、環保的議題啊！以及石油他對於各個國家的經濟的發展，其實都有相當密切的關係的。

洪：這兩國其實比較像國內，雖然加拿大是獨立的國家，但加拿大一向是以美國馬首是瞻。加拿大人也會抱怨啊！說我們的，什麼好的東西都跑到美國去啊！也有這樣的聲音。所以有一些加拿大人就是不願意作美國人。

施：他們的大聯盟也要加盟美國。

洪：對，大聯盟要加盟，但有些也不肯啊！這樣子。

于：所以反正有就是國家的一些小小的、不管是情仇還是摩擦在就對了。後續這個石油油管法是到了歐巴馬手上他提出了否決權，那後續到底國會會不會來進行翻盤，我們就靜待這一個美國的國會，看後續要怎麼樣演下去囉。那今天節目當中相當謝謝兩位老師、洪老師以及施老師來到節目現場，跟大家分享國際現勢，那我們下周節目當中再會囉！

洪：再見。

施：再見。

(End)

第 10 集

104.03.10

〈全球化的時代帶您掌握國際時事關心全球動態歡迎收聽地球脈動〉

片頭：聽眾朋友您好，歡迎收聽今天 3 月 10 號的《地球脈動》。單元一開始先帶大家來關心上周的國際大事：

歐洲央行總裁正式宣布 9 號開始啓動購債計畫每月將收購六百億的歐元

中華人民共和國全國政治協商會議與全國人民代表大會分別在北京人民大會堂開幕

全球武器貿易頂尖分析公司 IHS 發布了 2014 年全球武器進出口費用的排名由沙烏地阿拉伯以及美國拿下了進口還有出口的第一名

英國的威廉王子抵達北京進行三天的造訪之旅是三十年來首位正式造訪中國的英國王室重要成員

美國那斯達克指數在兩千年網路泡沫化之後重新站上了五千點

北韓面對韓美聯合軍演朝向朝鮮半島東部海域發射了兩枚的短程彈道飛彈

稍待一會兒節目當中將帶大家來關心這些國際大事的詳細發展。

于庭（以下簡稱于）：好的，現場時間是下午的兩點三十分、午後陽光第二
階段，我是于庭。在這個星期二的節目後半段，都會
帶大家來關心一下這個國際大事，而且我們現場還會
有兩位這個重量級的來賓，分別是我們高師大地理系
的洪富峰老師還有施雅軒老師，他們會來到節目現
場，跟大家一起來關心一下剛才提到的這些國際大
事，上周國際大事的一些最新的動態，以及他到底，
對於說我們的生活、我們的經濟，我們的這個全球狀
況有怎麼樣的一些重要影響，那我們話不多說先請兩
位老師跟大家問聲好囉！

洪富峰（以下簡稱洪）：主持人、各位聽眾朋友，大家午安！

施雅軒（以下簡稱施）：大家午安！

于：兩位老師都很客氣，剛才還在想說這個誰要先開口，好，沒關係，是不是
先請施老師幫我們就、剛才于庭在我們節目片頭有提到的國際大事，幫我
們稍稍的做一些哦、提醒以及提點。

施：好的，那我想幾則新聞這其實都是延續。那比如說歐洲央行已經正式宣
布要啟動「購債」計畫了，那這個當然你會發現，最近有買賣歐元的你
會發現大幅的下降，原因在這個地方。那再來就是中華人民共和國的政
治協商會議跟全國人民代表會議，這個俗稱叫作「兩會」開幕了。那因
為現在還在進行中，所以會有什麼樣的影響我們還有待觀察。那再來的
一則是英國威廉王子，那進行所謂的三天訪問，那他比較會、指的特殊
點是他是三十年來首度有皇室所參加的一個訪問。那上一次的訪問是談
香港問題，三十年前，就是他的阿嬤。

于：女王！

施：對對對對，這次他來當然因為他是整個英國王室的第二、第二的繼承，
第一就是他老爸，查爾斯王子，第二就是他，等於說就直接跳過查爾斯
王子，直接來、他來跟中國領導人，等於說相處一下，可能未來 N 年以
後、可能就是輪到他了這樣子。再來會比較一個有趣的是，全新出來一

個全球武器貿易頂尖分析公司、IHS，他發布「2014 年全球武器進出口費用」的排行。那這個排行的新聞其實是相當有趣的，因為你可以發現武器的進出口國他其實是有一些意義在的，我們先談出口國。

于：出口國。

施：出口國第一名是美國。

于：美國？

施：那我很快的念一下，再來是俄羅斯、法國、德國、英國、義大利、以色列、中華人民共和國、西班牙跟加拿大。

于：這是製造嘛，對不對？出口。

施：出口、出口。那當然你會發現這些**只有以色列跟加拿大還有中華人民共和國不是老牌的所謂的殖民帝國，就是以前在十九世紀的時候這些基本上都是殖民國，那過了一兩百年了，他們還是提供某種武器出口的優勢。**

于：那個位階還是在的就對了。

施：對還是在的，那再來進口的。進口的第一名是沙烏地阿拉伯、印度、中華人民共和國、阿拉伯聯合大公國然後中華民國，就是我們臺灣也有、也有排名。那澳洲、大韓民國、印尼跟土耳其。那這十個也就是說，我買武器。那你會發現，那這些所在地也都是所謂的，常常會有邊陲的摩擦或者會有潛在威脅的國家，所以他要盡量大量的進口。

于：擴增他的軍力就對了。

施：對，所以看到這樣的排名常常有人會有所謂陰謀論的說法就是，比方說一定要有某些戰爭的一些因素存在，才能夠加大這個武器進口的密度。

于：進出口的這個往來的密集度就對了。

施：對對，假如說今天都沒有衝突了，那基本上就不用做生意了嘛對不對。所以這些點的分布的國家你會發現都是周邊有事的國家、周邊有事的國家。大概這四點。

于：是，那謝謝老師幫我們做這個以上四點國際大事的這個，哦初、一個比較、比較初步的一些分析。那接下來要跟大家深入來談的，也是跟剛才的這個全球武器有一點點關係，怎麼說？因為我們亞太地區好不容易平靜、比較平靜一段時間之後，好像在上周又有這個軍事情況出現了，據

說北韓朝這個朝鮮半島的東部海域來發射了兩枚的彈道飛彈，那到底北韓這樣做是又發生什麼事了嗎？他又要來抗議什麼事件了嗎？

施：當然是抗議美國跟，就美韓聯合、美韓聯合軍演。那有兩個，這邊一個是叫「關鍵決斷」、一個是「鷂鷹」。那「關鍵決斷」已經結束了，因為後來發生那個美國的大使被那個刺殺、被刺殺，所以就緊急就提早一天先結束了，但是「鷂鷹」還持續著，那這個鷂鷹大概會參加有三千七百位美軍還有二十萬的南韓的官兵參加，所以是很大的。

于：很多、很大型。

施：那面對這個軍演其實有趣的是時間點，他是到持續到 4 月 24 號。

于：4 月 24 號。

施：對，那為什麼這會是一個有趣的時間點，因為我們之前談所謂亞太高峰會，是 4 月 22 跟 23 日舉行，那之前我們不是有回顧亞非峰會、亞非高峰會，那之前我們不是有新聞說金正恩會參加嗎？

于：對有小道消息說他有可能要來。

施：那他現在日期是 22、23 舉行，然後他的鷂鷹是到 24。

于：這樣有什麼樣的、特別意義嗎？

施：那當然這就是恐嚇。這感覺就是一個恐嚇你。等於說我在你家門前擺了重兵，你要出來一定是坐飛機啊！你一定是坐飛機出來啊！那看你擔不擔心？我擺滿了武器在你家門口，你飛機從旁邊飛過去，你心裡會不會覺得驚驚？那你假如你驚驚對不對，一種你就不要出門，一種就是我照樣飛給你看，所以這個軍演有兩國的一種、某種的對抗，等於說美國考試給北韓。

于：給北韓說

施：的領導人看你敢不敢出來。

于：我都已經先示威了，那你就看你、現在要看你怎麼來應變了，24 號你要不要飛出來？

施：對，你敢不敢，22、23 你敢不敢飛出來，我在軍演期你飛過來，你敢不敢飛出來？你敢不敢自我挑戰？

于：那像這個、好像以往這個北韓好像總是遇到這個南韓軍演，就會來時不

時發射一、兩枚的飛彈作為、算是我個人覺得他有一點點在像是小朋友一樣在耍脾氣捏。就是說南韓國在跟美國做這個聯合的事情的時候，我就是要來展現一下我的這個搏版面，就是要來一下說，不能只有你們兩個在全世界的新聞版面唱戲啊，我也要來一下，他是這樣一個很任性的國家嗎？還是其實是深謀遠慮的。

施：我相信都是深謀遠慮的。因為他所發射的飛彈射程是四百多公里，但是落點一定不會掉到那個演習區的，就他一定會選擇那個地方就掉下去那裡是……

于：沒事。

施：一定是沒事的。那因為所有的飛彈只要一發射，基本上美國、韓國、日本他們其實都有監測系統，所以只要有上、有飛彈出去馬上就會知道了。所以他今天，他當然要回應某些部分就是他一定要飛彈試射出去，當然是一種回應就是，你不要小看我。可是他們基本上在落點的考量上面他們也會避免觸及就是，我展現我的抗議了。

于：但是我不要造成傷害。所以他是深謀遠慮的之後……

施：我的解讀、我的解讀。

于：那這個洪老師這邊有沒有要補充的，針對這個北韓這個

洪：不要忘記這是阿里郎民族主義的一個展現，他們是韓戰被切成兩個國家。那韓戰被切成兩個國家一直到現在，想要合起來也一度在談但是始終合不起來，其實因為背後的人不想讓他合起來，所以說

于：背後的人指的是？

洪：中國跟美國。

于：美國。

洪：因為分裂的朝鮮半島其實對目前的中國跟美國是比較有利的，其實六方會談當中還有俄國跟日本啊！其實相對也是都是有利的。那其實北韓在這個 2009 年的時候就不遵守這個聯合國安理會的 1718 號決議，就是當時決定說你不准把這個核子武器拿來實驗擴散，可是北韓還是一意孤行，所以他退出來了。退出來以後他現在是第九個，看起來是擁有核子武器的國家，這相對比較危險。所以這次的演習，其實那個美韓聯軍其

實談的是為了抑制，為了對照、對應這個可能核子武器的擴散。

于：他們的演習目的是為了要

洪：概念之一吧！因為那個核子武器的擴散是這些國家，包括中國當時在那個 1718 號決議當中所訂定的，「中俄美日」都在裡面啊，六方會談當中的四個國家在裡面，只有南北、這個韓國跟朝鮮沒有在裡面。所以你從這個角度看起來，那個北韓會有這樣的行為，其實他一直想要擁有這樣一個武器，背後其實就是阿里郎的民族主義。在大國的邊邊上面被控制，你想想看這個朝鮮半島正好在中國的東北、中國東北之後就進入到華北，過去六百多年來，北京是中國的六百多年來的首都啊！

于：重鎮。

洪：除了短時間在南京以外，都是在北京啊！那外國侵略到中國去，日本幹過這個事情啊！美軍曾經想要做過這個事情，朝鮮半島是很重要的。

于：他是一個軍事的、算是路口就對了。

洪：非常重要的、他是這個中國維持穩定的、抵禦外侮，非常重要。而且經驗上是有的。日本侵略中國就從這個朝鮮半島進來，這也造就了今天南北韓，包括南韓都是，為什麼要討厭日本人，因為你曾經

于：侵門踏戶 tshim-mn̂g-ta̍p-hōo。

洪：就我們的經驗來講，你欺負我們、就殖民，所以這是「小國家」的概念。所以剛剛主持人說，他好像是在像小孩子一樣。不！這是在「大國家」的角度裡頭看他，可是就他的民族來看他覺得我是受害者啊！到今天我還是在受害啊！從三十八度、北緯三十八度把我們切成兩個國家，民族不能統一啊！相同語言、相同的文化到今天變成異國人，兩國是這樣而且彼此還互相打來打去。

于：互相仇視。

洪：這不是悲哀是什麼。所以這個角度來看，北韓會有這樣的行為應該用更歷史更長遠的角度，用現在國際的地緣政治、地緣經濟的角度來看他，包括剛剛賣武器的，都在我們家啊！我們這群都還跑回去，都沒有生產，然後我們還要被切成兩塊，然後我們都還這個互相去買武器來打一打。

于：打一打。

洪：這個這個是、說不過去的。當然就這點來看、當然以現在的角度來看，美國也要維持、中國也要維持，那俄國力量式微了，所以即便這次的演習看起來也不過是為了因應整個，好像有一個後冷戰時代。不要忘記，還有其他地方在想要擁有核子武器，伊朗，這個想要進來，還在這個還在檢查還在做實驗，他跟以色列之間還有很多矛盾跟衝突，中國也要在從去年、今年即便到未來，他還要每年國防預算還要增加百分之十，所以一旦中國跟美國軍事力量越來越拉近、越來越拉近，好像似乎又回到冷戰的時代。

于：就又是兩國的對峙。

洪：又是對峙，對峙誰又受害？當然邊邊的這些小國家、邊界就受害，或者是邊界就要負擔更多的，那個傷害或者是要承擔某一些，硬加的給這些地區的一個責任。所以用這樣來理解，即便我們好像從各方面媒體來看，北韓、朝鮮這個國家看起來很奇怪。但是哪你會不會去思考為什麼這麼奇怪的國家可以維持到今天 2015 年？我們看他的宣傳我們說，你看這樣這樣，你譏笑他。可是你會不會問一個問題，為什麼他的人會這樣接受？

于：還有為什麼全世界都可以這樣接受？其實從老師、兩位老師來幫我們分析，從北韓的這個政治、軍事事件來看啊！他不是單純他自己國家的一個軍事的動作，其實背後隱藏各個大國角力的一個算是一個鬥爭吧！

洪：那是對小國來講不得不然的一個情況。

于：那就像兩隻大象打架的時候旁邊的小老鼠就是要，那個皮要繃緊就對了。

洪：現在兩隻大象還在……漸漸要走上冷戰的階段了，這是值得觀察的。不過這次的演習其實何妨把他視為是、其實就是軍事就要演習啊，美國也要演習啊！他也要把他的核子武器重新翻新啊！來因應新的需求啊！那這樣子整個軍工複合體又會再出現了。

于：哈哈哈，好。從這個北韓的事件其實聊到整個國際的軍事都有他的互相結盟，背後有一些、算是要稱他是陰謀嗎還是怎麼樣，反正就是有一些特別權力的角力在這個運行當中。那我們不要把節目變得那麼嚴肅，我們來輕鬆一點，送給大家韓國流行歌曲，好久沒有聽到的 Wonder Girl

"Nobody"。

（音樂）

于：好的，現場時間是下午的兩點四十七分、午後陽光第二階段，我是于庭。目前在這個節目現場、除了我之外，還有我們高師大地理系兩位老師，洪富峰老師、施雅軒老師，他們、剛才在節目當中跟我們聊了這個北韓、他最新的這個軍事動態，就是哦又在這個朝鮮半島丟了兩顆的彈、飛彈要做一些示威。那接下來除了軍事之外我們要跟大家來關心一下國際的經濟。據說在上周的時候「那斯達克」的指數、又創下了算是十五年來的一個……比較新的高點。因為我們知道十五年前剛好是網路泡沫化，所以那斯達克指數就一路的開始跌跌跌。在上周的時候他終於又回到了一些、這個歷史的新高點了。要請這個兩位老師繼續跟我們聊一下經濟，這個全球經濟的狀況。那我們是不是先請這個洪老師來幫我們聊一下，是按怎，為什麼十五年後的上周的……那斯達克又重新站回了五千點？

洪：因為美國人覺得明天會比昨天更好。

于：哈，賣一個希望，是不是？

洪：那大家都很愉快的。美金在升值，然後別人不好自己變好。那但是即便是這樣一個心情，其實明天會更好是要有一個基礎的。

于：什麼樣的基礎？

洪：那我個人對於產業的理解，就是那個支撐點基本上還是製造業佔非常重要的一部分。他要有一個基礎。那美國在.com 的年代倒了之後，就往下走，原因是因為他沒有製造業支撐了。

于：他沒有一個最基礎的一個……行業在

洪：那製造業沒有了，服務製造業的服務業的薪水不會升高，他還是很低。在以前柯林頓的總統的年代的時候創造了多少的就業機會，可是他的這個起薪都很低啊、收入都很低啊！那為什麼？因為不是服務這個比較高階的製造，或者是相關的那個高級的服務業。都是很基礎的，動腦的比

較少、動手的比較多。那這個生產，附加價值是很低的。那美國過去這些年開始，嘗試要把 made in USA 的這個名牌打起來，那這個基底開始了。你會看到有一些美國人來，或者是來這邊的華人或者是臺灣人，你看這是 made in USA，他很高興，那這種概念就是他開始有屬於自己的經濟的一個結構，更完整的凸顯他可以立在這樣一個基礎上往前走，那在加上最近的別人不好，那我的基底又變的比較好，那當然明天會更好啊！

于：趁勝追擊啊！

洪：對，所以才會出現，我現在 APPLE 是炒熱全世界的議題耶！只要他講什麼大家都要去買，連中國都要來買啊！就是告訴你說中國多少人來排隊，然後一直要買一個 APPLE。連中國都變成美國的附屬啊！在 APPLE 這個上面來講。那美國人不想明天會更好是很難的，他當然講明天更好。

于：是，所以等於說美國已經慢慢把一些製造業的、算是技術，以及場域收回。

洪：我認為，就是過去這幾年他的國家的政策是對的。他讓他在美國製造這個概念普及到每個美國的所有產業當中，告訴美國人說我們要維持一定的製造業。製造業不是一個最主要的，像 APPLE 一樣。APPLE 他是設計啊、品牌啊！別人幫他製造啊！可是後端的這個收益他拿走了。那即便是這樣他為什麼能夠有這麼高的設計？有個基本的概念就是：如果你都沒有動手的能力，你怎麼可能設計非常好的東西出來？臺灣有很好的這個生產、製造的能力，但是我們沒有善用這個，這個就很多的經濟學者或是戰略學者在想的，臺灣為什麼不能生出像 APPLE 這樣的公司來？理論上我們是可能的啊！

于：我們是有這個的。

洪：有這個基礎的。有這個、也許是我們的規模太小了，也許當然還有其他的因素。還是說我們即便有這個製造能力，可是高端的還不在我們手上。所以你不要小看美國以為他們沒有製造業，他們是有的，他只是沒有量產，他發包出去的或者跑到國外去的，其實是比較低階的。那現在

他們整個國家都開始所謂，連中低、他們都有可能的，那這個基礎我認為對於他現在的科技的公司會拉的這麼高是有幫助的，因為他、他有信心了什麼通通都是要跟我學習，連可樂都要跟我們學習。你們的可樂都不好，我們的可樂才好。

于：哈哈。從這個我們的這個美國的經濟指數一直聊到最後居然變成這個可樂了。不過我們這個洪老師幫我們講了一下是那斯達克的這個經濟指數會，目前是站回了算是十五年前睽違已久的五千點，他覺得是跟這個美國的製造業慢慢收回了，美國大陸的

洪：部分、他開始有信心。就是、美國人就是明天會更好。

于：就是賣一個希望，他們意思是說

洪：中國也不好。他們從 7.4 的這個經濟所得，那個李克強說到要 7.0 了。然後歐洲也不好。

于：日本也不好。

洪：啊！我又基礎這麼穩定，那美元在上升，當然明天好啊！

于：就換我要來強勢了就對了。

洪：對。

于：那不知道施老師對於這個那斯達克重新站上五千點，您有怎麼樣的一個觀點跟大家分享。

施：我想各位聽眾如果有在玩股票，或者在玩期貨，或者在玩這些金融商品，那斯達克指數當然是一個很重要的一個觀察重點。那因為他代表某些的先進技術、電信，或者是生物公司的。那當然他會站上五千點已經有人在想說，是不是會重回十五年前那個泡沫？

于：對啊！還是會擔心。

施：那這次他會站上五千點其實有一個很重要的因素剛好是「美元回流」。就是日幣啊、歐元他因為貶，所以大量換成是美元。

于：美金。

施：美金。那就我的解讀，因為剛好美元指數最近也……好像到九十六，也是突破最近的一個高點。所以可以顯示以前那個什麼「淹腳目」對不對？變成是美國國內「美元淹腳目」。就是都是美元。所以自然會把這

些金融市場的東西把他推升，那當然在推升的過程誰最具有競爭力？當然還是所謂的那個什麼電子商品。

于：科技、科技類的。

施：科技股。那所以自然這樣的一個結果就把那斯達克指數把他墊高了。那我想我們會知道，買東西以前我們會覺得說，我就是買便宜的就好了。可是現在慢慢的走到某種程度，比如說大家在選手機，假如按照正常的話手機只要能夠接通就好了啊！

于：對啊！正常的、最基本的就是講電話。

施：對，但是為什麼還是有人會願意買貴的手機，就是他有某種的文化。也就是說製造業他其實、東西都是一樣的，可是「made in 哪裡」他會形成某種的文化。所以假如說今天能夠推出剛才主任講的 made in USA 的話，哇！我拿出一個 APPLE，你看全部都是號稱是全 USA 的，他的價值感就跟其他國家做的就會不一樣了。所以這種想法其實就是歐巴馬要推的一個概念，就是說能不能把你們都找來。

洪：是「made in USA」跟「made in 山寨」差多少。

施：不要說山寨，非 USA 的！

洪：非 USA，那這樣子很對不起德國跟日本，就是這個是有差別的。其實 lab 這個概念在工業的發展當中就是，一個 lab、好像就是一個實驗室？不是，他就是一個平台、在工作的平台，那當這個平台所設計出來的東西，可以立刻在我隔壁的廠房得到一個、立刻製造看看。

于：量產。

洪：也不見得要量產，就是成品要出現，然後讓人家用看看。這樣的信心是會增強的。那以美國人過去的這些年，美國的這個經濟的結構，他要推出去對他來講是相對簡單的。所以我認為那個信心會回流是因為、已經有動手的能力了，而不是只動嘴巴而已。

于：OK，所以

洪：這很關鍵，他的信心是來自於我會動嘴巴、我也會動手。

于：是，就是在這個像資金啊！然後技術都到位的一個、算是現在的一個里程的日子的時候，他們就覺得我們這個美國的強盛可能再次要

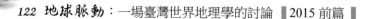

洪：臺灣也很像啊！我們其實也有產業輸出啊！我們應該把我們的製造業拉到一定的程度啊！如果臺灣的製造業能夠開始，我們有設計或是我們接單，我們自己旁邊立刻可以設計出來給大家來試看看，而且往更好的、更便宜的、更有功能的、更有競爭力的，或甚至說更高端的、高價的去競爭，臺灣的產業也可以往前走啊！大家覺得現在 made in Taiwan 是好的東西，可是越來越少了，不是嗎？

施：對啊！連電風扇要找 made in Taiwan 都很難了。

洪：所以我覺得 made in USA 跟 made in Taiwan 一樣，我們應該用這兩個來替代 made in 山寨。把 made in 山寨的放掉，用 made in Taiwan 啊！made in USA 就是一個典型的例子，那個國民的明天會更好的那個心情會被帶上來。

于：是，從這個美國的指數，這個兩位老師又幫我們帶回了我們臺灣本土，其實我們也是有能力、made in Taiwan 也是有能力

洪：沒問題的。

于：跟這個其他國來並駕齊驅的，那也期待我們的製造業或者是我們的科技業，可以有更好的發展。那今天節目當中相當謝謝兩位老師，為大家帶來相當精彩的國際大事的分析，那我們也預約下周空中再相見囉，謝謝兩位老師！

施：掰掰。

洪：再見。

(End)

第 11 集

104.03.17

〈全球化的時代帶您掌握國際時事關心全球動態歡迎收聽地球脈動〉

片頭：聽眾朋友午安，歡迎收聽今天 3 月 17 號的地球脈動。單元一開始我們先來關心上周的國際大事：

美國貿易代表署在夏威夷舉行了跨太平洋夥伴協定十二國代表的馬拉松談判

西非奈及利亞博科聖地宣稱效忠中東伊斯蘭國

歐洲央行的量化寬鬆政策上路美元走強美元指數 12 號一度突破了一百

英國向中國提交加入亞洲基礎設施投資銀行的確認函

英國經濟學人雜誌公布的大麥克指數顯示人民幣低估了百分之四十二

面對蘋果發表 AppleWatch 產品瑞士鐘錶製造商憂喜參半

稍待一會兒節目當中帶大家來關心這些國際大事的後續發展。

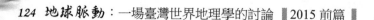

于庭（以下簡稱于）：好的，現場時間是下午的兩點三十一分、午後陽光第二階段，我是于庭，在空中陪伴大家到下午的三點鐘。那今天星期二節目後半段是《地球脈動》的單元，邀請到高師大兩位老師，洪富峰老師以及施雅軒老師，跟大家關心這個上周的國際大事。那剛才于庭在這個片頭，跟大家就這個上周的國際大事來作一下的這個，算是統整的介紹，那當然在節目當中兩位老師會為我們作比較詳細的分析，我們就請兩位老師先跟大家打聲招呼吧！

洪富峰（以下簡稱洪）：哈囉，大家好。

施雅軒（以下簡稱施）：大家午安。

于：今天剛才有聽到六則的這個算是上周的國際大事，其實有滿多是跟我們的經濟有關的，是不是請我們的施老師先來幫我們做一下初步的一些 review。

施：我想這個新聞有些是有延續性拉。比如說西非奈及利亞的「博科聖地」，他已經正式宣示效忠伊斯蘭國了。那之前我們有討論過這個、這個組織，那我想原本是分隔這個大西洋的兩個地方的，突然因為這樣的宣示，他就變成接在一起了，他其實很重要的意思就是，他可能就會可以使用伊斯蘭國的資源，我們常常說的伊斯蘭國他是有賺錢的，他是有收入的。

于：對，他已經是一個國，其實已經是像一個國家了。

施：類國家、準國家，所以他只要宣示效忠他，在某個程度他的資源就可以像開水龍頭就可以、支援他。這是一個。再來就是我們講的 TPP，美國貿易代表署正式開始了。他找了十二個創始的，

于：創始會員國。

施：會變成是創始會員國的代表，開始馬拉松的為期一個禮拜七天的談判，在夏威夷。那在夏威夷挑的很有趣，為什麼在夏威夷？因為這樣抗議會比較少。假如是在紐約的話大家坐地鐵就去抗議，呵呵。

于：我懂。

施：啊！你要去夏威夷還要搭船搭飛機，對不對？抗議的人可能經濟狀況不是很好他就沒有辦法去。這樣就、這是很有趣的，他們說為什麼他們會挑夏威夷這樣。然後再來是歐洲量化正式上路了。那當然就推過另外一邊，就是強勢美元出來了。通常我們會觀察美元的美元指數已經過一百了，但是那一半又有拉回來了，不過這個以後可能是慢慢，總有一天還是會站上，因為這個都是心理關卡、一百。那上一次的一百是 2003 年。

于：所以已經十二年了。

施：十二年了，對對對對。所以假如說這個美元繼續強勢的話，站上一百這個也是遲早的事情。那再來比較有趣的是，英國跟中國提交就是「亞洲基礎設施投資銀行」、「亞投行」。這個新聞其實有一個外交上面的一個討論，因為有一些新聞上面是寫說，他沒有知會美國，那因為亞投行他基本上是中國作莊的。

于：中國作莊，哈哈。

施：那英國竟然棄美國不顧去那個。因為他們會說假如英國開第一槍的話，因為這是西方國家，可能再來第二槍、可能再來是澳洲或者南韓，因為他們也想進去，可是美國把他擋著了，可是現在開第一槍的英國跳進去了，那當然這個有生意的考量，這個再配合我們上禮拜講的，威廉王子來，會不會跟這個都有一點相關性，我想這個都是有的。以上就是這四則新聞。

于：是，那其實剛才這個、施老師幫我做一個初步 review 的一些國際大事我們可以看出，其實上周我們的算是國際的一些經濟的事件還滿多的，接下來要來深入探討的這個經濟議題，其實于庭覺得比起其他的經濟議題比較來說生活化，因為裡面用到一個很生活化的名詞，就是、每次我們去這個速食店消費的時候，很多的人都會想要來點的一個某一號餐。就是說英國的經濟學人他們來公布、相當有名的這個雜誌，他們公布了一個「大麥克指數」。那這個指數顯示說人民幣是被低估了百分之四十二。到底這個「大麥克指數」是不是我們想像的那個在速食店裡面、所來打招牌的這個「大麥克」，還是是其他的？我們請這個洪老師來幫我

們說明一下吧！

洪：是，那個于庭你吃過這個大麥克這個漢堡嗎？

于：我沒有吃過，因為它的這個（熱量）高度對我來說是有點高的。

洪：那這樣子這個指數統計不到你。

于：哈哈，沒錯。

洪：你不在這個統計裡頭。那這個指數是……你剛剛講的經濟學人他們發展出來的。那他用這個幹？如果你是一個跨國的那個經常旅遊的業務代表或者是商業人士，那你到每個國家去的時候，那最安全的方式是吃你熟悉的食物。

于：是，所以就是說……？

洪：所以你不論到印度、到那個歐洲的哪一個國家，然後你到了亞洲來、甚至到非洲去，某一些大城市都會有這個

于：速食店、連鎖的速食店。

洪：就是麥當勞。那也有人把麥當勞當作是「美國化」的代表。過去是汽車，現在是

于：速食餐飲。

洪：速食店或者甚至於咖啡，他這個大麥克或者是 BigMac 指數，他其實是要指出一個事情就是說，你是要不同的地區買到這個看起來都一樣，長的都相同、內容都一樣的，價格不一樣。

于：這是跟當地的消費、消費能力有關。

洪：所以你在紐約的一個餐廳買的大麥克，跟在中國北京買的大麥克價格不一樣。

于：啊但是他的實質性。

洪：一個是用人民幣買、一個是美金買啊！那依照現在匯率他有價差。所以他跟你、剛剛你念的 42% 的這個低估了，應該再高一點的。那中國的現在的 GDP 去年大概 2014 去年的 12 月大概三千五百，三千接近四千了，大概三千八。一下子說不清楚……

于：沒關係。

洪：那你如果把他增加到 42%，就是低估了，那應該還要多估了 42%，那就

超過五千了。

于：對啊！那這樣……

洪：超過五千基本上已經到達了所謂中等收入國家的門檻了。那其實就立刻進入到剛剛開完會的李克強，他們的那個國務總理所說的，接下來就一個大的陷阱，擔心中國的經濟會一直停在這個中等收入。這個概念就會出現了，就是說好像很難再往上跳一階了，就很快速的漲然後他好像會停在那裡這樣。所以很多人都願意用這個大麥克指數來談，啊！我已經多少。你如果用大麥克指數去算中國、一下子就跳過五千美金。那哇！這個價格好高啊！所以用這個觀點來看，那個大麥克也獲得一些人的喜好，突然間我就變得很高了！即便沒有這個高，雖然我買的東西都一樣花的比較便宜，但是感覺上我有這麼高。所以大麥克指數經常被使用，包括我們的這個馬英九總統也說我們的大麥克指數已經到三萬多了啊！有一些時候的報告我們甚至是大麥克指數接近日本超過日本一點點了，那這個是不得了的一個算法。那當然你不能用一個漢堡就代表整個你經濟體啊！只是用這樣，所以你就會出現說，我喝咖啡啊！那有時候我日常生活還有其他的需要，不能僅僅是一個漢堡。

于：漢堡。

洪：你還有其他的生活，你還有搭車的需要。這麼說好了，我們搭一趟公車要花多少錢，相同的段落，有些國家的費用是高的，有些國家費用是低的，那你如果通通把他算進去以後，你發現這個指數其實又不同了。

于：所以他算是以這個食的這個……領域來評判。

洪：擴充，所以才會出現說我們去喝一杯咖啡、相同的咖啡，大家都一樣的時候。那比如說剛剛講得交通運輸的費用，可是我們買一件衣服，這個衣服都一樣，假設都一樣那價格又不一樣，這樣去算那個也會得出一個指標來，但是就會更難計算了，因為有不同的指標到底權重要如何。所以當我們聽到指數，這個指數有時候是他有好幾個細項加起來，那、那到底各代表什麼意思？

于：所以我們聽到指數的時候也不能就是馬上就是覺得怎樣。

洪：不能轉換，所以其實也不能用百分之 42 的高低去說，你應該要升值。你

應該要把你的貨幣升值百分之 42。那得了！

于：呵呵呵。

洪：哈，突然間是每一個人都，突然間以對美元來講我的財富增加了百分之 42，可是你的出口就沒人要買了啊！因為你的貴了百分之 42 了啊！

于：目前就是這個大麥克漢堡，在這一個美國的要價是 4.8 美元，大概是我們臺幣 144。然後中國他是⋯⋯要價大概是 2.73 美元，是臺幣 81.9。那反觀一下我們自己好了，就是臺灣一個大麥克要多少錢，哦！2.63 美元，臺幣 78.9 元，那換句話說、其實我們臺灣也是落在

洪：我們被低估了。

于：也是被低估，但是

洪：我們要高估。所以這就我們的這個中央高級這個領導者很喜歡講的一個話。這個總統就用這個啊！我們已經超過多少美元了，看起來很舒服不是嗎？聽起來很爽不是嗎？已經達到這個六三三的標準了、超過三萬美元了，如果用「PPP」來算，這就是「購買力平價」他有一個專有的名詞。

于：「購買力平價」是⋯⋯

洪：對，就是我們在購買日用商品當中，以我們國家目前平均的國民所得，那把他換算成為在全世界各地大家購買相同的生活必需品，如果以漢堡做一個基礎來看，包括咖啡等等，那我們是被低估了，所以我們應該高估。就乘上這個指數以後換算成為我們的購買力平價。換句話說，在現在的剛剛講的，中國，你百分之 42，在臺灣大概很接近這個數字，我們都被低估，我們都往上走，我們就覺得很快樂啊！我們的購買力很強。

于：哈哈哈哈！

洪：購買，相當等於說，如果等同購買相同的這個食物、這樣的一個國際標準的那個產品，那我們能力更強。

于：那關於這個所謂的大麥克指數，不曉得施老師這邊有沒有什麼要來做其他的說明的？

施：因為那個經濟是看不見的，所以你要能夠提供某種的推論你需要有清晰可感的東西。所以在西方國家很喜歡拿具體可感的東西來告訴你，就是這個。比如說有「口紅指數」。

于：口紅指數？

施：口紅，他們有個理論就是說，經濟蕭條的時候口紅的銷量會變多。

于：有這樣的理論好特別。

施：對啊！這個就是「口紅指數」。就是說因為買不起昂貴的衣服所以我只好要打扮、只好買一支小小的口紅啊！所以那個叫作口紅指數。所以西方國家好像很……創出很多這種具體可感的，那當然具體可感的都會讓人家有具體明確的知道說，就是這個東西。比如說那有沒有可能變什麼「珍奶指數」！比如說有一次我在台北同樣的品牌，在臺北喝了一個飲料，結果來高雄，我發現高雄便宜五塊。

于：沒錯！

施：這個對！這個就是珍奶

于：珍奶指數……好。

施：可是問題是為什麼現在不會有珍奶指數？因為珍奶並不是一個跨國企業、他沒有全球化、他並不是全球化的產品。所以大麥克會變成一個全球化，其實是跟他後面的麥當勞是有關係的。那因為這樣子他整個全球化、每個國家都有，他就會成為一個大家都可以具體可感的東西。所以為什麼這個大麥可指數其實在某個程度是，因為有這個商品他是屬於全球化的，所以才會讓什麼大麥克變成是，所以假如說今天有一個企業、咖啡全世界都有，他有可能也會變成，或者說有一些、我剛才講的珍奶指數。

于：全世界都有珍奶。

施：都買的到珍奶了，然後就把所有的珍奶對不對、都比一下就知道對不對，這個也是有可能的啊！

于：所以有沒有可能哪一天我們不用大麥克指數，我們用這個「臺灣刈包指數」。

施：對對，一樣的東西。

于：好，所以等於說從這個大麥克指數，其實他並不是要來很嚴格要來批判一個經濟怎麼樣一個落差，他其實是來代表說我們生活當中的一些全球化的商品，以及這些全球化的商品在各個國、不同國家的一些可能他的

銷售的價格的差異。他是算是一個比較……官方的指數嗎？

施：他不是官方指數，甚至整個計算的過程、我相信麥當勞他不會去提供某些的資料。我猜應該是經濟學人自己透過自己的方式進行去調查。

洪：你去買就有了啊！你消費一次啊！同個時間，在相同的那一天。

于：不同國。

洪：當然時差不一樣。你就在那個時間，還有固定的哪一天的、哪一個時間你去買過來，然後把他回 call、回報回來的時候就立刻可以計算了。那當然你也可以擴充到其他的商品，但是就是用這個最方便，其實某種程度是一個文化，他告訴你說在國際商業的操作上面，這個指數其實也某種程度告訴你，大家都要標準化。

于：吃也要標準化了。

洪：你通通要按照我的方式。

于：呵呵呵，好那我們就期待或許有一天可以用「臺灣刈包指數」來代表某一些事情。好的，我們先來進一段音樂休息一下，待會兒這個休息過後再跟大家談另外一個也是跟經濟有關的話題，而且應該也是這個 3C 迷應該都很喜歡的。我們先來聽一首英國民謠，送給大家！

（音樂）

于：好的，現場時間下午的兩點四十八分、午後陽光第二階段，于庭在空中陪伴大家到下午的三點鐘。那繼續我們的這個地球脈動，我們的兩位老師，洪老師還有施老師，要跟大家分享的這個國際大事議題，相信是很多的 3C 迷都引頸期盼，而且很興奮的就是蘋果又發表新產品囉！繼這個 iPod、iPad 之後，又有所謂的 iWatch 要即將問世，要來銷售要來量產了。那但是這樣的一個……新產品、3C 產品的算是新上市就讓傳統的鐘錶業，也就是以這個製造錶為主要經濟的這個瑞士鐘錶製造商，有一點點感到了壓迫感，到底是怎麼一回事，趕快請洪老師來跟我們講一下吧！

洪：好，這個手錶已經變成是……不是看時間了，他已經變成一種收藏品

了。所以 even 這個 iWatch 出來，他還會出這個高檔的，一隻要價都一點七萬元，這個是收藏版的。

于：對，是一點七萬美金。

施：美金。

洪：對！美金，請各位乘以 31.5 這樣就知道他有多少錢。其實手錶他代表人類精工的發展的過程，他的機械的發展代表一種是科技的進步，他已經是從工業革命以來，那變成計時以外的技術，或者是說某一些製造品的收藏品，他的價格會隨著，他限量發行一段時間就往上漲。那今天你看到的這個 3C 的產品啊！在像我這樣年紀的人，我似乎一點都不會動。

于：真的嗎？老師對於這個 iWatch 是沒有？

洪：所以我們今天談這個議題的時候好像似乎講說，那應該是五十歲以下的人才會去買吧！然後施老師說四十歲以下的才會去買，他已經過四十了，意思他也不會。那當然以我們兩個的例子，也許那我們就是太老硞硞 lāu-khok-khok 了，對於這種產品一點心動都沒有。但是這件事情不要小看，因為其實蘋果這家公司已經變成全世界最大的，而且有史以來最大，他就錢太多。

于：錢太多，哈哈，好。

洪：多到都不能用了，不知道要幹，可以做各種的研發、做各種的新奇的事物，那這種配掛式的這種 3C 的產品，選到手錶，所以瑞士才會驚恐的，因為他們過去才有一個經驗

于：對，他們被哪一個？

洪：被日本的

施：石英錶。

洪：剛剛還在講說的石英錶，打的這個淅瀝呼嚕的。有這樣的經驗。所以這種比較小的經濟體，或是當中的某一個產業，碰到這個跨國公司用這麼大的、鋪天蓋地的，還且他的訴求不是只有你的產品而已，不是只有瑞士在造錶而已，日本也在做錶啊！美國自己也有錶公司啊！通通都有啊！你都要小心，你通通都會受到影響。但是這樣的看法又好像說，手錶是一個必需品，所以我必須買一個手錶來戴在手上看時間。但是我很

久沒有在看手錶，把手錶當作是看時間，諮詢時間的來源了，那我為什麼要再去買一個手錶？這個就是我會有這種心理因素的原因。可是他裡頭很多 Game 啊！他裡頭有很多的功能啊！說不定還可以玩起這個 "Mission Impossible" 這樣子。講講話，突然如何這樣。這樣好玩的其實還沒有被揭露出來。

于：其實我覺得就是，會來購買這個 iWatch 的朋友們最主要的訴求點應該不是看時間，我想他們後面的這個需求，除了時間這一塊應該還有其他的這個 3C 的使用。

洪：其實蘋果這家公司他已經進入每個人想像世界裡頭了。他在開發其實都是未來你會想要什麼，他們已經把我像，說不定連施老師都是，這樣年紀的人丟掉了，他不要了。我們兩個一定不會用 iphone 6plus，因為相對太大了，好像是為了女性用的。好像、有一個皮包放在裡面、很好撈撈到等等這樣的。我們已經過了這樣的年紀了，我們都不是他訴求的對象，我們這個年紀的小孩，像施老師的小孩說不定是他訴求的對象，像主持人這樣的是他訴求的對象，你也許去買一個 iWatch 去玩給我們大家看。

于：哈哈哈。

洪：所以你要想像這家公司，他已經在設定一個你的生活方式。

于：他帶來一種生活的想像，還有就是使用用品的一個想像。就是說們要買他的怎樣樣一個產品才代表我們的身分，或者是代表我們的……

洪：已經過世的這個賈伯斯 Jobs，他曾經說過一段話，他說，**三流的公司，是跟你競爭價格，二流的公司是跟你競爭品質，那請問一流的公司要競爭什麼？我們價格又很好品質又很好**，他說「**競爭思想**」。

于：哇，東西也要有思想。

洪：對，要有思想，我說那個 iWatch 會有思想、你的 iPad 會有思想，有啊！沒有按觸、沒有鍵盤啊！按觸的啊！碰的，用碰的就好。你幫我用一個手機，他用閩南話講，摸來摸去 bong-lâi-bong-khì 碰觸式的。電話是用摸 bong 的，電話是用打的啊！以前早期用摃電話 kòng-tiān-uē 啊！你看這種動詞的使用指出了科技的往前推進，說不定他已經開始在想，甚至已經開始有人在研發了，不用手動用腦波去控制啊！

于：有、有。

洪：聲波已經有了，接下來就腦波，聲紋辨識已經出來了，現在就是接下來就是腦。所以如果這個科技是往這樣推，其實 iWatch 也不過就是這家公司在練兵而已啊！他就由你穿戴式的一個商品，看起來別人都在戴了啊！好像大家也不需要，為什麼要花這麼多的力氣做這麼多的事情？在我看起來其實他在繼續往前競爭，讓所有人都跟他，他永遠走在你的前面。你跟了他好幾代，這家公司會繼續往前走，這也許就是所謂賣思想的意思。

于：賣思想，好。其實像那個蘋果的產品從這個早期的……這個 iPad、iPod。

洪：iPod。

于：然後就讓 mp3 的這個市場又是一個風潮，接下來 iPhone 手機。

洪：我們家的小孩都走過這個啊！

于：真的？呵。

洪：對，然後他說音樂借我聽一聽，因為掛在上面我去聽看看。那個音樂沒有一首我要的。

于：哈哈。

洪：所以……這個有一個代溝的。我現在音樂的代溝恐怕十年就是，十年就一個代溝說不定，即便同樣地區同樣的人。

于：也有可能。

洪：所以那個哥哥、姊姊年紀大一點的，跟弟弟、妹妹年紀小一點的，他們聽的喜好的就不一樣，所以這也是指出來像這樣一個產品不斷往前推進的一個潛在的市場，大家都要他啊！他引領一種，就像剛剛前面講的 McDonald，或者是拿鐵這個飲食而已。現在連你身上用的，你應該跟我用什麼方式溝通，他都切進來了。這個是最大最大的一個，這個規劃型經濟的一個創造。

于：規劃型經濟式的？

洪：對啊！Apple 都在規劃我們的生活方式，他當然是規劃性，你以為他是自由市場的、不是，他是規劃型經濟的一個操控者，只不過是由他決定而已。

于：那關於這個 Apple 要來推這個 iWatch，不知道施老師的這個想法是什麼？

施：我是覺得瑞士剛好遇到一個完美風暴，就是整個瑞士剛好瑞郎升值，然後在遇到一個這麼大的敵人。所以他其實他最後會怎麼樣，其實大家滿期待在看瑞士的手錶也能夠走出另外一分的世界這樣子。不過 iWatch 其實大家還在期待他能不能推出像類似像 iPhone，其實是 APP，他會活起來是因為是 APP 的關係。那我們對於，也不至於說我一定不會用 iWatch，搞不好他也做出一個很奇怪東西的我很需要啊！

于：很吸引老師。

洪：為了這個中年人。

于：哈哈。

施：對。

洪：為了中年男人做的。

于：所以就是說如果他的思想是有想像空間的或許、兩位或許

洪：iWatch for 40 這樣子，為了四十歲人做的。

于：好的，我們就看這個 iWatch 問世之後，他會為我們帶來怎麼樣一個新的這個手錶使用的新價值。那今天節目當中相當謝謝兩位老師，那我們也預約下周空中見囉！請兩位老師跟大家掰掰吧！

施：掰掰。

洪：再見。

(End)

第 12 集

104.03.24

〈全球化的時代帶您掌握國際時事關心全球動態歡迎收聽地球脈動〉

片頭：聽眾朋友午安，歡迎收聽今天的《地球脈動》。單元一開始帶大家來關心上周的國際大事：

美國國防部表示從 2014 年 8 月以來美軍對武裝組織伊斯蘭國發動了2320 次的空襲花費十八點三億美元

委內瑞拉政府展開了歐巴馬請取消制裁命令的自願簽名活動已經有一百三十七萬人要求取消對委內瑞拉制裁的行政命令

美國聯邦航空管理局公布核准線上零售龍頭亞馬遜使用無人機運送貨品給客戶

歐洲暨英法德義大利等國加入了亞洲基礎設施投資銀行之後盧森堡也正式宣布申請

鴻海向日本媒體透露有意向夏普提出營運支援提案

稍待一會兒節目當中將帶大家深入關心這些國際大事的最新動態。

于庭（以下簡稱于）：好的，現場時間是下午的兩點三十分、午後陽光第二
　　　　　　　　　　　階段，我是于庭。星期二節目後半段大家都很期待，
　　　　　　　　　　　因為會邀請兩位高師大地理系的老師來節目當中，跟
　　　　　　　　　　　大家分享上周的國際大事。那今天現場很熱鬧，我們
　　　　　　　　　　　的這個高師大地理系洪富峰老師、還有施雅軒老師已
　　　　　　　　　　　經來到現場了，他們即將要來為我們帶來精彩的這個
　　　　　　　　　　　國際大事的一些分析，讓我們請兩位老師跟大家問聲
　　　　　　　　　　　好。

洪富峰（以下簡稱洪）：聽眾朋友、主持人，午安！
施雅軒（以下簡稱施）：大家午安。

于：哦，兩位老師其實今天這個棚內，不是棚內，主播室內除了我還有施老
　　師洪老師之外，還有我們的這個攝影團隊，所以今天這個小小的主播室
　　其實有一點點算是比較擁擠，但是也很熱鬧，因為很難得在主播室出現
　　這樣的這個情況。那另外也來做一下節目預告，就是今天的這個節目內
　　容會用這個錄影的方式放在這個電台的網站上，所以大家想要一睹我們
　　的，帥氣的兩位老師的廬山真面目的話，以及看看說，這個上節目的時
　　候到底會發生怎麼樣的兵荒馬亂的情景的話，就可以來上線點選一下。
　　好，那我們先切入今天的主題，剛才于庭在這個節目片頭的時候幫大家
　　review 了一下，六則重要的上周的國際大事，那我們是不是先請施老師
　　來幫我們作初步的這個國際大事的分析。

施：好，那這個禮拜，一樣在恐怖行動上面，突尼西亞的博物館遭受到恐怖
　　攻擊，造成二十三個人的死亡。那這個其實是一個相當不幸的消息，那
　　之前我們也一直在節目上討論，這個恐怖攻擊其實會不斷的發生，其實
　　是因為他根本沒有處理掉。那當然處理的方式現在目前來講，另外一則
　　新聞美國國防部發布去年已經空襲 IS 兩千三百二十次。

于：太可怕了。

施：然後花了十八點三億美元，結果感覺什麼事好像都沒有發生，還是繼續。

于：他們繼續的攻擊下去。

施：對對對，那最新的消息是在葉門 IS 跟凱達也在裡面也打起來，所以中東地區、伊斯蘭地區這樣子的一個局勢，其實一直，至少你會發現空襲這樣的行動是沒有辦法解決的。那至於要怎麼解決？還是要有待後面有智慧的人或團隊來去處理。那再來另外一個是拉丁美洲的委內瑞拉，他發起，由總統他發起一個活動行動就是簽名給美國總統說，請美國總統取消制裁。

于：要取消什麼樣的制裁。

施：經濟制裁，3 月 9 號美國下令要那個制裁，要加重制裁。那個委內瑞拉的總統率先就、他說他簽第一個，現在已經有一百多萬的民眾響應希望能夠取消。但是其實很有趣的是他一方面簽名希望取消，一方面委內瑞拉的總統然後那個什麼、擔心美國會軍事入侵，所以演習十天。

于：就是擔心軟的不行，然後他們來硬的。

施：對對對對，所以這就變得很詭譎啊！一方面不希望你制裁我，一方面又怕你軍事會打我。

于：有一點矛盾。

施：對這是一個很矛盾的情形。然後再來是上禮拜的延伸，亞投行。我們上禮拜有回顧是英國，那這個禮拜已經發現了，除了法國、德國、義大利連盧森堡

于：都要加入了。

施：都要加入亞投行。那我們知道亞投行很大的威力，他有一千億美金的當作法定的金額，那這個可能會讓亞洲的整個的基礎建設會有一番的建設潮，而這些歐洲國家紛紛假如你要卡位的話，其實有個很先決的條件就是要進亞投行。

于：哼哼哼，所以等於說亞洲的經濟算是組織、又要大洗牌了是不是？

施：對，所以現在很焦慮就是澳大利亞很焦慮，南韓很焦慮，然後最近也是連日本也很焦慮了。

于：因為他是被排除。

施：不是，他沒有加進亞投行，因為中國會說你可以申請啊！他歡迎各國來。可是日本很想申請，可是事實大家都知道，他其實他是不敢申請

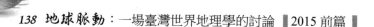

的，後面的老大也就是美國他沒有同意的話，大概沒有辦法這麼容易進來。大概這四則新聞我們大概講到這邊。

于：剛才施老師已經詳細的就這個四則的國際大事、幫我們做了一下初步的這個分析，那接下來我們要來比較深入探討的國際資訊。哇、這個我們都知道在這個全球有一個相當有名的、算是零售業的廠商亞馬遜，那目前他已經、他要這個，他要申請用一個無人機來運送他的貨品。但是在美國如果你要用這樣的設備的話，其實是要跟這個聯邦的航空管理局進行申請的，之前就是申請沒有通過，但是在上周好像我們的，美國的聯邦航空管理局他已經通過了，他們可以來進行這個無人機的測試了對不對？要不要請這個洪老師來幫我們講一下，這個無人機到底怎麼樣，可不可以跟大家來描述一下。

洪：無人飛機其實就是一個小型的遙控飛機。

于：就像小朋友、小弟弟在玩的那種遙控飛機，那……

洪：你的竹蜻蜓變成是機械的，變成有動力的。

于：所以他其實也沒有很大？

洪：而且他可以載物。

于：有很大嗎？

洪：現在臺灣用的比較多的其實就攝影，我們很多測量公司就擺掛一個攝影機，或者掛一個照像機來做空拍。那比如說前不久高雄氣爆的時候，就有公司把整個現場進行空拍以後，那透過這個影片和照片，把它還原一支空拍。這個氣爆的過程的這個影片，就是透過這種空拍的方式拍出來的。那再大一點其實就是載武器的。

于：載武器！

洪：像美國的這個無人飛機載的這個飛彈、可以去千里之外取敵人首級的方式。

于：哇，不過這個、這兩個的大小應該是有差的吧！

洪：有差別，有差別。

于：哈哈哈哈，載武器的應該就是要很大了，但是如果是空拍的飛機是要比較小型的。

洪：操控規模是不同，像飛機是無人飛機要攜帶炸彈去、去取敵人首級的。

于：呵，取敵人首級，聽起來好可怕～

洪：美國西點軍校已經有大概一組一百五十人，就操控一部這個無人飛機去執行軍事任務。這個都已經有實際操作，而且達到一個階段了。所以美國國會也要求歐巴馬政府要限制這樣的力道，因為他居然可以取敵人的首級、這個自己的國民也很危險啊！

于：對對對對，反正那個就是、因為就是無人機，所以就是看控制者怎麼控制了。

洪：而且他有一個爭議說，到底你殺的是誰？因為你人都沒有去、不在現場啊，比如說他的形象像誰這樣。

于：對！

洪：那也許不一樣。

于：搞錯。

洪：對啊！長的一樣，也說不定雙胞胎怎樣都有可能啊！那類似這種人權的爭議，以及對於那個安全的這個疑慮，是有爭議的。那現在把他用在商業的運轉上面，那我的看法其實就是，其實凡是軍事的某種程度都用到民生來，軍事工業跟民生工業只要、其實一線之隔而已，就看目的的不同啊！

于：對看目的。

洪：那，這個電腦化的時代大家都在玩 3D 了啊！已經有 3D 的列表機，各種的這個 3D 的電影，3D 已經非常流行了。3D 的影片、這個書本等等。來一個 3D 送貨給你。

于：哈哈。

洪：所以你下次訂一個什麼食物，外送的食物送到你的窗口。你住在十八層的外面，窗戶打開或到你陽台他送過來，這是可能的。

于：所以等於說現在這個零售業者他所來進行的這個無人機測試，就是像這樣近距離的送貨，對不對？

洪：我的看法是，Amazon 已經做這個物流做那麼久，那麼賣書他們是全世界就以他最多、最大了。那麼他發展新的這種工具其實是甩開別人對他的

追趕啊！

于：甩開別人對他的追趕？

洪：對，你現在所謂物流網就是說，我可以在很遠地方把貨寄給你，把你運的東西寄給你，但是我有遙控飛機捏。除了遙控飛機，除了這種大的飛機運送大、大批的貨物在港口或是機場集散、倉庫集散以外，我已經可以做零售了，而且人工越來越貴，我叫一個人幫我們送一個披薩要送三十公里，這個客訴一定會出現的啊！

于：對，一定會。

洪：你不曉得要送多久才送過來啊！我弄個飛機送給你，五分鐘就到了，你覺得如何？

于：這個服務的效率馬上就提升。

洪：而且在你們家的院子下降，你五分鐘以後還熱騰騰的。

于：五分鐘請到院子取貨就對了！

洪：對對對。

于：所以這等於算是這個物流業者他……根據老師的分析，他要來擺脫其他的競爭對手，他以這個比較創新的……宅配、算是宅配嗎？送貨方式。

洪：可以這麼說啊！

于：要來吸引。

洪：就是，過去是城市對城市、港口對港口的，現在是變成 B2C 了，直接從商業直接到你個人了啊！

于：哇！那想必這樣接下來如果說這個無人機的運送、或是載貨、或是送件，可以變的比較普及的話，哇！那相信這個使用率、以及大家願意上這個

洪：但是他很危險。

于：很危險，怎麼說？

洪：當然很危險啊！你在空中、空中的這個……氣流的穩定度，有一些

于：可是他會飛很高嗎？

洪：他當然不會飛很高，因為他就是人居住的空間啊！比如說以高雄來講最高的 85 大樓、台北 101 大樓，那也不過高雄 85 大樓不過四百公尺之內啊！那這樣的空間你去實驗，那美國一旦實驗成功，有時候我都覺得是

廣告的效果是超越他實質的作用，因為他很貴的，要操作一個無人機送一個貨品到客戶的手上，他的費用是很高的。

于：他會需要一個專業的人來操控嗎，還是？

洪：那當然啊！

于：要專業，不是我隨便進去就可以了。

洪：不是玩遙控飛機的人就可以做了。

于：我一直以為是想說，就是像可以玩遙控車、遙控飛機的人我就可以。

洪：那當然那個是基礎的訓練，但是從貨物，貨物的重量，那你進行的路徑，當中如果有高壓電線，或是各種的電線掛在上面等等，這些危險要避開的。所以他也沒有辦法無遠弗屆的去作服務。所以我才會認為某種程度看起來是一種，好像是要讓別人跟不上你，好像又是一個宣傳。

于：很大的點是宣傳。

洪：告訴你 Amazon 什麼都有送、什麼房子都可以送，光是這樣的新聞都已經賣到高雄來了，在你的節目當中出現了，你想想看 Amazon 賺了多少錢，這個廣告要花很多很多錢，說不定全世界各地很多人都在討論這個。

于：沒有、沒有，我們是沒有這個收費的，只是說這樣一個訊息。

洪：你看你還不願意收錢，他賺更多。

于：所以說等於說這個新型的這個銷售方式、新型的運送方式、新型的物流方式已經逐漸來出現，那不管他是有實質上的意義、形象的打造、廣告的這個方式是大於實質的服務的話，還是

洪：美國的創新看起來還是走在全世界的前面，他勇於嘗試各種的想法。所以你也許會經常聽到一個美國人講一個、一句英文說 "I have a good idea."，我有一個想法，但我的想法是 good！很好的！他們會非常自然的就表達這樣。我的意見是很好的！他就會告訴你我的意見是什麼。基本上這個跟東方跟我們這個社會的小孩是不一樣的，你經常在課堂上問學生，學生是沒有意見的，私下意見很多，網路上面寫一大堆啊！那公開表達比較少。那他們這個社會是鼓勵，而且某種程度的，非常欣賞這樣勇於表達自己的一些看法、嘗試新的事物。

于：他們喜歡新的。

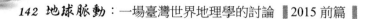

洪：而且社會上比較有趣，其實不是這個、連車子什麼都可以飛起來了。送貨這個事情是一個，我認為是一個賣點，這樣會是一個很好的賣點，因為不見得每個人都居住在他送貨點的周圍，能夠很方便得到服務，說不定也有人比較遠的。送一本書啊！送其他的這個訂的貨物。這個是個很好很好的點，那不用開車。

于：對，比較偏遠的地方他會用這樣比較容易達到。

洪：所以一旦讓他實驗成功，他這個就會往其他的城市去推動。推動到一個階段以後說不定就變成一個型態，一個商業的新的模式，那這也是對我們也是一個刺激，我們不能只在玩遙控飛機。

于：哈哈哈。

洪：他也有商業運轉的可能性。

于：就是把這個遙控飛機、遙控汽車的這個技術，現在轉型到了我們的商業上，轉型到了零售的這個送貨。

洪：這個很好的 idea 不是嗎？不是送一個炸彈，是送一個。

于：這個太危險了！我們就是還是希望這樣的科技的發展，是以這個讓大家的生活更便利，而不是要對我們生活造成傷害。好的，那剛才老師幫我們分享這個有趣的，哦，無人機他居然可以用來送貨！搞不好如果他實驗成功之後，以後在高雄的空中你就會看到無人機飛來飛去，在做什麼？在送貨。

洪：那要政府同意才行。

于：是，好。不過怎樣說這就是一個新的發明、那大家就拭目以待囉，看會不會發生在我們臺灣，發生在我們高雄，大家拭目以待，接下來我們來聽美國一首民謠、輕快活潑的歌曲。休息一下，待會回到節目現場再跟老師繼續來聊天。

（音樂）

于：好的，現場時間是下午的兩點四十七分、午後陽光第二階段，我是于庭，繼續在空中陪伴大家。今天星期二我們《地球脈動》的單元，邀請

到高師大的兩位老師地理系的洪富峰老師以及施雅軒老師，在節目現場跟大家聊聊國際大事。那剛才我們講到了無人飛機開始要來載送貨品，要來送貨給這個客戶了，接下來、我們要來談論的，這兩家廠商其實是跟這個科技有很大的關係，都是作科技起家的。一個是我們臺灣的這個鴻海，另外一間是日本的夏普。那最近傳出說，這個鴻海好像又有意思要來、跟夏普提出一個營運的支援提案。其實這樣兩國的跨國公司的合作，之前就已經算是有炒作過一陣子，只是那個時候沒有成功，那係按怎 sī-án-nuá 最近又開始，這個訊息又開始被炒起來了？我們要不要請這個施老師、這個洪老師先跟大家來分析一下。兩位老師在這個互相的禮讓。

施：啊！不用了，我先講。我先回顧一下第一次的「鴻夏戀」。

于：好，施老師先幫我們分析。

施：人家的破局，也是第一次的，就是大部分我們所看到的都是屬於經濟的面向，就是第一次的破局是夏普希望鴻海出錢、但是不要介入經營權。這是在經濟面向的討論。可是在破局的過程裡面有人會從文化的面向來**看，他的破局其實在某個程度是「殖民母國」跟「被殖民地」，以前早期就二戰前的，夏普就是日本，啊臺灣就是代表鴻海。那在某個程度他會某種文化的意涵會導致他破局是、以前的僕人回來買你主人的公司。**

于：大反撲！呵呵。

施：對，就是一種反撲。所以在某個程度就是變成說，有人會從文化的面向會認為說，在某個程度夏普他必須要，有種那個臉要拉下來、讓以前指揮的那些人對不對、跟他平起平坐，這個是一個很大的一個文化負擔的。

于：哇。

施：所以這個會變成是，假如你任何的風吹草動都很容易，這個是不能講的。所以當然是不是真的，我們沒有辦法知道，可是從文化評論來去看這一場，為什麼會破，第一次為什麼會破局，其實是從這個面向來切入的。

于：哇，老師這樣的分析聽起來有一點點沉重耶！居然講到了殖民跟被殖民。

施：是。那個時候、第一次的時候那個時候夏普甚至是日本、日本類似像我

們的經濟部還特別來鴻海總部看。是不是你要來竊取夏普的這個，當時候的郭董就說：沒有。我的……都開給你看。對，我們絕對是很有必要去介……進入到這間公司的經營，而不是到竊取資訊。可是到後來對不對、還是破局了。

于：那這樣的合作方式到底對於兩家公司有什麼樣的好處，是只是一個跨國、想要一起合作嗎？

施：現在夏普就是缺乏資金。他就是，但是因為他已經欠銀行、日本銀行錢太多了，已經導致日本銀行都不願意再借錢給他，所以導致成夏普要尋求另外的金援，那現在對這家公司最有興趣的、就是鴻海。

于：那鴻海會有什麼好處？如果他可以跟他？

施：我想這個經濟面相還是從洪老師來談。

洪：代工的公司。

于：是鴻海是以代工起家的。

洪：那到一個階段以後想要品牌。臺灣也很多的企業主也不只是鴻海，很多人從早期的代工 OEM、ODM 做到現在希望自己有自有品牌，OwnBrand。就是好像微笑曲線的端點上面，擁有品牌其實就擁有未來了。

于：擁有品牌就擁有未來。哇，這個美夢非常聽起來非常、非常好聽。

洪：但是自己創造品牌困難度很高。那代工這麼久了人家說你都做代工的啊！那你品牌，內部也會產生一個很大的衝突。經營上面理念是完全不一樣的。所以能夠借夏普的這個臉變成來接上鴻海的身體，鴻海的身體很會打仗啊！到處去搶單子來做啊！那夏普的臉長的很漂亮啊！在外面上很有市場啊！所以這看起來是一個好的結合，那為什麼日本會好像比較很難搞。

于：哈哈。

洪：在美國很多公司賣就賣，這是牽涉到一個剛剛講的所謂，不只是殖民母國跟被殖民者好像階級差異的。

于：面子問題。

洪：這個面子問題是一個。那在日本他經營不下去了，可能夏普說，那你鴻海乎阮招 hoo-guan-tsio。你就入贅給這個夏普吧！所以夏普的名字還在，

那鴻海進來處理這是可以的。《篤姬傳》不是這樣講的嗎？這個人太好了我們就入贅給我們家，然後就可以去跟這個天皇結婚了，多好啊！那個名字還、你已經從原來的家庭跑到別人家裡去那個名字還在。夏普是一家在國際上有頭有臉的公司啊！他也希望這個名字一直存在的啊！所以如果鴻海能夠給他錢、金援他，然後進入到他這個系統讓他做起來，夏普的名字還在，那這個很難討論，好像這跟我們的臺灣的這個習慣上也不同，我這麼有能力然後我入贅給你們家，好像怪怪的，尤其鴻海是以跟別人打仗出名的。

于：驍勇善戰。

洪：驍勇善戰到一度到被認為其實是一個血汗工廠。

于：哈哈哈。

洪：打敗所有人的小血汗，他做超大型的血汗工廠！全世界已知以來最大型的單一的工廠他都可以經營起來，那對於員工的這個控制，那怎麼可能入贅給夏普。所以這個文化的這個大的差異，說不定是上次沒有成功的最關鍵的因素。你不能改他名字的，你要留這他，我相信也不會留，那問題在這裡了。那你用什麼樣一個心態來面對這個，已經有這個悠久歷史，而且國際上這麼知名的一間公司，你被他、你金援進去以後，你要怎麼樣改變他。對於日本這個長久以來的文化薰陶出來的、像夏普這樣的公司，那要考慮的、你一個很典型的例子。TOYOTA 的公司被人家 K 的時候，他們的負責人接了幾代的，跑到美國去是會哭的，為什麼？他只講一句話說，每一部車子打上我們名字。每一部車子…

于：他們很在乎這個。

洪：他在乎這個。這是面子問題啊！所以如果沒有處理的好，要戀愛成功困難度是很高的，因為文化不一樣。所以我猜、我認為不僅僅是這個殖民國跟殖民母國，以經濟的事物來講那個，那個因素恐怕還是在。但是這一點是企業文化，這兩個公司的企業文化，恐怕才是最大的難度之所在。

于：那近期又開始，就是這樣的有這樣的資訊出來，最主要的就是因為

洪：一個還是欠錢啊！

于：缺錢嗎？

洪：一個還是希望有一個，所以我們剛剛在討論說，預測一下他們到底會不
　　會戀愛成功？

于：那兩位老師是怎樣預測？

洪：我們都很想問問主持人耶，我們在這邊談了很久了，你的《地球脈動》
　　也脈動很久了，你覺得這個婚姻能不能成功啊？

于：我覺得

施：會不會在一起？

于：我覺得可能還是不會，因為聽老師這樣講了之後……

洪：你不看好他們的未來。

于：對，因為太多障礙了啊！一個從文化一個又從經濟來幫我們分析，這樣
　　聽來好像就是、要真的可以牽手走在一起，我們都說這個

洪：可是互相需要啊！

于：可是就像談戀愛是兩個人的事，可是要結婚就是兩家子的事，這個背後
　　要考量的因素可能又更深更廣了。

洪：對啊！你這樣說的就指出我們剛剛講的，如果在一個比較西方文化的概
　　念上面，公司不是屬於個人的，但是在日本裡頭公司是屬於家族的，相
　　同的臺灣多多少少也有這樣子啊！我們傳給下一代子孫、日本其實這一
　　點還比較少一點，他們還會把幹部換成是自己的所謂義子。

于：家族的人。

洪：契囝 khè-kiánn 這樣的方式入贅到，或者是名字改成他的。

于：這麼嚴重？

洪：娶了他們家的女兒也有，嫁給他們家的兒子也有啊！那個公司的名字還
　　在的，只是一個很有能力的幹部進入到這個家族，看看《篤姬傳》就是
　　這樣啊！一直在敘述這種故事，那這個是他的文化。

于：所以說、等於說像日本的這個企業文化他的經營，等於說除了這個做生
　　意的關係他也希望建立一種像是親戚之間的那種血脈的關係，讓你優秀
　　的人怎麼樣斷都斷不了。

洪：這個當然是一種經營的手法，把人才變成是自己家裡的人，其實忠於自
　　己的家族，所以那個永久雇用制才這樣出來的啊！挑選較強的人作幹

部，這是他文化的特色。

于：沒想到我們從這個兩家跨國的企業想要來進行合作，也可以聊出，哇、好有趣，背後有麼多，不管是文化層面還是經濟層面，甚至是各國對於公司經營的不一樣的看法，那這個也是我們節目上的這個分析跟臆測。最後兩家到底可不可以手牽手步入到紅毯的另外一端

洪：再說一次，你覺得？

于：我個人覺得可能就是前途需要去經過多重的……哦……挑戰。

洪：這樣子，如果我建議的話就是到媽祖廟 Má-tsóo-biō 前面

于：跋桮 puạ̍h-pue 嗎，呵呵。

洪：跋桮 puạ̍h-pue 決定就可以了。

于：是是是，那我們後續這個兩位、兩家、到底要怎麼樣來進行合作，抑或者合作成不成功了，我們就靜待來看這個後續的發展了。好的、今天因為節目的關係，我們要請兩位老師跟大家說掰掰了。那當然了也要來預約下周我們空中見來聊國際大事，謝謝兩位老師！

洪：謝謝，再見。

施：好，掰掰。

(End)

第 13 集

104.03.31

〈全球化的時代帶您掌握國際時事關心全球動態歡迎收聽地球脈動〉

片頭：聽眾朋友午安，歡迎收聽今天 3 月 31 號的《地球脈動》，我是于庭。

單元一開始先帶大家來關心上周的國際大事：

馬英九總統前往新加坡參加李光耀家族追思活動

博鰲亞洲論壇開幕，兩岸共同市場基金會榮譽董事蕭萬長向中華人民
共和國國家主席習近平表達臺灣加入亞投行的意願

沙烏地阿拉伯對葉門的青年運動叛軍發動空襲導致布倫特原油躍升將
近 6%

日本海上自衛隊最大的艦艇「出雲」號正式服役，該戰艦將超越二戰
時發動珍珠港事件的航空母艦蒼龍號及飛龍號

和記黃埔公布以九十二點五億英鎊收購英國電訊公司

網絡搜尋公司 Google 以天價的酬勞高新挖角華爾街摩根士丹利財務長
波拉特，將擔任 Google 的相關財務工作

稍待一會兒單元當中將帶您來關心這些國際大事的發展脈動。

于庭（以下簡稱于）：好的，現場時間是下午的兩點三十二分、午後陽光第二階段，我是于庭，在空中陪伴大家到下午的三點鐘。每逢星期二的節目後半段，都會邀請高師大地理系的老師們，來這個節目當中跟大家分享這個國際大事。以及國際大事、他這個所形成，以及所造成的影響，到底對我們的這個、譬如說對我們的生活，對我們所觀望的國際經濟有怎麼樣的一些，哦先行的預測的這個哦趨勢、來讓我們理解一下。那今天在這個節目現場的是高師大地理系的洪富峰老師。那施雅軒老師有事，就是告假一次。那今天就由洪老師來跟我們一起分享上周的國際大事，以及一些這個重要的國際大事他背後所隱含的意義，我們先請這個洪老師先跟大家問聲午安囉！

洪富峰（以下簡稱洪）：好，主持人、各位聽眾朋友，午安！

于：洪老師，剛才于庭在這個節目的片頭有來做一下上周國際大事的這個回顧，那是不是也請老師來幫我們稍微的說明一下這幾則國際大事，他這個有怎麼樣的影響，或是說他背後有怎麼樣的意義？

洪：好的，那第一則就是我們的總統去給新加坡的資政，就是他的創國非常重要的一個人、李光耀先生，那為什麼他是重要，因為你在臺灣其實經常會有人說：新加坡能，為什麼我們不能？

于：就把我們跟新加坡比就對了。

洪：那「新加坡可以如何如何，為什麼我們不可以」。那我們對於李光耀先生的這個一生的執政，或者是他對臺灣的關係，那是密切互動的。那曾經有個故事就是，李光耀先生來拜訪臺灣，那跟前總統蔣經國先生在某一個地方用餐的時候，那個李光耀就走過一個小路，然後去跟對面在那邊擺攤子的一個那個歐巴桑講話，那一直沒有回來，蔣經國總統就覺得奇怪啊！

于：對啊！怎麼想做什麼

洪：對啊！他都不回來他就過去。結果他就過去了聽到這個李光耀先生在跟當地的那個賣菜的歐巴桑，用「閩南話」交談。那據說這個故事，那個蔣經國先生是非常震驚的！

于：很 shock！

洪：我來自於新加坡的一個，我們的盟邦的朋友，他用我聽不懂、或者是不太熟悉的語言跟我的人民講話。當時的情境是這樣。這種當然聽起來有一點點有趣，但是也可以反映出李光耀的這個人。

于：恩恩，很親民。

洪：而且他懂得你的語言，而且他知道在各種的場合怎麼去了解你。那我聽過的啊！這個像高雄的中鋼也是因為李光耀先生的推薦，才有趙耀東先生來籌辦中國鋼鐵。就在高雄。那今天還變成高雄一個非常重要的一個基礎建設跟公司。所以為什麼李光耀很重要？我想很多的故事，我們只能簡單說。重點就是李光耀。那第二則這個「博鰲」開幕了。我們好像派出去的代表被對待的不是如我們所想，但重點其實是「亞投行」。那這亞投行最近變得非常的熱門那稍微談談，其實中國的願景是中國夢的一個戰略的部屬。那為什麼這麼說？因為中共在十八大的時候提出「兩個一百年」，到 2021 年他們建黨一百年的時候希望達到中國是一個小康的社會，到 2049 年的時候這個建國一百年，中華民族要偉大復興啊！所以包括這個所謂的「一帶一路」的這種佈署啊！還有這個這次談的「亞投行」，其實都是為了指向這個戰略目標而做的工作。

于：所以等於說這個戰略目標其實很明顯的，就是要跟這個

洪：美國所主導的「亞洲開發銀行」。

于：來算是對抗就對了。

洪：對抗一下，當然事情還沒那麼容易，因為過去你去別人家裡做各種的建設，或者做各種的設施，好像補助、購買都很容易。可是一旦變成一個跨國的銀行，他是有國際的各種的規範的，就會從比較單方面的變成多方的，那多方的就要遵守多方的國際的規範啊！

于：限制也多。

洪：那其實這也是一個轉型的方式。那真正變成是一個國際上的領導者，像

這個二十世紀的美國，有人說二十一世紀會變成中國人的世紀對不對。是不是臺灣是其次。不過這樣的一個想像就帶出了這次的亞投行的一個戰略的部屬，目的在這裡。那第三個就是沙烏地阿拉伯跟葉門的這個開始、叛軍發動空襲這個事情。那油價的升漲，我們其實在這個節目一直談到「宗教」是現在衝突非常重要的原因啊！這個是他內部兩個派系的衝突，就是我們在節目當中也談過的，那個不同的派別，那隨著那個勢力的擴充……

于：對，領導者不一樣。

洪：那就、彼此就打起來了。這個是悲劇已經不知道多少年了、上千年了，繼續上演啊！那第四則這個日本海上自衛隊用這個「出雲號」，因為大家聽到這個都會擔心，但是各位想像如果中國也開始強盛，而且在釣魚……

于：釣魚臺這邊。

洪：打「臺」這邊跟日本有一些爭論，反倒臺灣的角色不見了，這個很特別。雖然我們也號稱他也是我們的，那不過在這個過程當中似乎很有趣的是，這是冷戰。

于：所以大家都是……就是只示威但是不動刀動槍。

洪：看起來不太、看起來不會動，可是花很多錢。那一艘這種輕航空母艦啊！這個還不到大航空母艦大概輕航空母艦的這個規模，他其實要花這個一千多億的日幣啊！

于：一千多億這麼高！

洪：我看資料好像寫著一千兩百多沒有記錯，製造一艘戰艦就要花一千兩百億，那你想想看花這麼多錢可能只是威嚇別人而已，就像冷戰是備而不用的，一但開打誰都受不了的，可是就要比比我的拳頭有這麼大。

于：就是要把我家有的武器都放在家門讓你看就對了

洪：那這樣不是很愚蠢嗎？呵呵，花了這麼多錢。

于：可是各國都是這樣做的……

洪：對對，連本國大概也是免不了。那這個前面四則、狀況是這樣子。

于：那接下來請老師比較仔細來跟我們作這個分析的有兩則訊息。首先要來

看到的是在這個，香港的這個公司「和記黃埔」，他以這個大筆的收購的基金，應該說是合併的基金，買下了一個英國的電訊公司。到底為什麼這個要來買電訊公司，這背後有什麼意義請老師來幫我們說明一下。

洪：如果各位理解這個「和黃」這個集團，就「和記黃埔」，那過去也叫長江實業，本來用長江後來用和記黃埔。他其實他不熟悉的人如果你們家附近有屈臣氏。

于：就是跟他有關係。

洪：就是他的系統。

于：是。

洪：就是香港來的公司，就這個創辦者是李嘉誠先生，他其實他的事業很大，他除了做港口，比如香港有一些港口，還有長江在上海，那甚至跨國到別的國家去有一些港口的碼頭的營運者，都是屬於這個和黃集團，他也做房地產啊。

于：他也做房地產？這麼多角化。

洪：在中國做了很多房地產，他最近據說他從中國出脫了很多房地產，開始這邊可能減量，那他也是有電力公司的，他也作生命

于：電力公司也……

洪：他有電力公司的，他也做生命科技的研發啊！

于：這個！

洪：他也有做，他也有電訊的這個控股公司啊！那這次的這個採購、這個合併，其實是把別人的公司併過來，基本上是做流通電訊跟這個數據、大數據，數據的服務的，他已經走到一個國際上跨國的電訊流通的時代了，而且要儲備很多的通路，那你看他原來做港口的服務，做各種的這個房地產、電力，做那個銷售啊！在流通業來講現在不是流通實體吧！是流通數據。

于：數據資料就所謂的這個 Big Data。

洪：概念上是這樣，這其實都很大耶。我認為他是華人最有錢的人是因為他的員工有二十八萬人，服務五十個國家以上。

于：五十個國家。

洪：這可以用「富可敵國」的這個概念。但是「富可敵國」我覺得是不是一個適當的，好像我們很喜歡用財產的多寡來衡量一個人，我們要看他做的事業對社會，對世界的貢獻，這樣是比較合理的。那香港這個提供了這樣的一個機會，然後李氏父子他已經開始往下一代接班了，開始在交棒，那開始往歐洲去提供這樣的一個流動電訊的一個服務，看起來也是產業轉型跟營收轉換的一個方式。

于：其實從這個訊息可以看出現在好像這個所謂的跨國集團，他都不是只單一營運一個產業，像剛才我們提到這間公司香港的公司，他、你看他做這個碼頭經營商又做房產、又做生命科技、又做這個零售業，就是非常非常的多元。是不是現在的跨國集團一定要這樣做，才可以達到所謂富可敵國？

洪：這個富可敵國也有可能有人只做一件事情啊！比如說我們臺灣的公司，那個臺積電，他只做一樣而已啊！他也是資產很多啊！不見得一定是要這樣跨。但是這個這家公司他基本上是呼應了整個世界各地的生活的情形，科技發展的情形。就他在香港，你看他最早是碼頭，那香港是房地產，香港很多的從英國人這個接管香港以後，因為他要用土地的方式來開創價值，所以填海造陸，所以香港有一段時間填了非常多的這個陸地，因為他是個島。

于：造陸就對了，海埔新生地。

洪：海埔新生地，他還不是新生，他是人工，人造島把他填出來，包括現在去的機場最大的機場其實也是填出來的。那房地產是重要的，他介於以整個中國作為腹地，然後英國人以香港作為轉運站，他需要很多的空間所以香港地價非常貴。然後做房地產，這個和記黃埔的原來這個李嘉誠創業的時候，這個是重要的，港口經營、這個港口的服務，所以從這裡、轉到現在的沒有實體的流通。

于：對，轉到一個電子資訊的

洪：的脈衝，用脈衝的方式來連動這個世界，開始的時候讓你貨物流通，

于：實體東西的。

洪：現在走到非實體的流通。

于：這樣的轉型對他們這個企業有怎麼樣的幫助嗎？是……

洪：看起來是追到現在世界經濟的潮流。以前那這個硬體建設的人可以創造很大的財富，比如說造汽車的、煉油的，現在漸漸轉向搞一個電子的產品，搞軟體的他就賺大錢，所以服務的形態經濟的模式也在改變。然後過去在一個國家就可以了，或是幾個國家就可以了，現在不是現在你要用，像我們這個節目是也很大，叫「地球脈動」，是整個地球在轉的。所以我認為這個和記黃埔開始在歐洲加上他的流動電訊跟數據的這個服務，應該是他評估之後非常審慎的一個抉擇。

于：等於說他從以前的這個實體，所謂的以物易物的這樣的一個狀態去這樣經營，但是到現在開始走這個數位化、走這個數據。

洪：我想其他的還是在。

于：其他還是在，所以只是一起。

洪：還是在啊！這個集團很大耶！我都一下子還沒有辦法搞清楚他行業的內涵。那只能從比較大範圍的說，那個實際的統計說，二十八萬人。你想像一下如果你的公司有二十八萬人，那會是一個什麼樣的狀況。

于：他的顧客群一定更大，所以他掌握顧客群，但是他現在又要來掌握這個電信業。

洪：他只是進入，這個都要跟別人競爭的。

于：但是他的這個所謂的客戶的資料是很大的。

洪：但是創業者就是要去競爭的，他也可能虧本的，他也可能在這個地方作失敗了然後虧了很多錢。這是可能的。經濟事務沒有保證贏的。

于：是，只是這樣的一個跨足另外一個產業，也顯現出剛才老師所提的世界經濟的新潮流。

洪：而且我覺得這是創業者，這是、通常在第一代的創業家比較有這種，敢於拼鬥的這種精神。

于：勇氣很大就對了，跨業也不怕。

洪：就是看的準，然後去投資，然後經營這樣一個行業，希望在這個行業變成全世界最大。

于：是，但是從這樣的一個資訊可以看的出所謂的這個跨國企業他們的這個

服務的範圍真的是越來越大了。

洪：是，國家的界線已經

于：打破了。

洪：越來越被這些跨國企業的服務取代了。像我們生活情景上你會碰到、你買了什麼東西，但是其實好像也沒有經過海關，他直接就郵包就寄過來了，那你就收到這樣一個產品，以前就要通關的啊！這會越來越多啊！買、買一個貨品很像是寄一封信來。那以後甚至是買你整個 Project 的構想，就用一個傳送的方式，就傳輸到你的收、收這個信的這個

于：收他的這個，伺服器裡面。哇，所以這樣可以來說，我們世界經濟的轉型真是越來越、可以說是什麼，進入一個看不見的世界吧，就是所謂的這個世界經濟的流通越來越虛幻，但是他所創造的這個經濟價值又越來越高了。

洪：他還是要實體啊！不過虛擬的這個部分扮演的角色，越來越重要。

于：比重越來越重了。

洪：對。

于：所以從這一系列的，應該是說從這一個個案當中，我們也可以來反思一下是不是在我們的生活當中，在臺灣的這個世界，以及跟臺灣有互動的一些國際的企業當中，是不是也看到像這樣多角化經營，甚至從實體轉到這個虛擬產業的發展，這些都是我們聽眾朋友可以來關注一下，可以來掌握一下。所謂世界經濟的脈動，到底是要從哪個方向要流到哪個方向去，很值得大家來探討。好的接下來我們來聽一首這個好聽的廣東話歌曲，接著回來這個再跟老師來分析下一則的這個國際大事。

(音樂)

于：好的，現場時間是下午的兩點五十二分、午後陽光第二階段，今天的《地球脈動》，在節目現場的是高師大地理系的洪富峰老師，跟大家分享上周這個主要的國際大事。接下來要請老師來幫我們談談的這個網路搜尋公司啊，開出了所謂的七百萬元的天價的這個籌

洪：七、七千。

于：七千萬，少一個零，少一個零差很多。

洪：哈哈哈，差很多、差很多。

于：七千萬美元的天價要來

洪：差九倍。

于：哈哈哈，要來聘請一位這個，原本是在華爾街做這個財務長的一位女性的這一個女士，來擔任這家公司的財務工作。為什麼他會要這樣高薪挖腳？係按怎，是他們公司的財務有出問題嗎？

洪：先說個擦邊，插花一下就是，其實于庭會這麼興奮說錯，是因為女性可以有這麼高薪。

于：沒錯，呵呵。

洪：沒錯，我看到了你講這個、因為女性的時候眼睛都 Bling Bling 亮起來了。

于：當然我們這個，當然要為這個女性朋友來爭取更多的權益啊！不過這個也是要請老師來談一下說，是按怎這一個七千萬美元的天價來聘一位財務長？

洪：其實她的年薪，因為現在的 Google 的財務長應該要退休了，媒體報導說她好像時間到已經變不出新把樣、新把戲了吧！也許是這樣，因為選擇退休，其實她年薪是一樣的都是六十五萬美金。

于：沒有變嗎？

洪：六十五萬。年薪。那如果根據這個揭露的合約，如果她做滿一年那她簽約金五百萬就會給了，她做滿一年，而且她還有兩千五百萬第一年的股票選擇權。這個要稍微說一下，股票選擇權就是你要達到一定營運的績效，你才能夠拿去賣。

于：績效。

洪：就是你才能夠獲得這筆錢了。

于：算是績效獎金就對了。

洪：類似這樣，可是是用股票的方式。他是限制你的你不能隨便賣的，你要達到一定的標準，她一定有簽了合約，這個合約是這樣，第一年是兩千五百萬，如果做滿一年到第二年就變成四千萬。

于：哇！

洪：所以現在講的就是四千萬加上兩千五百萬，加上簽約金年底的時候做完五百、等於七千萬。是這樣來的。可是她基本的薪水年薪還是這個，跟原先的現任的第一年一樣六十五萬美金，她六十五萬還比她被挖去的那個公司還要少，她現在在 Stanley 的那個年薪薪酬是一百萬耶！

于：那這樣的大動作到底背後有怎樣一個意義？

洪：我們剛剛講的和黃的集團，他要去併購別人的公司，然後他的他是、股票，如果按照市值來看都是好幾兆的，這樣的數字。當然我現在講的是香港是用那個香港的港幣來算的，那這些這麼大的資金動來動去，那個是只要是差一點點就差很多了，所以財務長的腳色非常重要。這個投資會不會賺錢，財務長要評估的。他看你的……、看經營者，我們經常會講說執行長，執行長是專門在負責業務的。

于：CEO。

洪：CEO。還有個很重要後面在處理金錢的。你 CEO 很會營運啊！營運就虧本那怎麼辦？投資錯誤怎麼辦？所以整體的你像前面講的那個跨國企業，這麼多的部門合起來，要不要單獨讓他出去，還是要把他併進來？這個其實都要精算的。

于：都是要歸咎、歸這個

洪：財務長。

于：歸這個財務長要來做是不是。

洪：如果做這個事情，其實也可以預計他們未來在財務方面也會有大動作的，因為他從華爾街去挖

于：他們公司裡面，對。

洪：企業搞這個技術的，矽谷去挖華爾街的人，所以相信是越來越重要，其實有一則消息更有趣的就是陳凰鳳這位陳會長。

于：陳凰鳳？

洪：她是臺灣越裔的協會的總會長，她現在還是政大的講師，Google 向她徵才。

于：邀她去上班？

洪：邀她徵才說要臺灣居民、母語是要越南語，而且做語言工作經驗的分析
　　師跟專案經理、資料分析師，很像，而且工作地點在臺灣、在新加坡我
　　們剛剛講過的李光耀先生的新加坡，偶爾要去倫敦，這是開出來的條
　　件。Google 也是要邁向越南的，結果取經臺灣。你可以，我很想把這兩
　　個消息併在一起來談，這個就是今天這個地球脈動的方式在影響我們。

于：真的，所以從不管從這個，算是這個財務長的換人，或者是說跟這個

洪：Google 在臺灣要臺灣越裔。

于：越裔、越籍的。

洪：臺灣居民，但是母語要是越南語。

于：等於說他的市場要越來越大對了。

洪：他要看越南的市場，他在指向越南，而且他就做專案經理、做資料分析
　　師，跟前面「和黃集團」在做數據不是有異曲同工之妙嗎？

于：真的。

洪：看起來是、同個系絡的工作。

于：剛才這個老師也幫我提到，就是在這個聊天的時候提到，所謂的現在的
　　這個產業的模式有兩個，一個是矽谷模式、一個是華爾街模式，我好想
　　要知道……

洪：這是溝通。科技界的人在溝通的可能為了想出一個新的方案，創新一個
　　新的產品，需要慢慢磨、他要咖啡廳去喝咖啡、喝下午茶，然後公司上
　　面有這個圖書館、有這個休閒的，什麼都讓你用，慢慢來。但是華爾街
　　模式是分秒必爭的，你的股票少個一分鐘，糟糕，跌下來或漲上去了你
　　沒有跟到，或是選擇錯了的方向，公司是會倒閉的。

于：是會倒的。

洪：一下子就、一下子就砍了百分之三十的，是可能的，所以他的溝通模式
　　是不一樣的。但是在財務的操作這一塊，看起來已經貫穿了，不論是科
　　技的或是金融的，財務越來越重要了。

于：哇！從老師今天跟我們分析的這兩則這個國際，算是經濟上的這個重大
　　的資訊。我們都可以看到所謂國際經濟的潮流，與國際經濟的這個轉
　　向，已經越來越、就是跟我們這個生活越來越密切了。而且他的轉向真

的是都讓大家很拭目以待。

洪：是資金在流動在轉動這個地球。

于：，好的。那接下來這個國際的產業會有怎麼樣一個發展，我們就是目以待囉。音樂聲當中要跟大家說掰掰了。請老師跟大家預告我們下一次還會在這個空中相見。

洪：是的，再見。

于：掰掰。

(End)

第14集

104.04.07

〈全球化的時代帶您掌握國際時事關心全球動態歡迎收聽地球脈動〉

片頭：聽眾朋友午安，歡迎收聽今天 4 月 7 號的《地球脈動》，我是于庭。單元一開始我們先來關心上周的國際大事：

阿拉伯聯盟高峰會宣布共組一支聯合部隊因應從葉門到利比亞日漸升高的區域危機

為了因應第二十一屆聯合國氣候變化綱要公約締約國大會墨西哥承認在 2030 年以前將溫室氣體與短期氣候汙染物削減百之二十五

索馬利亞青年黨攻擊肯亞一所大學造成了超過百人以上死亡

中華民國財政部在 3 月 31 號將意向書傳真至亞投行多邊臨時秘書處表達了參與意願

美國國務院發言人發表談話，感謝臺灣同意美軍 F-18 戰機迫降台南機場並且提供維修場地

伊朗以及聯合國五個常任理事國以及德國在瑞士舉行了八天的馬拉松會談，就限制發展核武協定達成協議

稍待一會兒節目當中將帶大家來關心這些國際大事的發展情況。

于庭（以下簡稱于）：好的，現場時間是下午的兩點三十二分、午後陽光第
二階段，我是于庭，在空中陪伴大家到下午的三點
鐘。星期二節目後半段都會邀請我們高師大地理系的
兩位老師來節目當中，跟大家一起分享上周的國際大
事。不過這周因為這個洪老師有事情在身，我們今天
是由施老師在空中來跟大家見面，趕快請施老師跟大
家問聲午安，施老師好！

施雅軒（以下簡稱施）：主持人、各位聽眾，大家好。

于：老師剛才我們……節目片頭的時候，于庭有跟大家來回顧一下上周這個
國際大事，是不是老師也依照慣例先幫我們來稍微的帶過一下，就是說
上周一些國際大事他們比較詳細的狀況？

施：好，那首先是拉伯聯盟高峰會他宣布要組織一個聯合部隊，最主要是要
針對葉門到利比亞現在的這些戰事的戰亂。那之前我們有提到美軍撤出
葉門，他埋下了某種的伏筆，那現在這樣的伏筆其實已經看的很清楚
了，其實他要、他退出，其實是要某個程度的區域混亂，然後讓當地的
人去解決這個問題。

于：就是自己的……

施：你不要再靠我，你不要再靠我美軍了。你自己想辦法去解決。然後所以
當然要成立一個四萬人，這其實是很大的一個跨國的部隊，能不能運
行，這就涉及到遜尼派跟什葉派是不是有心去和解的一個問題。那這個
以後我們可以繼續的觀察。那再來是墨西哥承認，不是、承諾 2030 年溫
室氣體降低，這個其實要因應秋天在巴黎辦的，一個所謂《氣候變遷綱
要公約》，他是第一個開發中國家提出來的，真的要落實的。這個是很
不容易的一件事情。為什麼？因為你要喝止溫室氣體，你首先有可能就
會損害本國的工業發展，比如說我們現在引以為傲的中鋼，他就是要加
熱，他就會釋放溫室氣體。你的中油，要煉油，你要加熱。你要火力發
電廠你一樣、這個都會排放溫室氣體的。所以你要去遏止溫室氣體在某
個程度，這些都不能做。

于：所以很多的發展中國家都不願意，對不對？

施：對，都不願意，先進國家也不要啊！像美國他就是堅持不要、就是在這個地方。然後再來就是索馬利亞青年黨攻擊肯亞，這個之前，這也是恐怖攻擊。

于：一直在？

施：一直在。等於是說他們現在很恐怖的地方是，他們其實都抱著必死的決心的。因為我看新聞是說他們身上都綁著炸彈，也就是說自體引爆，等於說殺完人了自己就引爆了，他也沒打算要活了。

于：就算是自毀就對了。

施：用他的生命等於說幾個人我換你幾百個人，然後搏全球的版面一天或兩天，現在這樣子的情形可能會層出不窮，那這個當然也是會讓這些國際大國很傷腦筋，這個不知道怎麼去處理這樣子。然後再來第四條我們的財政部在 3 月 31 號將那個亞投行的意向書傳真進去，傳真進去。那這個當然也就表達了我們參與的意願，那這個其實衍生一個問題，像我們臺灣一直在吵的一個就是「矮化」，或者說「有矮化的疑慮」，但是我的角度是矮化一定是正常的，一定會矮化你的，我在上課有時候會用到中文的簡體字書，上面只要是英文翻譯的臺灣一定要寫中國臺灣。就是原文只是臺灣而已，可是只要是簡體字的中文翻譯書，一定要寫「中國臺灣」。因為這是他們基本的方向，所以假如臺灣要加入亞投行一定會被矮化，絕對不會跟你平起平坐，可是問題是，那我們可以拿到什麼？

于：對啊！我們可以拿到什麼？

施：這個其實為什麼現在大家注目的焦點往往會失焦，其實真正大家應該要聚焦在這個地方就是說，我們可能用奧運模式、任何的模式、用 WTO 的模式我們進去了以後，那我們換到什麼？因為我聽到數據，他要拿 22 億、要拿 22 億，所以才有什麼 22 億的什麼「壁紙說」那個東西，這個都要由立法院過關才有辦法編預算的，那我們換到什麼樣的東西？這個其實是考驗著未來在臺灣在討論這個事情的時候的一個立場。

于：好的，那這個老師已經幫我們大略一下 review 了前四則的這個國際大事，那接下來要來比較深入的來講一下幾則、哦兩則的這個國際大事。

　　首先看到的是，在上周我們都知道在台南的機場有這個美軍的 F-18，算是這個黃蜂式的戰鬥攻擊機，像是這個滿先進的一個軍事的、軍事所用的一個武器

施：主力戰力、主力戰機。

于：然後他到這個台南機場來迫降對不對。然後剛才這個節目開始之前，其實于庭有大致跟老師來聊一下，其實這個 F-18 在臺南降落引發很多的這個軍事迷都到場去拍照，但是老師說，好像這個景像不是這麼的簡單。不是說他們好像是真的在飛行當中發生一些 trouble，所以必須來迫降臺灣，好像老師說這是一個愚人節，但是是有策略的愚人策略對不對，請老師繼續幫我們來說明。

施：我想以後，我們下面的討論又是在一個百分之五十的前提。

于：就一半一半對不對？

施：對，另外一半就就是我真的是想太多了。

于：哈哈哈。

施：其實根本就是真的機器壞掉。但是另外一個假如他不是機器壞掉，而是故意人為的讓機器壞掉，或者是根本機器沒有壞掉，因為從照片拍出來他是有一發動機失靈了，可是人可以關掉發動機啊！所以這個是說我們壞心眼的。

于：哈哈哈哈。

施：就是陰謀論，陰謀論，就是陰謀論這邊。**我們常常在地理學的角度常常來看一些事情，地理學的立場就是「區位」**，為什麼說我們在講這個區位會有一點問題的理由是，因為他是從琉球要去新加坡。

于：新加坡？

施：那中間他是沿著我們的東海岸飛行，我們假如現在大家有個臺灣地圖的話，那其實在訊息出來的時候他要求是要在小港機場要迫降。

于：一開始是要在高雄的小港是不是。

施：他原本是說跟民航單位就說，他機器有問題，他、從這邊開始就知道有問題了。

于：為什麼？

施：因為他就是要搞大，等於說你原本是一個軍機你要在民航單位下來，你這個就一定會

于：引起騷動。

施：對，這個從這裡就我認為就不單純了。他就是要引起大家的注意。因為假如你偷偷在軍機場下來就沒有人會知道了啊！

于：對，因為多數的人都在民用機場。

施：而且有趣的是他轉去臺南，可是我們屏東也有機場啊！我們屏東有軍機場。臺東也有機場啊！花蓮也有機場啊！也就是說他只要機器壞了他想低調的話，他只要用軍事的那個塔臺，就說啊、我要在那個地方下，都沒有人知道這件事情。所以他去臺南機場基本上，或是原本設計是要去小港機場，他就是在某個程度要讓大家都知道，那當然就回到一個問題就是：要讓大家知道什麼？

于：對，要讓大家知道什麼？

施：這個就是我們在政治評論裡面常常會猜的，那他要給誰看？

于：對，給誰看，而且那天剛好是 4 月 1 號，對不對？

施：對啊！所以站在西洋的立場、西洋的立場，愚人節就是，一切都是開玩笑的。

于：對，就是不管做什麼，一切都是可以用比較幽默的方式來化解。

施：所以有人說他是給中國示威，因為剛好他們有個艦隊從那個公海，然後剛好從巴士海峽回去這樣，所以他們要示威。可是我覺得等於說這一個愚人節演戲，因為事後大家都很和睦啊！聽說還互換臂章啊什麼的，大家都很和睦。

于：友好，對。

施：因為這些軍人基本上他就是把這齣戲演好了腳色，為什麼這樣講，因為他們都知道假如他們機器壞了，他們要下降，他們要在哪裡迫降，他們一定會回報總部，太平洋軍司令部類似像這樣子，那軍司令部也一定會給一個方向說你去降哪裡。

于：降哪裡比較好，對不對？

施：對，所以這些飛行員不會說我想降哪裡就降哪裡。

于：這不是飛行員自己可以決定的。

施：對，他不是飛行員可以決定的，因為有人會講說你可以飛回琉球或是飛去菲律賓啊！這都是沒有問題的，所以也就是說後面的老闆說，你可以去降臺灣的小港機場。所以這個就出現一個問題，我們跟美國現在沒有軍事同盟也沒有邦交國，所以他來到這個地方感覺就是他要傳達某種的政治意圖。

于：政治意圖？什麼意圖？好像據說跟前一天有關，對不對？

施：對，因為剛好我們的第四則新聞，剛好 3 月 31 號。

于：亞投行。

施：亞投行有說美國不反對，那就想說啊美國不反對啊！好，那不反對剛好又遇到 4 月 1 號愚人節演出這齣戲，那到底這樣子美國是有反對還是沒反對？因為美國是大國軍事大國，他不能動不動就說，你不認同我就打給你看，不能這樣子。所以軍事大國他要保持某種的彈性。

于：有損他的那個高度，對不對？

施：所以他就很意外的，演一齣戲啊！我的觀點是比較朝向這一方面，所以這一次 F-18 迫降的事情，大家應該都很開心，尤其軍事迷很開心，有 F-18，可是應該我們的高層的少數幾個人應該會很緊張。

于：有點驚驚 kiann-kiann 想說：來到我家門口那個囉、示威囉！

施：不是門口！已經進到家裡了，已經進到我們家了！

于：是……哇，這樣從這個老師幫我們分析之後真的覺得這個國際的一些、算是動態真的是滿有趣的。一般我們都會想到說，一般的話題是，哇！F-18 在這一個臺南機場迫降，然後我們這一個……機場這邊協助了 F-18 作維修之後，兩台 F-18 就飛回他們該去的地方。但是跟老師討論後發現，其實這後面有好多的這一個算是小小的、也不是小小，是大大的鋩鋩角角 mê-mê-kak-kak、一舉一動都是要來發散出一種政治的權力，或者是政治高度的示威，那這個就是節目當中我們帶大家來關心的，或許您覺得這樣的一個 F-18 來臺灣有另外一種方式，但是沒關係我們今天節目當中提供您這樣的一個看法來看這一則新聞。那接下來要跟大家分享這一首歌是施老師特別來跟大家點播的，這首歌叫作這個"Danger zone"。

"Danger zone"其實是相當有名的電影"Top Gun"《捍衛戰士》的主題曲對不對？那要問一下施老師是按怎今天特別要來點播這首歌？

施：這首歌是我人生勵志歌曲啊！

于：勵志歌曲？為什麼？

施：因為我在高四重考的時候，因為我那時候有個家教老師剛好讀師大物理系，所以我一個禮拜都會把我這個禮拜不懂的物理問題拿去問他，那我記得印象中是我都是跟他約六點，但是我五點就去師大的餐廳吃飯，結果一個禮拜我去一次，結果這個"Top Gun"我看了二十遍。

于：就剛好那邊就在播"Top Gun"，是不是？哈哈哈哈。

施：對對對，就是我在那邊吃飯，怎麼又是"Top Gun"？然後這樣看了二十遍這樣子。所以它後來就變成我人生勵志歌曲。

于：勵志歌曲。那經過這一段算是磨練之後，最後您在這個努力之後有進了您的這個第一志願對不對？

施：對啊！對啊！

于：哈哈，所以想必說這首歌除了這個跟我們軍事的戰機有關係之外，對於施老師來說也是有人生的特別意義，所以接下來就來聽這一首"Top Gun"的主題曲，送給大家"Danger zone"。

（音樂）

于：好的，現場時間是下午的兩點四十八分、午後陽光第二階段，我是于庭。欣賞完好聽歌曲之後我們再度回到節目現場，跟我們高師大地理系的施雅軒老師一起來聊這個國際大事。接下來要來跟大家關心的、這個議題，其實跟全球的人都有關，雖然、好像這一級的，擁有這樣的武力的國家是離我們有一點點遠的，但是這個武器所發揮的效益，或者是說他如果真的用在攻擊上所產生對於人類的這個毀滅性，是全球都會受到影響的。所以這個議題真的是全球的人都應該要來關注的。那我們先請施老師來跟我們分享一下，據說在上周，伊朗跟這個聯合國的五個常任理事國，在瑞士進行了這個八天的馬拉松的會談之後，達成了一個協

定，然後這個協定到底是什麼？

施：好，那在了解這個新聞之前，國際有所謂的核幾、核子俱樂部。

于：俱樂部，連發展核子都要有俱樂部。

施：對對對，常任理事國五個、五個國家都是有，他們是有明確是有核子彈的，這個是沒有問題，當然在研發上面以色列、巴基斯坦跟印度有可能有，那因為沒有拿來試丟，所以不知道哪個程度怎麼樣。

于：到底到哪個程度？

施：那再來就是據說可能有的，就是北韓、伊朗、南非、巴西、阿根廷還有臺灣，臺灣有研發核子武器的能力！因為在 1988 年 1 月 9 號有人叛逃，叫「張憲義事件」叛逃了，所以後來才被美國爆出來。所以有人後來講的 1 月 9 號有人叛逃，1 月 13 號蔣經國先生死掉了，就有人傳說是蔣經國是被這件事氣死的。當然這個核子俱樂部一個很大就是說，為什麼美國這些常任理事國要防止伊朗不要發展？這個其實是他們核子俱樂部的一種共識。就是說我有的東西你不能有、我才有所謂的戰略優勢啊！

于：這樣的話我的存在才較有利，是不是？

施：我才有霸權，對對，等於說你不乖我就丟你。

于：威脅。

施：對對，我就丟你。這是一個。那當然另外一個美國像這些一線的國家他會比較擔心的是，伊朗假如生產出核子武器的時候，他管控不住流落到恐怖份子的手上的時候，他有可能會拿去攻擊。

于：所以就是說有可能伊朗他不直接自己攻擊，而是被這個有心人士拿去。

施：因為假如伊朗直接攻擊的話，有名有姓就是你。就像是北韓他敢不敢拿去攻擊美國一樣。你要是拿去丟美國就知道就是你北韓了啊！可是現在會可怕的是恐怖份子！你不知道他是哪裡人然後就被、就被攻擊了。其實這個的第二點、會引起這些的五個

于：大國的恐慌。

施：大國的恐慌就在這個地方。我要喝止你、當然大家擔心所謂的就是說放射線輻射線的一個問題，所以在這個地方我們樓先歪一下對不對？我們先講一下那個卡通的《海綿寶寶》。

于：《海綿寶寶》跟這個核子武器有關係……

施：有，因為海綿寶寶住在這個「比奇堡」、Bikini Botton。那 Bikini、Bikini 其實指的是什麼？就是「比基尼環礁」，他是在馬薩爾群島的系列裡面。那美國曾經在這個地方進行二十幾次的核子試爆。

于：在這個地方、進行演習就對了。

施：不是，就是試爆。就是我做出這個核子彈到底劑量是多少，我要找個地方炸一炸，所以他就挑上了比基尼環礁來炸。

于：這邊是比較人的……

施：偏地，因為是馬薩爾他在太平洋、很偏遠的地方，可是問題是雖然那是少人，可是下面有很多的生物啊。

于：海底生物還是一樣是非常多的。

施：對啊！所以你就知道對不對，比奇堡是 Bikini Bottom，他就是在比基尼的下面的地方的生物，所以你會看《海綿寶寶》沒有幾個人正常的，每個都不正常就是這樣來的。

于：哈哈哈哈哈，哇！老師這個分析真的是太可愛了！所以說這個我們要怪這個海綿寶寶或是蟹老闆，甚至是派大星很奇怪的話是不是就要怪這個人類發展核武。

施：對對對對，他那個隱喻。因為創始者是個海洋生物學家，所以海洋生物受放射線的那個影響一定是從那個比基尼環礁這邊來的。當然另外一個我們穿的所謂兩截式的衣服就是 Bikini，也是跟這個比基尼環礁有關係啊！因為那個時候核子試爆當時候，我記得是法國的泳衣設計者，因為那時候泳衣全都是連身的。

于：都是連、這是從身體一直到這個腳。

施：一套的，對對。然後他就發明了兩截式，他覺得這個，哇！這個跟核子彈試爆一樣的偉大，所以就跟他取名字，就是 Bikini。

于：Bikini。

施：就這樣來的，所以這個都是核能的一種意外的插曲這樣。

于：那想請問這個老師啊！雖然這個核子武器跟這個海綿寶寶有很大的關係，但是它所造成的殺傷力是大家不容小覷的，不像這個海綿寶寶這麼

可愛。那想請問老師，那最後這個八天的馬拉松會談之後好像說有達成一個協議，所以這個……伊朗這邊會來暫緩做核武的產生是不是？

施：哦！主要是他開放監督。也就是說我看的記錄上面他沒有說完全停止，而是說他裡面所有的核子設備權、其實就是在監督之下進行。那當然這當然引發以色列的反彈，會認為說你給他、等於說給他一個執照可以研發核武。

于：為什麼以色列要反彈？

施：因為其實在所有的中東國家裡面擺明了就是反以色列，所以以色列也很擔心伊朗會拿核子武器丟他啊！

于：所以這個以色列已經先擔心了，就覺得說我旁邊這個伊朗來做核武是目標是我對不對。

施：對。所以為什麼以色列他也會發展核武啊！剛才我念的也有以色列啊！就是要是你們這些中東國家敢丟我，我也敢，我也要丟你啊！

于：反正就是大家一起來就對了。

施：對，但是現在就會變成說，因為以前伊朗他是不開放被人家監督的，可是現在他

于：他是私下是不是。

施：對，私下。那現在這些常任理事國認為你開放，你在那邊蒙著頭做，總比在我的眼皮底下做來的什麼

于：安全一點，對我來說比較容易有保障。

施：安全。因為我會派各式各樣的人去監控你。

于：就去了解你這樣的研發，到底最後會不會產生一些毀滅性的武器，都是在這個大國的監控當中。那想請問為什麼伊朗、因為我們都知道他做這個核武，而且是私下已經這麼久了，為什麼最近他會突然願意讓大國來介入？

施：這個也是歸功於那個油價下跌啊！我們之前在念一遍啊！「伊委俄」。

于：哈哈哈哈。

施：俄羅斯跟委內瑞拉都有拿到錢填貸款了，可是他沒有啊！伊朗沒有啊！所以基本上油價下跌已經拖垮他了，所以他勢必要做出某種的讓步，讓

他的石油可以出口了，所以（操）作油價或是股票的人對不對？就知道，油價又要跌了。為什麼？因為伊朗他所生產的石油，他又可以光明正大的拿出來賣了，那現在已經油已經夠多了，現在又一個跑來競爭、那當然油價什麼、更多了。

于：又要再跌。

施：就跟我們的高麗菜一樣啊！

于：是，所以其實伊朗這樣做、他背後，他有這樣的意願讓大國進來監督，他就是在經濟的制約上會、美國會願意讓他放寬，你的武器讓我監督，那我就不再用經濟制裁去壓你。所以等於說伊朗是迫於這個經濟的無奈，所以必須接受大國對他們這個發展核武的一個算是監督、以及背書吧！對不對？

施：對。

于：所以其實從老師這樣分析，我們可以看到許多國際上的狀況他都是有一脈相連的關係。軍事，他背後的力量有可能是政治也有可能是經濟。那經濟事件，他背後的力量也有可能是政治或軍事。反正就是所有的事情很像都是牽在一起，沒有這麼單純的對不對。除了這個海綿寶寶很可愛之外，但是其中其他的議題，不管是軍事政治啊或者是這個經濟都是值得我們來注意，來省思的。好的，今天節目當中相當謝謝我們高師大地理系的施雅軒老師，為我們分析了這麼、這麼詳細的國際大事，那也希望大家透過這一系列的分析可以對這個國際的脈動，或者是國際的權力的互動有更進一步、更深層的認識。謝謝老師！

施：好，謝謝大家。

(End)

第 15 集

104.04.14

〈全球化的時代帶您掌握國際時事關心全球動態歡迎收聽地球脈動〉

片頭：聽眾朋友午安，歡迎收聽今天 4 月 14 號的《地球脈動》，我是于庭。
單元一開始我們先來關心上周的國際大事：

第七屆美洲峰會在巴拿馬城召開，會中美國總統歐巴馬以及古巴總統
　　卡斯楚互動成為焦點
中國與越南發表了聯合公報，希望早日達成「南海行為準則」
印度總理訪問巴黎，與法國總統會談之後宣布將直接採購三十六架的
　　飆風戰機
德國國防部宣佈把已經封存的一百輛坦克重新投入使用
日本股市在十五年之後，於盤中指數出現了兩萬點
美國前國務卿希拉蕊‧柯林頓宣布將角逐 2016 年的總統大位

稍待一會兒節目當中將帶大家來關心這些國際大事的最新動態。

于庭（以下簡稱于）：好的，現場時間是下午的兩點三十一分、午後陽光第二階段，我是于庭，在空中陪伴大家到下午的三點鐘。今天是這個 4 月 14 號星期二，每逢星期二節目當中都會邀請到高師大地理系的洪富峰老師，還有施雅軒老師來到節目當中，跟大家談一下近期的這個、國際上大事的這個發展趨勢。那剛才在這個片頭上于庭有跟大家說明一下，上周有幾件國際上比較重大的事件。那接下來時間就要交給兩位老師，請他們在節目當中為我們來作這個國際大事的、算是解剖以及分析吧。我們先請兩位老師先跟大家問聲午安囉！

洪富峰（以下簡稱洪）：哦，主持人好，各位聽眾朋友，午安。

施雅軒（以下簡稱施）：好，大家午安。

于：兩位老師剛才有提到這個六則的國際大事，所以我們也是不是按照先前的模式一樣，會先從這個前四則的這個國際大事、為我們做一下簡單的這個分析？

施：好，那……我們先看前四則。基本上這四則都火藥味十足啊！那我們先看那個印度。印度他訪問巴黎，然後買了三十六台的颶風戰機，那這個其實是為了防堵中國還有巴基斯坦，因為基本上印度他沒有軍火工業，那為了應付隔壁這兩個強大的敵人，原本是這個是直接採買的，三十六台，原本他是預計要買一百零、一百零四、還一百零六我有一點模糊了，可是

于：啊！為什麼銳減到三十幾？

施：因為他要求那個設廠要設在印度，然後法國不要。

于：對啊！當然不要啊！

施：不要，不要就拉來拉去，那幹脆就是，好，我先買一點點三十六架，到底多少錢，我到現在資料還看不到，三十六架是多少、以後有資料再來進行補充。那再來就是德國解禁了一百輛這個坦克車封存。這個其實是針對烏克蘭問題的。那你就知道德國，我們常常都知道日本是很會做計

畫，可是他是學德國的，所以德國是全世界的國家裡面最會寫計畫的。

于：算是最會鋪梗這樣子嗎？

施：最會未雨綢繆的。

于：未雨綢繆？

施：比如說我們之前的世界盃對不對，德國隊就打造一個什麼、類似巴西的
雨林環境，然後在裡面練球。

于：練習。

施：對對，所以他們是最會設想萬一發生什麼事情。所以他們已經想好了，
萬一烏克蘭發生衝突的時候

于：他們要怎樣應急。

施：對，他們就要有、等於說解禁了這一百輛的坦克，就是預防這樣子的一
個情形。然後再來就是中國、越南簽……發表所謂「南海公報」。那這
個公報其實是希望達到「南海行為準則」。這個是什麼樣？因為我們都
知道南海的石油、天然氣的資源相當的豐富。所以中國跟越南其實基本
上爭奪，其實衝突不斷。那在整個越南的總書記他是比較偏向文的，就
是所謂的鴿派，那希望一切都好談。那比較難搞的是鷹派。

于：比較攻擊性的。

施：對，因為我看過資料，越南的軍機曾經從我們的太平島上空飛過去啊！
就是在試太平島也是他們的。

于：示威、示威。

施：所以這個是希望能夠達到南海行為準則是這樣子。那再來是所謂的「美
洲峰會」，乍看之下都沒有什麼火藥味，那因為我們截的時間是禮拜
天，可是禮拜一的新聞有什麼樣的火藥味，中南美洲的國家都罵美國干
涉、美洲內政，然後歐巴馬那個什麼「滿面全豆花」muá-bīn-tsuân-tāu-
hue 啊！我相信在美國總統任上歐巴馬一定會被記一筆。因為整個美國這
麼龐大的國勢，在他的任上就突然覺得什麼、怎麼美國老大哥突然會變
的這麼的可憐。大概是這樣子的回顧。

于：是，好。謝謝施老師為我們做這一個四則的國際大事的一個初步的分
析。那接下來我們要來關注的焦點回到我們的亞洲，算是我們的鄰國，

日本股市睽違了十五年之後，好像在上周，好像說在上周的這個日本股市終於出現睽違已久的兩萬點，來到了這個兩萬零六點，突破了。哦兩萬零六點沒錯，突破了兩萬大關。雖然後最後終場的收尾收是在一萬九千多點，沒有在兩萬多點。但是這對於這個日本的這個整體經濟，還有對於所謂的這個安倍經濟學來說好像就是打了一記，正、正增強的強心針。那接下來我們請這個洪老師來幫我們講一下，係按怎這個日本即便 3 月還是有人在唱衰 sue，怎麼會到了 4 月中就突然翻盤了，股市居然可以上達兩萬多點？是有發生過怎麼樣的一個狀況嗎？

洪：我們這個節目其實也談過安倍經濟學，那也談安倍三支箭。那簡單講安倍三之箭其實就是：金融政策很大膽、那財政政策機動的，那接下來就是投資。民間也要投資、國家也要去 push 投資。那如果懂得經濟學的人大概都知道，投資其實就是國內生產總值 GDP 的非常重要的項目。你可以把你「消費的」、你「投資的」、以及「政府的支出的項目」，再加上「進出口淨值」就是你 GDP 估算的四個大的項目。那這個投資、民間也開始投資，然後政府又這麼多的這個財政的鼓勵、政策的鼓勵。錢又這麼多，就一片的榮景了。所以即便會出現有人唱衰 sue 他，日本不可能沒有人唱衰 sue 的，因為他的鄰國國家除了臺灣跟他好一點，每個人都跟他不好。

于：哈哈哈哈。

洪：不論是韓國、不論是中國、俄羅斯等等跟他都不好！只臺灣對他好一點點。我們也看見，其實臺灣有一些人是不爽日本人的，所以是對日本唱衰 sue 是很正常的。這個亞洲、東亞區的現象。那這支安倍三支箭，其實我們、我比較想嘗試從這個、三支箭當中的地方選舉……

于：地方選舉？

施：在 4 月初日本有一個那個地方，就大選舉的初步的開票的結果，其實執政黨都大勝啊。他們在一些縣的知事，在四十一個這個道府縣的議會啊，都過半、都過半以上。他們跟這個公明黨的合作的這個執政的團體都過半，等於是選舉贏了，所以選舉贏了表示兩個，一個是安倍的政權更穩固，那安倍的政權更穩固，其實這個穩固的基礎是人民投票。同意

這麼做啊、同意你的政策吧!

于:有共識來接受了。

洪:就是你的中央做的好,所以你的地方我們也同意你這樣。所以你這樣某種程度來講的話,所以安倍經濟學的三支箭激勵了日本人,所以他的政權穩固了。政權穩固對於投資人來講是必須的。

于:好事。

洪:一定要有的。沒有人會對一個地方不穩定的做投資的。

于:哈哈,沒錯。

洪:那第二個,不要忘記是 2020 年的時候日本要在東京辦奧運會了。那最近有一個消息不是很多人都跑到日本看櫻花,去看的他的很多的旅遊景點啊!其實日本人在去年就開始喊,2020 年的時候他的目標要達到兩千萬人,在去年已經、在前年已經一千萬人。所以在未來這六、七年要倍增耶。所以他地方的投資要進去。那有一個有趣的故事是,有一天我看到一個新聞覺得滿有趣的,就是日本在鼓勵這個地方投資的時候因為為了防止海嘯,所以就做海堤。

于:防波?

洪:防波堤,可是防波堤會擋到景觀。

于:對,那怎麼辦?

洪:所以就形成爭論。那有一個地方出現這樣一個問題之後,正好安倍的太太

于:夫人。

洪:安倍夫人,跟在地是有關係的。人家去問。問她說這個事情怎麼辦?那安倍的太太是反對的。她說不可以蓋這個海堤,把我們的景觀、海的景觀都擋住了。

于:就是要以觀光為前提就對了。

洪:地方的景觀被一個海堤擋住了,那安倍的太太甚至問那個工程師說:那這個到底能不能擋的住那個大的海嘯?他說:大概擋不住。「那你為什麼要做?」

于:哈哈哈。

洪:這個當然是一個新聞不曉得真假。但如果這個新聞是真,也可以凸顯的

是，日本人一直在強化地方的投資，他在改造。所以這種投資其實是會幫助整個經濟的熱絡度的，那整個經濟的熱絡度被帶上來，那股票其實是反應經濟的熱絡度的。所以從這個安倍的這個三支箭，那女性也是，女性也被鼓勵要不要出來、要不要出來工作啊！最近臺灣有一個八卦消息就是，女人要不要當一個機器、生產機器？還是你應該出來工作？其實安倍經濟學有提出要加強女性再就業。就是也許你是媽媽，也許已經照顧小孩一段時間、二度就業。或者是你剛出來、畢業的時候你就趕快找工作，一方面也照顧家、臺灣很多人雙薪家庭很多人是這樣子啊！

于：對啊！很多是這樣的。

洪：我認為，我個人認為如果經濟上不能夠獨立，其實人格很難自主啊！

于：哇，老師這個講的非常的嚴肅。

洪：是，就是說你要有一定的經濟能量來維持一定的生活水準，而不是依靠誰。那我們傳統，像日本我的理解是，太太就變成是教育媽媽在家照顧小孩，那有很多看起來這個民族、這個國家的特色。那現在從經濟的角度來看就是，女性來增加他小孩子不夠的這個、能力的需求，是很重要的。

于：對啊！因為日本也邁入了這個老齡化的社會。

洪：可是問題還是一直吵啊！大學畢業生會去問一個問題啊！我們該找人嫁了做一個媽媽、全職的媽媽？還是她應該進入職場？這牽涉到整個文化的某種程度的改變。

于：從這個經濟上的一個經濟的策略，也帶動整個算是傳統的日本對於「男主外、女主內」的這個思維、要來一番的討論以及翻盤了。

洪：那臺灣很多的女性在三八婦女節的時候、婦幼節的時候就會很生氣啊！她是兩種負擔啊！既要工作而且還要照顧小孩，父母親年紀大了還要照顧父母親，都是女性的責任。這是另外的議題，不過從日本的這次看法其實、安倍把策略想到把女性投入職場的策略，某種程度是提升女性的地位。在我的看法是這樣，假如女性這個能夠因為有一個工作，她變成是可以經濟自主，

于：獨立。

洪：而且甚至是她的才華被釋放出來。其實對某個、自己的社會是有幫助

的，應該要鼓勵這樣才對。

于：那從這個安倍三箭推出到今日已經是兩年了，終於現在已經展露了這個成果。那剛才洪老師也幫我們分析了，其實這些策略當中、很重要的一點是跟這個地方說、這個

洪：地方投資。

于：對，地方投資。

洪：所以我們應該問問施老師的意見，問他說這個兩萬點是不是就會停下來，還是會繼續衝？

施：因為我是，有看一個資料。有人會懷疑這個基本面是不是這麼的熱絡，是因為有一筆資料發現日本央行 OBJ，他是既所謂年金投資基金、第二大持股機構。等於說他市值、他持股的日本股市市值是十兆日圓。也就是說日本央行自己也買股票。

于：那這樣的意思是說，裡面的人自己來操作的意思囉？

施：所以有人會懷疑這個基本面是不是真的這麼熱絡。因為這個變成說官方花錢實鈔票買股票，就是把他推升了，所以有人會懷疑這真的有這麼熱絡嗎？

洪：不是就是要告訴你、他就是這麼熱嗎？他就是沒辦法寬鬆、就要讓他很鬆啊！很多錢啊！錢太多、日本錢這個、淹了日本四島啊！

施：淹腳目這樣子。

洪：對對對。

于：其實從兩位老師的觀點，我們可以看出、對於一個經濟的面向，大家的這個切入的點都不一樣，不管怎樣這個安倍晉三的三箭、他到底這個實質的成效是什麼，至少目前我們看到是日本股市出現了兩萬點。那我們也期待，後續會不會有更好的一個股市上的發展，我們就期待後續的這個狀況怎麼來演變囉！好，接下來，我們先來中場休息一下。

（音樂）

于：好的，現場時間是下午的兩點四十九分、午後陽光第二階段，我是于

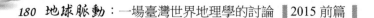

庭。今天 4 月 14 號星期二節目當中，邀請到了高師大兩位老師，洪富峰老師以及施雅軒老師來節目當中，跟大家來討論一下這個國際大事的動態。那剛才我們從這個日本的新聞中聊到，到目前安倍晉三很用力，很這個用心的就是在推說這個日本的經濟的提升。其中有一個政策就是鼓勵女性朋友要投入職場，來爭取這個職場當中的一些經濟的角色。那從這個日本的狀況是這樣，就是開始要來扭轉女性在職場上的地位，那我們把眼光放比較遠，我們來到美國，在美國在上周也發生了一個算是滿大的新聞，也就是希拉蕊·柯林頓她宣布要來角逐 2016 年的總統大選。這算是應該算是美國歷史上第一位，如果她成功的話會是第一位的這個總統的女性候選人。那這樣的一個趨勢，以及希拉蕊接下來的動態，我們就接下來就要請兩位老師來為我們做分析了。我們先請洪老師！

洪：我先講到了，這個重要的讓……

于：哈哈哈，老師太謙虛了。好，來，請。

洪：這個希拉蕊·柯林頓其實不是新人啊！

于：對，她是八年前就想要來選了。

洪：對，而且你看她的發展的背景，她是個成功的律師。她是做過第一夫人，也做過、自己選過參議員。那歐巴馬也把她當作國務卿。從國務卿的任內下來，然後準備選這一次的總統。那她已經六十七歲了，而且她是個女性。那這個角色其實很顛覆我們一般對於政治人物的看法，那我覺得一個阿嬤級的一個人來擔任這個美國總統，說不定是一個賣點啊！那美國人會不會接受一個白人阿嬤來擔任總統，其實這是一個試金石。那我願意從女性的角度來看，從女性主義的角度來看的話，其實這麼一個優秀的女性，過去有一個笑話就是柯林頓跟她，就是過去她的總統先生跟她在加油站的時候，那加油站的老闆，加油站之後、加了油之後，希拉蕊跟他的先生說：那是我以前的男朋友這樣子。

于：舊情人。

洪：那柯林頓就說：吼！還好你沒有嫁給他、嫁給我，要不然總統夫人就不是她了，這樣。那希拉蕊說：不！如果我嫁給他，他就是總統了！這當然是在調侃諷刺希拉蕊太強勢了。她已經超越她在柯林頓當總統的時

候，她也提出她想要在那個健保，想要在照顧上面跟她有相關，當然是鎩羽而歸，可是從她的這個二、三十年多參與公共事務，她其實是一個有影響力的人。她其實相當的聰明啊。也符合現在我們對政治人物的期望。所以我覺得如果她能夠順利當選，其實也展現了一個人類社會的一個層次。一個阿嬤來當總統！各位覺得怎樣，聽起來是覺得？

于：以女性的角度來說當然是很不錯啊。那這個施老師對於「我們」這一個希拉、不是我們，是「美國」的希拉蕊。

洪：都已經變成我們了，你看本國都已經變成美國的了。

于：不是，我們，就是站在這個「女性」的角色來看。

洪：原來如此！

于：哈哈。

施：因為在我們在談這個「後殖民」，後殖民這樣子的一個層次的一個文化議題上面，就是這個**全球的秩序由這個三種人所控制**。

于：三種？

施：三種人所維持住的。一個是「資本家」，就是有錢人。

于：有錢人。

施：第二個就是「歐美白人」。

于：白人、白種人。

施：尤其是歐美的。第三種就是「男人」。

于：就是說要有這三個條件。

施：不是三個條件，而是說這個世界的秩序是由這三類的人

于：比較強勢。

施：所掌握住的。不是強勢，是掌握住的。啊這個就像 7-11 集點券一樣。你的點數，這三類的點數每個都各一點。那你的點數越多，你的 power 就越強。所以希拉蕊其實她要挑戰的，就像她的名字一樣。希拉蕊其實不是她、理論上我們應該叫她柯林頓夫人啊，所以那以前的物理學家、居禮夫人，叫什麼？沒有人知道啊！都叫她居禮夫人。所以那麼推到過去、應該都叫她柯林頓夫人。沒有，我們叫她希拉蕊。這個其實已經挑戰了，挑戰了某種的性別。我們傳、就美國他們傳統的一些性別的議

題，那今天希拉蕊出來對不對，之前她會鎩羽而歸，是因為她跟歐巴馬
對選。對選的結果人家會認為說這是黑人跟

于：女人。

施：女人。你二選一。結果一般的決定影響力的年輕世代，他選擇了黑人。
所以這一次希拉蕊她的宣布，她是從網路。她其實在策略上面就是要
從、她上次跌倒的那個地方、就是遠離年輕世代。她現在的策略上面要
從年輕世代開始。所以她不再，要是什麼、要是在臺灣的話，我要宣布
參選，我一定叩滿所有的 SNG 車對不對。

于：對啊！記者會啊！

施：我就講，沒有。她就躲在那個什麼、網路，我們的網路。

洪：算躲嗎？

施：也不算躲。

洪：她只是不公開。

于：光明正大。

施：光明正大在網路上面宣傳，然後讓大眾媒體來去擷取網路上面的連結，
這個就其實開始有某種的賣點的出現了。

于：那她透過這樣這個網路的策略來宣布她要參選的這個事實，最主要剛剛
老師有提到說要來抓住年輕人的選票，來扭轉這個年輕人的世代對於這
個總統候選人的看法，那……

洪：網路也越來越有趣了。美國有一個汽車文化，他們現在有一個汽車擁有
率下降的現象。那他們問年輕人。當然理由有多重。那當中裡面有一
個，就是現在寧可搭公車上網去跟朋友哈，也不要開車。

于：因為開車的時候不能、不能滑手機，哈哈哈哈……了解，所以？

洪：網路的影響力已經在、現在年輕的這個時代，變成像空氣一樣。

于：那除了這個網路來拉這個年輕人的策略之外，不曉得希拉蕊她面對的、
就是說她八年前就是在這個地方跌倒，那她要重新站起來，她還會有什
麼策略會來提出？

施：當然她現在的包袱、當然就是家族，因為她先生是柯林頓。

于：前總統。

施：所以人家都認為說：其實是妳會藉由……其實這個就已經很男人了。就
　　是說妳為什麼可以上來就是因為妳老公以前是總統。所以在有人在研究
　　她的經營團隊，全部都有什麼以前柯林頓競選團隊的影子進來。所以家
　　族、家族她如何去挑戰，以及打破家族。那當然其實共和黨，好像另外
　　一組候選人也類似這樣一個情形。所以這個只是一個起點，後來應該一
　　年、最近的一年半，這個議題應該會陸續會發酵下去。

于：所以目前的這個柯林、希拉蕊（洪：呵呵），希拉蕊‧柯林頓她要來打
　　破的這個算是以前讓她跌倒的一個致命傷。一個就是沒有親近年輕群
　　眾，然後另外一個就可能是這個政治家族世代的這個包袱。那就要看她
　　怎麼突破這兩個已經在她身上的一個既有的窠臼，那到底她能不能成為
　　美國歷史上第一位的女性總統候選人，我們就靜觀其變。如果有任何的
　　新的消息我們都會在節目當中跟大家分享。好的，現場時間已經是下午
　　的兩點五十七分囉，我們要請兩位老師先跟大家說掰掰。另外，也預約
　　下周空中見！

施：掰掰。

洪：再見。

(End)

第 16 集

104.04.21

〈全球化的時代帶您掌握國際時事關心全球動態歡迎收聽地球脈動〉

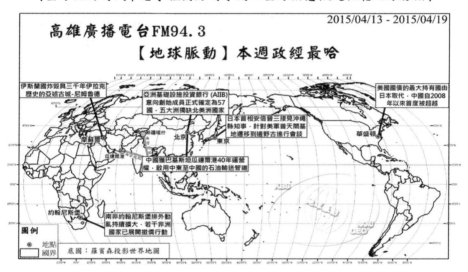

片頭：聽眾朋友午安，歡迎收聽今天 4 月 21 號的《地球脈動》。單元一開始
我們先來關心上周的國際大事：

伊斯蘭國炸毀具有三千年伊拉克歷史的亞述古城尼姆魯德（Nimrud）
南非約翰尼斯堡排外動亂持續擴大，若干國家例如馬拉威、辛巴威等
　　國已經展開了撤僑行動
美國財政部發布的國際資本統計數據顯示，日本的持有額在 2008 年再
　　度超越中國成為美國國債最大持有國
亞洲基礎建設投資銀行意向創始成員正式確定為五十七國
日本安倍晉三在首相官邸接見了沖繩縣知事，針對美軍普天間基地遷
　　移徙到邊野古進行會談
中國獲得巴基斯坦瓜達爾港四十年的運營權

稍待一會兒節目當中帶大家來關心這些國際大事的最新動態。

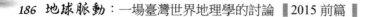

于庭（以下簡稱于）：好的，現場時間是下午的兩點三十分、午後陽光第二
階段，我是于庭，在空中陪伴大家到下午的三點鐘。
星期二節目後半段都會邀請到高師大兩位老師，跟我
們一起來談這個國際大事的一些發展的狀況。那剛才
在這個節目的片頭，于庭有為大家初步的大家來關心
一下，上周比較重要的六則國際大事。那現在我們就
有請兩位高師大的，洪富峰老師以及施雅軒老師，帶
大家比較深入的來看這幾則國際大事，先請兩位老師
先跟大家問聲午安吧！

洪富峰（以下簡稱洪）：好，主持人好、各位聽眾朋友，大家午安！

施雅軒（以下簡稱施）：大家午安！

于：老師我們剛才有提到，前面有幾則的這個資訊，那今天也會這個來帶我
們來 run 一下嗎？

施：好，那我們快速的回顧一下。那伊斯蘭國一樣扮演一個破壞的腳色，但
是他這次是破壞一個三千年以上的古城，所以他又搏版面了，**OK**。那第
二個南非威尼斯堡發生經濟的動亂，那因為是因為經濟的不好，失業率
百分之二十幾，所以把他的憤怒遷怒到別的國家。但是有趣的事是遷怒
馬拉威、辛巴威的一些非洲國家。

于：對啊！為什麼……？不是我以為是，排的是就是屬於說白種

施：歐洲白人。

于：對對對。

施：不是，因為這些人也搶了他們的工作了。然後再來就是亞洲的基礎銀行
意向創始會員國已經確定是五十七個了，那這個在臺灣也引起了一些波
瀾，那因為時間不夠我們就不討論這個了，我們以後有機會再來討論。

于：好。

洪：時間不夠沒有申請。

于：哈哈哈，好那接下來是

施：第三個，然後美債，日本重回到 2008 年以來的第一名了。也就是說最近

中國一直在賣美債！換現金。那這個其實後面會有怎麼樣一個政治效應，以後我們再繼續的追蹤。

于：好，那接下來我們比較要來深度探討的是說，這個安倍晉三、日本的首相他近期在他的官邸接見了沖繩縣的知事，也就是所謂的沖繩地方，就是父母官就對了。那兩個人見面要來幹什麼、是要來做什麼？是來針對說在沖繩這個地方有一個美軍的「普天間基地」，那這個基地其實要來遷移。這個事件、這個議題好像已經吵了有一段時間了，不過近期是這個安倍晉三加上沖繩縣、沖繩縣的知事面對面來嚴肅的討論這個話題，但是好像發現日本中央跟日本地方的這個共識是有落差的，是不是要請兩位老師來幫我們講一下這一件這個大事。嗯，他對於我們這個國際上的發展有什麼樣重要的影響？

施：好，那有個先備的新聞，那沖繩縣知事、縣知事他還沒見安倍晉三之前，他先去北京的、他去見習大大的。所以現在其實沖繩的問題已經國際化了。他已經不單單只是日本國內的問題或者是美國美軍的問題，他現在已經有中國的腳色進來了。

于：又介入了。

施：對，也不是說又介入了。而是說在整個沖繩的問題上面，為什麼他的問題我覺得是未來的東亞、以前我們講的東亞的幾個爆點，**一個是兩岸、兩韓。但是琉球問題可能是第三個爆點**，只是說現在可能還風平浪靜看不出來。那主要的理由是那個爆點醞釀的機會還沒到，但是現在美軍剛好有個時間點是因為他是那個租約到了，他要還，但是就琉球來講美軍在琉球其實印象都不是很好，所以他們就希望就不要了！

于：就希望就是美軍全部撤出就對了。

施：對，都撤出，可是這個地方其實是很重要的，島鏈一個很重要的、尤其是我們講的、常常講的「釣魚臺」的爭執。其實我們都知道釣魚臺現在是歸沖繩管的，所以這個他具有一個很重要的戰略的一個功能，那為什麼有人會覺得說這也是未來東亞的第三個爆點？其實現在有人在醞釀這個問題就是，琉球、琉球因為他以前是有一個王國的。

于：他有一個什麼？

施：王國。他是原本是個獨立國家的。但是有人、就有人會嘗試著，有人是
　　覺得說：那既然是獨立國家、那為什麼現在變成在日本國內？所以有人
　　就搬出來所謂的《波茨坦宣言》第八條，第八條的內容就是「《開羅宣
　　言》必須實施，而日本主權必將限於本州、北海道、九州、四國及吾人
　　所決定的情況」。也就是說那個時候琉球是沒有要還給日本的。

于：那為什麼現在琉球是歸日本管？

施：對！有人會覺得說這已經不是問題了。當然美國跟日本說這不是問題，可
　　是有人會認為這個是個問題，那就是說有人要去 push、要去推動琉球去脫
　　離。因為假如、琉球假如脫離了日本的話那基本上釣魚臺就不是問題。

于：我懂，這是一個噴、哦……

施：很大的一個戰略。

于：很心機的一個政治上的考量。

施：所以這個是一個很大，琉球問題現在是目前是東亞第三個這個，也說火
　　藥庫，道理就在這個地方。

于：那為什麼日本這個好像日本中央跟日本地方，他們對於這個美軍基地在這
　　邊他們是這個、共識是不一樣的？要不要請這個洪老師來幫我們講一下。

洪：我覺得這是跟人有關係。

于：跟人，怎麼說？

洪：因為現在的沖繩縣的知事，就是我們一般臺灣稱的縣長，這個「翁長雄
　　志」。

于：就是那邊的父母官就對了。

洪：對，父母官是一個很八股的用語。呵呵！父母、現在官已經變成是來服
　　務的了，以前從臺灣民選總統以後就沒有父母官了，因為總統是大家的
　　僕人，所以沒有父母官了。那這個縣長他其實，他是從縣、這個那霸的
　　市議員開始選起的。

于：開始發跡的。

洪：對，然後做了沖繩縣的縣議員，然後做了那霸市的市長，他在 2005 年的
　　時候還跟福州，中國、州這個……福建福州結姊妹市，他還是福州的榮
　　譽市民。對，所以他跟中國的關係，甚至是跟臺灣的關係是很好的。不

過我倒想從 1945 年 3 月到 6 月，在二次大戰要結束的時候在沖繩的這個戰役，美軍跟日軍當時都死傷慘重，那根據資料，當時死亡的這個是、死亡的日本軍民當中有一半是沖繩縣的人。那美軍也死傷慘重啊。所以我剛剛才跟施老師講說，其實六十年來，這個月也是六十年了，1945 到 2015，3 月底到 6 月之間，這兩、三個月之間、三個四個月之間、其實日本人是很在意日子的。什麼樣重大的紀念日、這個是一個。當時很多人死了，現在他們下一代還在。而且美軍基地又在這裡。而且美軍的軍人我們也死很多人在這，都在那個軍人公墓當中、國家英雄。所以其實這是一個戰爭的延續拉。所以那未來會不會變成是一個戰爭的引爆點？那有待觀察。啊不過這個對於這個過程當中對一個島，就像剛剛主持人也講啊這個事件節目前說，我們都把那個核能的這個低輻射的廢棄物都丟到這個小島去；過去都把那個不要的犯人都放逐到沒有人去的小島，而且越遠越好。這個國家是一個區域在處理這個小島，島上的人其實都沒有被關照。

于：沒有被尊重。

洪：我認為這個其實就是翁長雄志他服務這個地方，這個

于：他很堅持的點。

洪：三十多年的時間他內心的一個痛。他服務人、人家跟他講「這個中央怎麼這樣對待我們？」他、臺灣不是在講南北差距嗎？城鄉差距嗎？日本恐怕也有啊！因為全世界各地通通都有。再加上這個國際因素在裡面，在中國、在美國、再加上二戰的延續，還死亡了這麼多人，尤其這次是要遷這個基地，為什麼我們這個、我們的縣都要做你們的基地啊？對方來打我們，你基地發生戰爭的時候，基地就要先被轟炸，就要被炸的死的，六十年前才發生過。

于：其實對於這個相信沖繩地方的這些在地居民，他們可能就會有一些歷史的這個情節的考量以及在地的建設就覺得，為什麼好像中央就把一個國外的曾經是一個侵略者的基地這樣放在我們的地方？但是對於這個中央來說或許這邊有一個基地，對於這個美日兩國的這個軍事的聯盟還是會有一些優勢的。

洪：而且本來翁長他們家是，祖先是姓顧的啊！

于：是中國的姓，是不是？

洪：這個多少都有一點這個移民互動的關係啊！他根據資料說他們早先祖先是姓顧，是琉球王國的一個家臣大概類似這樣的腳色。所以如果這些歷史的成長的背景對他有影響的話，其實應該要注意這個人、這個知事的從政，他的家族、他的背景，以至於他今天會對於普天間的這個基地的遷移有這麼大的一個意見的原因。

于：好的，剛才老師來幫我們關注的就是日本在這個沖繩普天間基地的遷移。這個事件，哇，好像發展到現在有一點變成的這個國際大事的一點狀況。那但是我們好像就是大家臺灣民眾對於這個沖繩的概念就是，要去那裡玩！然後那邊的風景很漂亮！所以接下來我們扭轉一下這個節目的氛圍，我們帶大家輕鬆一下，來聽來自沖繩的《祭典之夜》。這首歌是夏川里美所演唱的，跟大家來分享來自沖繩的這個文化的感覺。

（音樂）

于：好的，現場時間是下午的兩點四十五分、午後陽光第二階段，我是于庭。今天節目當中邀請到兩位高師大地理系的老師，分別是洪富峰老師以及施雅軒老師，到節目上來跟大家聊天啊。聊的內容來關心一下這個國際大事的發展。那近期，應該說這兩天，這個中國的國家主席習近平他到了這個巴基斯坦來做這個外國的這個國事訪問。那這樣的一個新聞發佈後，其實跟這個中國跟巴基斯坦這個密切的合作，他的背後有一個所謂的瓜達爾港的合作，目前好像達到一個滿大的一個、合作的一個效益開始要產生了。那想要請兩位老師來幫我們討論一下，這個中國、跟巴基斯坦的互動，以及中國係按怎要來抓住瓜達爾港？到底這個瓜達爾港他有什麼樣特別的因素在？

洪：這個瓜達爾港其實重要性不是那麼高，他其實在巴基斯坦這個國家最重要的港不是瓜達爾港。

于：不是瓜、不是瓜達爾港？

洪：不是、不是，是在他的西邊四百公里最大的這個城市，那個喀拉蚩才是。

于：喀拉蚩。

洪：最大的港也是喀拉蚩啊！這個國家人很多耶！是一億八千多萬人。

于：巴基斯坦嗎？

洪：對，而且他是伊斯蘭的共和國的。他其實那條河流在他們國家最大的河叫作印度。他是過去是跟印度在一起的啊。他獨立以後才切開啊。他是因為宗教上面最大的挑戰，內部，他才分開。當然現在又有研究說其實不是他們願意分開的，其實是這個印度、印度教派的人排斥他們。這個當然有不同的解讀。然後這個巴基斯坦一直以來其實都是跟中國有夥伴關係的，他的核子武器在上個世紀末其實是靠中國幫忙的。

于：中國來支持的。

洪：那這一次的瓜達爾港在經濟的重要性我覺得不是那麼高。雖然有四百六十億的美金這麼多，要去做公路啊、鐵路啊、能源啊、管道啊！也號稱說這一條中巴做出來的這一條鐵路，那將會是中國六大能源通道之一，可是過去都只是想像啊，中巴鐵路都只是想像，這一、兩三千公里要做出來都還在想像當中。不過這一次好像很重要的從這個瓜達爾港開始，立刻就出現了。其實因應幾個。在印度南邊那個、斯里蘭卡的那個可倫坡港，他們剛剛進行今年他們的政權選舉，原來親中共的選輸了，所以可倫坡的各種的、可倫坡港口的各種項目新的政府要一再的去 review，去看看內部有什麼樣的東西在裡面。然後還有一個點，在亞丁灣港有一個紅海之間的一個東北非的國家叫作吉布地。

于：吉布地？

洪：很小、很小，大概在那個東非亞丁港邊邊一個小的國家。其實這個國家也有一個軍事基地啊！美國、法國通通都有。我們上次在節目談到的法國的那個

于：戴高樂嗎？

洪：戴高樂，我相信是經過這裡的吧！哈，對，就是當他的補助基地。所以從軍事戰略上的角度來看是可倫坡港，是吉布地啊！這個瓜達爾其實比較不重要。

于：那為什麼這次好像瓜達爾成為這次的參訪事件，或者是說中巴合作的焦點？

洪：是有趣啊！因為這樣比較看起來比較沒有隱藏在某一個範疇當中，那也許待會可以請施老師多說一點啊！那是「誰要讓誰死」這樣的說法。不過從整個布局來講在海運上面其實瓜達爾不重要，他不是這麼重要。即便說要運能源，我的看法也是，也很不經濟。因為不要忘記，中國的人口其實分布在東北至西南這個半壁江山上面，如果你把這裡輸送到新疆、新疆也有石油也有各種的能源啊！那不是把一個油庫送到另外一個油庫而已嗎？其實這個是不切實際的。而且運了這麼遠他的價格是很高的，所以顯然他不是一般的經濟考慮。沒有這麼簡單，經濟上考慮恐怕都是不合的。可是因為這個巴基斯坦他太厲害了，他有核子武器耶！美國都要去

于：退讓他三分。

洪：都要去安撫他啊！還把他的外債通通都免除了，所以這一點是很重要的。我認為，所以看起來是……也許還是那個一帶一路的延續，但重點是經濟。是這個……地緣政治當中的板塊的擴大，而不是真的為了經濟。經濟是……是外表。表面上是經濟、他裡子裡其實是地緣政治。而且地緣政治當中的軍事力量的位置的擴充，以及某一點不能夠做的像可倫坡，甚至那個吉布地拿不到，我就是瓜達爾這樣。

于：所以依據這個洪老師跟大家分析的，為什麼這個瓜達爾港在這一次的中巴合作當中這麼重要，其實表面上是經濟，但是經濟的這個布，底下所覆蓋的目的性好像不是這麼單純了。那接下我們請這個施老師講一下。

洪：這個陰謀解析專家。

于：哈哈哈，我覺得我們在節目當中都要來這樣抽絲剝繭，然後來解析一下這個好像各個大國之間有怎麼樣的這個陰謀。哈。

施：那個今天好像是第十六集吧！也就是評論十五、十六集以來從來沒有遇過一個超級戰略目標的新聞。

于：超級的戰略目標，哇！

施：也就是說我會認為未來的三年，所謂的馬六甲海灣、馬六甲海峽的，或

者說新加坡的航運，大概三年以後會突然會大幅掉下來，我的預測會是這樣，因為他有一個很戰略的目標就是，當瓜達爾港的所有硬體設施完成了以後，因為他有說要做四個，公路、鐵路、光纖還有油管。

于：啊！目前都是中國來支持，對不對？

施：對。那全部都做好了以後，那所有進南亞、東南亞、東亞的貨可能會從瓜達爾港上來了，他就不走了。

于：就不繞到這個……算是東亞了。

施：也就是說在南亞、東南亞、東亞，靠這條航線的港口全部都吃不到東西了。

于：那在這邊的港口……

施：那就會形成了某種的效應就是：誰不聽我的話，我就把水龍頭關掉，你貨運就沒了；可是聽我的話的，我就把水龍頭打開。

于：打開一點點。

施：對，然後讓你喘息一下，他有一個這樣子的一個戰略。甚至還包括什麼？他假如說這個硬體設施都建設完，因為他是核子國家，所以當發生某種戰爭發生的時候這種設施是不會被破壞的，因為他是核子國家。

洪：你不敢去……

施：你不敢動他的。所以假如說今天東亞發生任何大大小小的事情的時候，都可以把我在整個後勤補給方面維持某種穩定度。我們以高雄車站來講。假如今天對不對，所有的貨都集中在建國路的話對不對，那當然人家就會那個拿俏啊。可是有一天，我在九、如果後面也開一個後站，你建國路全部打成一片沒關係、你們盡量打，我後面一樣可以上下貨。瓜達爾港就是類似像，所以看起來說他縮短了，那個一萬兩千公里縮短了。縮成兩千多公里，其實有一個很大的可怕的一個戰略目標，就是從此在這一個航路上面可以從此擺脫南亞、東南亞跟東亞這一個個的控制。那甚至包括怎麼樣。我們上禮拜講到那個印度緊急採買了三十六台的法國的飆風戰機，他其實在某個程度也是在防這點啊！

于：這麼早就要來、來，先來了……

施：因為現在禦敵還需要時間。他還是小樹苗我現在就要預防了，不然等他變大樹的時候那就不得了！

于：那于庭想要問一下。中國他開一個巴基斯坦的後門、後花園就對了，他這個主要目的，就是依照施老師剛才來說的要來擋這個東南亞，然後南亞這部分的航線。

施：不只，到東亞。就三個，南亞、東南亞、東亞。

于：那他有特別針對哪幾個國家下手嗎？

施：現在看起來最會中獎就是新加坡，現在看樣子最重是新加坡，而我們都知道東南亞最重要的美軍基地也是在新加坡啊！所以我說為什麼會中獎。所以在某種程度就有某些人會認為說，新加坡既李光耀死後會有一個很大的一個問題的挑戰，來挑戰現在的領導人，就是當這個事情發生的時候、新加坡的航運突然急速掉下來的時候，他要怎麼去調和中美關係。

于：原來，還是說穿了，中國還是要來針對美國。

洪：他還是沒有捏死新加坡這個、

施：他可以嚇你。

洪：嚇你，造勢，造一個你一定要跟我合好，不能夠太靠近美國這樣的勢。

于：那假設巴基斯坦的這個瓜達爾港往後真的取代了我們這個東南亞、南亞這邊的這個海上航線，對我們高雄或是對我們臺灣的這個地位，商旅的地位會有影響嗎？

施：我想高雄港可能也要面臨到轉型的問題了。現在其實已經在某種程度已經面臨到這樣的危機，但是假如瓜達爾港硬體設施完成了以後更需要。

于：更會有這樣的一個危機。

施：甚至香港也是，這個都是吃歐亞航線的，全部、一帶，所以我才會說這個為什麼是「超級戰略目標」，就是整片的原始傳統的那個大港都會面臨到挑戰。

于：哇！今天這個節目當中兩位老師都幫我們分析了。

洪：但是我還是懷疑。

于：我們的洪老師要補充，哈哈。

洪：因為經濟上面瓜達爾港還是不是這麼重要的？即便可以在沙漠上造出一個城市，你是要投入的這個水啊！這個各方面的設施去補充，讓他非常適合人去的這樣的環境的條件。那還是小規模的，這次牽涉到整個全球

的貨運。那看起來這個預測我們就靜觀其變，看看瓜達爾變成是全球最重要的戰略港，這個是可以當作一個非常有趣的點來觀察，但是以目前來講其實他一點都不重要。

于：不過我們還是要保持一種「大膽假設」然後「小心求證」，那至於要怎麼樣小心求證，那就啊、留待給時間去為我們證明說，到底這樣的一個戰略上的布局，不管是經濟、不管是軍事上的這個中國的布局，他背後的用意是什麼？說不定、可能在一、兩年後他就會顯現出他最終的目的了。好的，因為時間的關係那這個訪談要到這邊先跟大家說掰掰了！那也跟兩位老師預約我們下周空中見！

施：掰掰。

洪：再見。

(End)

第17集

104.04.21

〈全球化的時代帶您掌握國際時事關心全球動態歡迎收聽地球脈動〉

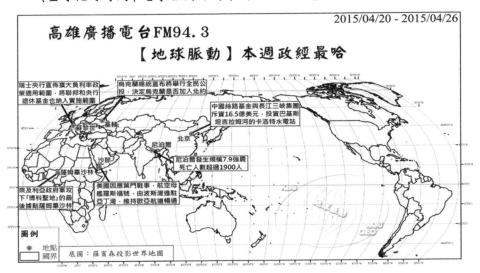

片頭：聽眾朋友午安，歡迎收聽 4 月 28 號《地球脈動》，我是于庭。單元一開始先帶大家來關心上周的國際大事：

美國海軍航空母艦羅斯福號進駐葉門附近海域

中國絲路基金與長江三峽集團斥資十六點五億美元，投資巴基斯坦吉拉姆河的卡洛特水電站

奈及利亞政府軍攻下了「博科聖地」的最後據點薩姆畢沙林

烏克蘭總統宣布將舉行全民公投決定烏克蘭是否加入北約

瑞士央行宣佈擴大負利率政策適用範圍，將聯邦和央行退休基金也納入了實施範圍

尼泊爾發生規模 7.9 的強震造成重大死傷

稍待一會兒節目當中帶大家來關心這些國際大事的後續發展。

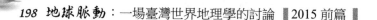

于庭（以下簡稱于）：好的，現場時間是下午的兩點三十二分、午後陽光第
二階段，我是于庭。節目當中，今天星期二我們這個
《地球脈動》的單元邀請到的是高師大地理系兩位教
授、兩位老師，施雅軒老師，還有洪富峰老師節目當
中跟大家一起來聊聊這個國際大事。那先請兩位老師
跟大家問聲午安吧！

洪富峰（以下簡稱洪）：好，主持人、施老師、各位聽眾朋友，大家午安！

施雅軒（以下簡稱施）：好，大家午安。

于：兩位老師剛才啊！片頭的時候有來帶大家關心一下上周有六件的這個所
謂國際大事，那是不是施老師也按照慣例，幫我們做初步的講解？

施：好，那第一件事情是美國海軍「航空母艦羅斯福號」進出葉門附近海域。
那我想這個之前我們有討論過美國撤出葉門，結果基於某種的理由。

于：又回來了。

施：又回來了。所以這樣到底出去到底做什麼？

于：是放不下心嗎？還有新的點？

施：因為他們、現在的浮出來的新聞是說，因為伊朗可能會暗助葉門的另外
一股勢力，所以這個……會運送戰爭武器過去，所以他出來把他截斷。
大概是這樣。那第二個就是中國絲路基金跟長江三峽要那個斥資……那
這個之前我們也有講過了，那個整個戰略位置一打開了以後就開始運用
國家的力量，所以今天要是有一天郭董跑去那邊去投資，這個也是意料
中的事。

于：反正就是財團哪裡有商機……

施：不是、不是哪裡有商機，而是習大大會請你喝個茶說：「我們都需要
你」，然後他們就去了，我們根本都不用下旨，這個就是國家力量。就
是說他控制某些東西的時候他不用自己出動，他只要自己講一些話就會
有人自然就會引導，這個就是國家力量的一個影響，他就會引導他過去
了。所以長江三峽集團蓋水壩的也過去那邊蓋發電廠。這個博科聖地，
那當然那個奈及利亞、這個我們就跳過。那再來是烏克蘭總統要宣布要

公投「烏克蘭要不要加入北約」這個是很大的一件事情，但是現在他不公布時間其實就是他是一個籌碼。

于：那他要來、用這個來搏什麼？

施：對，他就是要，因為假如按照現在的氣氛的話，烏克蘭公投應該就進去北約、應該是沒有問題吧！但是所以也就是說「他不宣布時間」其實他在某個程度應該是跟俄羅斯講就是說，假如你今天鬆手、放手。

于：對我們好一點。

施：對對對對，是什麼東西他們自己要去喬，我就不要去按這個按鈕下去。

于：那如果你在繼續的……

施：你再逼我對不對？我就公投！

于：好，呵呵！

施：那公投有人民的力量當我的靠山，對不對？那你就不要怪我了。這個大概就是這四件事情。

于：反正國與國之間還是這個詭譎狡詐，都是再玩這個相互的猜忌的遊戲。好，接下來帶大家來深入關心的，就是這個新聞是瑞士央行已經宣布要擴大負利率的政策適用範圍，把這個聯邦還有央行的退休基金也納入了這個負利率的實施範圍。想先請問老師什麼叫做負利率啊？洪老師來談一下，什麼是負利率？

洪：你有錢寄在郵局或銀行嗎？

于：當然有。

洪：那麼定存的會比這個浮動的要、通常

于：利率比較高。

洪：高一點。就是因為你比較不能動。那比較不能動、時間比較長的時間，不論是銀行或者是郵局他想、他可以去做比較長期的使用。比如說借給這個來借貸的人啊！或做其他的投資啊！所以其實利率就是時間的成本。就是你用他，你要來負擔成本啊！就像你喝一杯咖啡你要付 45 塊，付 100 塊好一點的可能要超過一百多，多很多這樣。這就是成本。所以錢也有成本。你不論使用他，你借他這個放在哪裡也都有成本。那就看誰欠誰，誰就要付那個利息。所以負利率的意思就是本來你寄在銀行的

錢啊，銀行拿你的錢去使用啊，應該付你利息啊！現在不行。他現在不只不付你利息，他現在倒來、要倒扣你！

于：什麼話？

洪：所以這個意思……

于：所以我把錢存在銀行，就是銀行不會給我利息，但是……

施：對，還要付管理費。

于：蛤！

施：那你要不要付？

洪：那你存 100 塊，然後如果這個負利率是一年的。算這個負 5、現在 2.0。這個到了這個今年 12 月，這個 1 月 1 號寄到 12 月 31 號，你剩下 98 塊。

于：那我、這樣我幹嘛要把錢放到銀行去？

洪：對啊、對啊、對啊！這個不就是他要的嗎？錢拿出去、趕快拿去用。

于：為什麼他希望大家把錢都拿出去不要放在他們銀行，為的是什麼？

施：因為瑞士銀行是全球資金的一個匯集站。就是他的錢太多了，沒有地方去投資。

洪：而且成長率都很低。因為投資的成長率很低，而且通膨好像也一下子弄不上來。

于：所以他們這樣的意義是希望大家鼓勵投資嗎？

洪：因為他錢太多了，多到他不知道怎麼辦。我們前一段時間談科技公司，科技公司也有一種訊息啊！我很多錢啊放在手上啊！我也沒有跟銀行借錢，我手上還有很多錢啊！哦，比如說這個 Google、比如說 Apple 啊！賣很多錢啊！還有一些跨國的科技公司，在手上的資金都相當相當的多，他其實不用必須、不必要跟銀行借錢。本來銀行就是大家都來這個小眾、少量的，多眾的錢都放到我這裡來，集結起來以後可以做大筆的使用對不對，可是現在很多公司都自己有錢了啊！不需要跟你融資，所以你的錢就越來越多。再加上我們這個前幾章，前幾個、幾次節目談到的，大家都要印鈔票啊！歐盟開始的 QE 也上場了啊！既美國之後，美國既日本之後，大家印了這麼多錢，想像一下那些錢在哪裡，他只不是銀行的這個 account，就是你的帳戶頭當中的一個數字。

于：帳面上的一個數字而已。

洪：大家的數字都很大！

于：所以相較之下數字……

洪：我不需要跟你借錢。

于：的比較沒有什麼大不了的。

洪：那我不需要跟你借錢，那有人就出現麻煩了。比如說剛剛講的你把錢寄在銀行，比如說剛剛講的擴大的，尤其是、本來退休人員的退休的基金，他有一部分是靠這個投資；有些是銀行的這種什麼、這個所謂保本的，然後會加幾%的這個固定的所得這樣來操作的，好，那現在這個通通不行了。我要給你這個幾%的回扣，這個、這個回，這個投資的、保障的，甚至於說要負的。你把你的投資的基金擺在有這個央行裡頭，或是銀行那個裡頭，我要……

于：跟你收錢。

洪：對，變成，狀況變成這個樣子了。

于：是，那這是只有在瑞士有這樣的……一個案例，還是說……

施：他走的比較前面。像日本現在也只敢零利率而已啊！

于：就是打平。

施：就是我不付你錢了，不付你利息。

洪：你的數字不會變，也不增加也不會減少。

于：換言之，那邊就是一個，借我放錢的地方就是了。但是瑞士已經變成說你來我這邊放錢，你要付錢給我，你會虧本。

洪：我請員工啊！

于：幫你顧錢就對了。

施：不然你把鈔票幾百億的鈔票放在你家裡，你就、那就不用成本了。你自己管啊！

洪：那也很危險啊！萬一這個鈔票貶值。

于：是，那這樣做的意義除了兩位老師提到就是說、來促進大家的投資，那這樣的一個方式…。

洪：其實恐怕他也不僅……不僅，可能連想都沒有想到說要怎麼刺激你投

資。因為外面的錢太多了。他只、他只是我沒有辦法再吸收這麼多的資金，在我的銀行裡頭，那這麼多了，那所以我就要開始收你的保管費，所以要變成負利率，從負的 1 變負的 1.5、2.0，現在是 2.5 這樣。你在情況再不改變，說不定還有再擴大適用範圍的可能。所以甚至是包括一般人的寄。如果像一個普通人說我薪水放在那裏了。說我每個月要、一年要扣我那個兩塊錢、一百塊，那你會把你的……比如說這麼講啊！你的薪水進到、應該高雄銀行吧！好，高雄銀行了開始負利率，然後你如果放在裡面超過一年他就扣你兩塊錢。

于：馬上領出來！

施：這就是他的策略啊！

洪：哈哈哈。

于：唉唷！那這樣是不是代表是說其實整個歐洲的這個熱錢已經非常的泛濫了，所以泛濫到一個大家難以招架的地步就開始這個，銀行的政策就要來做改變了。

洪：你也可以這麼講，但他是不是熱錢其實值得討論。其實都是你自己印的啊！印很多錢啊！而且政府不斷的釋出各種的公債這樣。政府、每一個政府都是欠錢大戶。

于：所以我們收音機旁的這個朋友們也要來關心一下了，您的錢存在哪裡？

洪：你想想看！美國政府啊、日本啊、包括我們本國啊！國債中的數字不都是越來越大嗎？對啊！那國債鐘是誰在付啊？那國家是誰啊？呵呵。

于：就是人民啊！

洪：國家欠很多錢，然後這個錢都在民間或甚至別的國家買走了，買了我們的債券，那我們給他一點利息這樣子。那這麼多的國家都欠，中央政府、地方政府都欠那麼多的錢，那錢都到哪裡去？都到銀行裡面啊！銀行那麼多錢，國家繼續欠錢。很少政府說，不、我明年，或是選舉者說我一任四年，我要讓國債減少多少，都沒有人敢講這個事情，國債持續增加。所以，所以就開始繼續印鈔票啊！繼續印來付各種的必須要支付的那個帳單，那錢就會越來越多。那全球又流通，資本又開始不斷的，就越來越流通。已經超越了。我相信這個是一個很大的挑戰。在現在就

是，你經濟成長都很低，要把通膨搞上去好像也搞不到一個什麼樣的階段。然後你把你資金去投資，好像你回報率也不是那麼高，可是錢還是那麼多。可是，很多人都說我沒有錢啊！1：99 啊！大部分的錢都集中在一部分的人的手上。

于：就金字塔頂端的人的手上。

洪：金字塔頂端的人也開始在思考啊！像美國這一種所謂全世界最大的這種民主國家，或者是這個反這個帝王，或是反這個宗教的那個限制的，最自由的那個地區，他也開始有這種世襲的問題出現了。不論政治上的、經濟上的都出現這種議題了。所以也許人類又走到另外一個關卡了。

于：哇！這議題有點嚴肅了……到這個人類、盡頭……

洪：對對對，其實我們跟施老師有時候會交換一點意見說，這不能談，在根據過去的歷史其實有時候比如說出現了飢荒戰爭，那重新洗牌啊！那人類世界其實已經維持、小小的地方有一些衝突，可是整個這個地球基本上已經過很好的日子過了七十年了。假設二戰是一個、一個點的話。過去這七十年來其實過的還滿好的。那我們不是說要詛咒，或是希望他變壞的意思。可是那個新的形勢走到一個階段以後要怎麼樣調整？這考驗了所有人的智慧。

于：對，要怎麼樣調整。那最新的這個銀行有負利率，那大家對於這個經濟這一塊也要好好來關注。

洪：還沒，還沒到個人。

于：還沒到個人。反正、現在就是瑞士的這個銀行開……就是算是什麼、首開先例就對了。

洪：他把他的範圍擴大。要給錢、這麼多的單位。比如說手上有基金的操作人，你更大的壓力。你不能再吃銀行的利息，你在這個低回報率的狀況下你要自己想辦法。

于：要去做另外的運用就對了。

洪：對、對。

于：好的，我們剛才關心了這個瑞士負利率擴大的問題，所以接下來我們送給大家來自這個瑞士的童謠，歌曲聲過後再跟老師來關心另外一個也是

國際的大議題！

（音樂）

于：好的，現場時間是下午的兩點四十七、午後陽光第二階段，我是于庭。節目當中《地球脈動》的單元跟大家來關心一下這個上周的國際大事。那接下來要關心的這個國際大事就是，其實還在…應該是說他已經發生了，但是他的這個所帶來的傷害還在延續當中，那就是尼泊爾發生了規模 7.9 的強震，那造成了重大的死傷。目前這個死傷人數還在陸續的增加當中。那救援，各國的救援團隊也都趕到了尼泊爾來進行這個搶救。那想節目當中請老師來談談哦因為這個災害已經發生了，那我們可能就是以這個防災或者是減災的角度來切入這次這個尼泊爾發生 7.9 強震的事件。請老師來談談一下這一個，地震的發生到底跟這個……所謂的城市的建設、城市的治理有怎麼樣的一些關係？

洪：好的。地震其實是一個自然現象。他是一個地球脈動過程當中……

于：哈哈，是。

洪：其實每天有感、無感的地震非常多，那這一次最大的問題出現、發生的這個點，其實就很多人住在那裡。

于：就是加德滿都。

洪：對，那很多不只很多人住在那裡，那他所住的房子其實抗不了這個 7.9 的……在 1934 年有一次 8.3 的，這次有一個很漂亮的塔倒下來，其實是這個 1934 年倒塌的，上個世紀上半段倒塌的，重建的。他其實在更早那個已經是好幾百年了，然後就是倒塌過、重建這樣。那以前我們的老師、我們讀書的年代老師說、其實這種自然的現象、其實關注點是，你的生命財產如果集中在那裡，他才會是變成一個問題。

于：換言之，就是發生的地方是沒有人住。

洪：比如說，這麼講好了。地震的時候發生在太平洋底下的那個中間的深海之處，他發生 10.0、只要沒有海嘯撞上來，我們也沒有關係啊！發生在一個深山當中的一個這個崩

于：崩塌。

洪：的土石流，那底下都是自然的樹木，那樹木這個土地公自己會去再種回去啊！那你也不用去理他啊！他也沒有損害到你的、威脅到你的生命、損耗到你的財產。那那樣子的一個這個崩山，或者是土石流，其實他也是自然的現象啊！地震也是一個自然的現象。只不過是這一次發生這個地震的點是那麼淺、規模那麼大、力量釋放那麼大，而且後面還有餘震。

于：而且又是人口密集的地方。

洪：人口那麼密集。那這個國家的各種的條件還不足以支撐那個 7.8、7.9。7 以上恐怕都危險度都很高。最近的一次應該 2011 年的 9 月 18 號吧！6.9。

于：6.9 也是很高。

洪：對對，那一次根據資料說八條人命，這個當然是一直以來都是這個樣子。

于：所以這邊就是一個板塊相當活躍的一個地方。

洪：本來就是。就算我們不是地質系的，但是我們應該都可以看。

施：呵呵。

于：哈哈，是。

洪：這個板塊撞擊的地方吧，臺灣也是，臺灣就歐亞板塊，我們這個東南邊、東邊的其實就是那個……

于：菲律賓。

洪：菲律賓的海板塊。那這裡就是印度板塊去撞歐亞板塊啊！就形成這種很長的一千公里以上的斷層。所以發生地震本來就是一個，在這個區域很自然的，只是不知道什麼時候會發生而已。

于：其實洪老師帶了一個滿、有趣的觀點。就是說，其實所謂的這個災害，他的背後其實是這個人去造成的，對不對？

洪：不不不！不是人造成的，是你在那裡啊！

于：就是也要剛好是他發生在這個人聚集的點，他才會形成。

洪：像加德滿都這次發生的這個，其實是在他的首都加德滿都的稍微西北邊一點點，大概百公里左右的這個位置。那這個整個河谷裡頭。這個谷地當中住了很多人啊！人不斷在增加啊！那他都市規劃沒有像防震係數很高的，像臺灣經過一個那個

于：九二一。

洪：九二一大地震之後，所有的建築物的那個防震係數要提升啊！你蓋新的、舊的都要檢查啊！那時候不是學校公共建築都要檢查，新蓋的他就把防震係數再拉高一點、防震的那個。現在的房子都會告訴你「制震」。就會抵制、會抑制地震的那個建築物才會出現啊！因為他已經吃到這個苦頭了，他又不能搬開就要在這個位置。尼泊爾還沒啊！他才在剛剛要進入到、其實他還在我們不能說他是一個很落後的國家，但是他這一方面跟先進的國家或社會還有很長的距離啊！

于：，那這個施老師您怎樣來看待這一次的這個地震？

施：因為剛才洪老師講的，我們的共同老師是以前退休的台大地理系的老師、張石角老師講的，我不知道有沒有記錯，他講說**所謂「天災人禍」根本就沒有天災、都是人禍**。為什麼沒有天災？而是假如說這次今天這個地震是發生在喜馬拉雅山一個很偏僻的地方，因為根本就沒有住任何人，他震源再怎麼淺也不會造成災害。也就是說他會造成災害一定是會跟人有關係的。可是出現一個關鍵點就是說，那既然跟人有關係，他能不能討論、被討論？因為有新聞講說、一直講說，一個禮拜前才有人有地質學者，或地震學者說一定要制定相關的。

洪：五十幾個人在那邊開研討會。

施：對，可是，就我的觀點來講，他就是沒有辦法去處理的理由是因為，光其這個地方是一個觀光地區，當你去發布這是一個高地震好發區域的時候，一定會遭到某種的壓力、一定會遭到某種的壓力。就是說，你不能去討論這個東西。我舉一個例子，好，比如說臺北市的一個自然的一個，比如說大屯山有可能爆發，這可不可以討論？這個一定會被受到什麼房地產的壓力說，這個就不要討論。

洪：真的嗎？

施：一定會的。

洪：他討論的結果，他房地產就要讓他這個的係數、防震係數再高一點。制震的強度再高一點。再多花一點錢。所以說不定不是不能討論，應該多討論，然後這個行業才會更發展。

施：那是因為你現在沒有房子在那邊，在大屯山陽明山那邊，你才覺得去討論沒有關係啊，有的人一定是不能討論的啊！因為你……可以討論、等我把房子脫手了就可以討論了，會有這種壓力。

于：換句話，說這樣的一種防災的概念其實是一個不能說的秘密，是不是？

施：不是不能說，而是他會通常往往要等到事情爆發了才能處理。這個是很可憐的一個地方啊！就像說……

洪：因為到現在為止還沒有辦法預測到底什麼時間？而且在哪個點？他會出現多大？沒有辦法。各種的、用動物的、用心靈感應的，其實都作不準。

于：所以這樣的應該算是說……

施：所以他這個就是類似像宿命的悲劇，等於說要等事情發生了。比如說加德滿都發生了，那從此以後他們法令、當地的法令去修改，他們絕對不會因為預測可能會發生所以我們來修改，因為他一修改他就會提高建築成本，一定會被擋下來的。

于：可是這樣有點悲觀耶，就是……

施：是，這個就是防災的那個啊！

于：要用這麼大的一個社會代價來換後續可能帶來的這個防震的設施。

洪：就人類的歷史大概這種例子是常有的。發生大火災以後才跟你規定你的木頭要做處理，甚至做到防焰。日本就有這樣的技術啊！他的木頭是燒不起來的，所以他還可以拿來做建材，但是你燒他燒不了，這是特別去研究，然後去處理的。這個都是教訓。那會有這個制震的這個防止地震或是應付地震的這種大樓的設計，用柔性結構來講也是，因為那個代價太高了，就生命財產的損失太強，強到願意在還沒發生的時候把他當作成本的一部分。所以現在尼泊爾碰到這個問題了，那當然這是一個悲劇，因為人這麼多集中在這裡，那還有人恐怕還埋在地底下。我們臺灣也有過這種經驗。那接下來就是他要調整了。

于：所以是希望透過這一次 7.9 的強震，然後可以讓這個尼泊爾、甚至是世界各地來更關注一下這個所謂的地震災害的一個防治，或者是說當這個災害真的發生的時候到底要來怎麼因應。從其實我們覺得、于庭覺得今天

談這個議題好像有一點這個哀傷的感覺，好像我們人類一直在這個重複的一些災難當中，然後去、取得教訓，可是這個教訓通常都是還滿慘烈的，而且要付出一些滿大的⋯⋯可能是人為的、人的犧牲，或者是社會成本的付出。那換言之，我們臺灣也是處在這個地震帶上，看到這個尼泊爾發生 7.9 的強震，在加上其實上個禮拜我們臺灣自己本身也是強震連連，所以我們還是要來⋯⋯

洪：**還不算，那算中等的而已。**

于：中等的嗎？其實那時候剛好這個地震發生的時候，我在這個播音室裡面，然後我就想說「為什麼這個頭有點暈？」那剛好我在講說這個大概前二十分鐘所發生的地震，然後中央氣象局這個地震預報數據出來了，所以跟大家來關心一下就是說，剛才大概二十分鐘前這個地震是怎麼樣、規模多少、然後震央在哪裡，結果在講這則的同時，我就發現我前面的這個電視是有點在搖晃，然後我就想說，可能是因為我剛才受到的驚嚇太大了，所以我現在在講地震我才覺得在地震，結果沒想到真的是又一起的地震來。換句話說，這個要提醒大家這個防震，我們臺灣位在這個板塊的這個位置，防震、真的還有這個避震的這個概念要來做好。好的，今天節目當中要相當謝謝兩位老師來節目當中跟我們分享國際大事。那我們就哦、靜待下周節目當中在跟兩位老師空中討論囉！謝謝兩位老師！

施：好，掰掰。

洪：再見。

(End)

第18集

104.05.05

〈全球化的時代帶您掌握國際時事關心全球動態歡迎收聽地球脈動〉

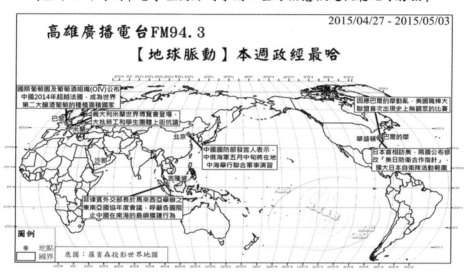

高雄廣播電台FM94.3
【地球脈動】本週政經最哈
2015/04/27 - 2015/05/03

片頭：聽眾朋友午安，歡迎收聽今天5月5號的《地球脈動》，我是于庭。單元一開始帶大家先來關心上周的國際大事：

菲律賓外交部長在東南亞國協年度會議上，呼籲東南亞各國要立即採取措施，阻止中國在南海島嶼的擴建行為

義大利米蘭世界博覽會登場，大批勞工還有學生團體上街抗議

因應巴爾的摩的動亂，美國職棒大聯盟首次出現史上無觀眾的比賽

中俄海軍5月中旬將在地中海舉行聯合軍事演習

美日兩國修改「美日防衛合作指針」，擴大日本自衛隊的活動範圍

國際葡萄園及葡萄酒組織公布數字，中國 2014 年超越法國，成為世界上第二大釀酒葡萄的種植面積國家

稍待一會兒節目當中帶大家來關心這些國際大事的最新發展。

于庭（以下簡稱于）：好的，現場時間是下午的兩點三十一分午後陽光第二
階段，我是于庭。節目當中今天這一個節目後半段，
跟大家一起邀請到高師大地理系兩位老師，分別是洪
富峰老師還有施雅軒老師來到這個節目現場，我們一
起來談談國際大事，上周有哪些國際的頭條，值得大
家來關心一下。我們首先請兩位老師跟大家問聲午安
吧！

洪富峰（以下簡稱洪）：午安！

施雅軒（以下簡稱施）：大家午安！

于：呵呵呵，好，剛才這一個，在這個我們問好之前，于庭有跟大家來稍微
的複習一下上周的國際的大事，那一樣是不是先請施老師幫我們，就這
一些國際大事做一些初步的提醒或者是初步的分析。

施：好，義大利的米蘭世博會開場了，但是他的開場基本上鬧得沸沸揚揚是
因為大批的勞工學生抗議。

于：要來抗、抗議什麼？

施：那抗議是什麼？那他們是認為說花這麼大筆錢，看到數據是花了九千兩
百萬歐元三十億臺幣、蓋了一個主場館。那他們學生跟勞工朋友會認為
說，那你就分把這些錢分給我們就好了，為什麼要搞一個那麼大的？又
舉債。又借錢。到底有沒有人要來看也不知道？就上街抗議。所以你現
在你會發現，現在新聞上抗議不斷，在抗議這個。那另外一個抗議的美
國巴爾的摩的暴動，那這個暴動基本上也是沿伸於種族的一個衝突。那
當然，這也會出現到說因為要有宵禁，就是要讓大家冷卻，讓大家不要
出門，意外的就影響到美國大聯盟

于：的賽事…….

施：對，的賽事。那基本上，大聯盟的賽事基本上是不能因為這樣停掉的。
那因為這些球員都要靠著這些比賽來累積某些比賽的記錄。所以你不能
說要停就停。所以這就會出現一個就是說，人不能來看，沒關係我們照
打。

于：我們自己打自己的。

施：對，我們自己打自己的，所以他就是說史上第一次下面在比賽，上面竟然就一個觀眾都沒有。零！

于：呵，我有看到那個新聞的片段，好像說很多的球迷還是就想辦法……

施：在外面嘛，對不對？

于：用他們的方式來支持……

施：你看那大聯盟的球員還假裝，歡呼，然後那個球還故意丟到看台上面去這樣子。

洪：他們還有合約的問題。因為他有轉播啊。你不能那個時間叫別人拿一個什麼帶動唱的節目來……他總是要繼續播啊！

于：所以說不能停就停，即便是這一個街頭的動亂持續當中，還是、但是大聯盟還是要按照這個 schedule 來進行。

施：對。那另外兩個是跟中國有關係的，一個是菲律賓外交部長在東南亞國協會議上，呼籲大家要制止中國在海南南海，島嶼的擴建的行為，那這個大概是外交，外交的一些呼籲，實際上並沒有任何的一個阻止的一個動力。那另外一個就是、這個比較有趣的就是，中俄海軍在地中海舉行聯合軍演。我們一般會認為說……

于：那走企 tsáu-khi 地中海？

洪：我們一般會看到說美國跟日本軍演、美國跟韓國軍演、美國跟菲律賓軍演，我們都沒有感覺。但就是因為你都沒有感覺，所以你就會覺得說他只要跟美國掛上鉤，他就可以到處軍演。所以現在中國跟俄羅斯對不對，也聞出這樣的味道了，所以我也要軍演，也是在一個我們都沒有在的地方軍演。假如說你在中國的沿海軍演，或是俄羅斯的沿海軍演，那都沒有感覺。可是兩個大國，而且是聯合國安理會常任理事國的兩個國家跑到地中海去軍演。

于：就很奇怪啊！

施：他們還特別講說，我們沒有針對任何人。但其實沒有針對，就此地無銀三百兩。那其實是跟烏克蘭是有關係的。所以這個大概這四則跟大家回顧到這邊。

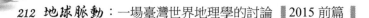

于：是。好，那剛才施老師已經幫我們就這四則的國際大事做一下初步的分析。那剛才最後兩則都是跟中國有關的，都是跟這一個軍事演習有關係的，那我們接下來要延伸到的這個議題，原本于庭覺得說，好像跟中國是沒有太大關係的。但是我們節目之前稍微跟兩位老師來聊一下，接下來這一則消息，其實……這個也是深受，也是跟，也不是深受，應該說跟中國有很密切的關係。那就是美國、日本兩國來修改了所謂的美日防衛合作指針，那修改的內容就是要擴大日本的自衛隊活動範圍。到底這樣一個消息出來，對我們的這個全球的軍事動態有怎麼樣的一個影響，我們是不是先請洪老師！洪老師是不是有一個小小的故事，還是寓言要來跟我們分享。

洪：如果，主持人或是我們的聽眾朋友，如果跑到日本去旅遊，那麼到了日本的京都、他過去的皇城，那你去京都有一個二條城的元離宮，這個也是聯合國的文化遺產的一個非常重要的點之一啊！那你去參觀這個二條城的元離宮，你會看到一個這個狩野派的這個畫。

于：狩野派的畫？

洪：代天巡狩，野獸的野，狩野派。那最近也在展啊！那這狩野派的畫就在他的壁畫上面，這個二條城的這個元離宮的壁畫上面。那最出名的一個，其實就是大將軍的辦公室，跟他的周邊的他的起居室等等的這個畫。這個畫了有松樹，松樹上有一隻老鷹。那從 1945 年到今年 2015 年，70 年來，日本就是一個被關在城內的一個，一個像是鴿子的老鷹。

于：「像是鴿子的老鷹」意思就是說裝。

洪：他過去也跟美國宣戰啊！還打美國人啊！

于：那是裝乖的意思嗎？

洪：那當然這整個情勢改變了。那這一次的這個把日本這隻像是鴿子不會咬人的這個老鷹，釋放出來了。所以開始要來狩野了。要到野外來飛了，要去試試他的翅膀有多硬，飛的多遠，他能夠抓多少的獵物。所以剛剛我們一直在討論的。就是華盛頓讓這一隻老鷹七十年來都關在籠子裡了，現在把他放出來，當作他的一部分。我覺得要用這角度來看。就是這個世界遺產當中的這個老鷹，現在已經不一樣了。

于：所以說這個美日兩國來修改他們所謂的防衛合作的指針的這個協議，就是要把這隻老鷹給他、放出來嗎？

施：因為那個，在整個修改的範圍其實是，以前的日本自衛隊大概只能在日本外……有效的管轄範圍去做一個活動。但是這次的修改是修改成是什麼？就是、他可以跟著美軍移動。那我們都知道美軍是世界警察，所以以後會變成什麼，有可能會變成是，只要有美軍存在的地方就會有日本自衛隊來協同美軍。

于：那這樣的意思是……

施：所以有人打的比喻就是說，現在的，是叫美國警察旁邊站一個日本憲兵。日本憲兵保護美國警察。那當然這樣的目的就是要增加，因為我們大家知道其實日本他武器的研發是很強的，可是，他們缺乏所謂的實戰經驗，因為不允許，不允許讓他有實戰的經驗。可是美國解除了這一次，擴大這個指針的施用，其實是會增加這個日本的實戰經驗。但是這個增加的實戰經驗是要有代價的，什麼代價？這個會造成日本自衛隊的傷亡，因為以後他就會變成全球恐部分子，或者是反美的國家，因為我直接打美國對不對，我可能比較難，那我就打旁邊的那個日本憲兵。

于：你跟他合作的話我就打你。

施：不是，現在是美國的軍隊一定會揣著日本軍隊到處去就對了。然後，我就先講的，柿子挑軟的吃我就打日，所以也透過這樣子增加日本軍隊練兵的機會，就是到這個地方。那當然我這邊也分享我以前讀書的一個故事，就是，我讀研究所的時候有遇到一個日本的同學，然後有一天他說：他不要讀了，他要回日本去了。然後我們問：為什麼？因為他考上自衛隊了。

于：所以他們是以這個當日本自衛隊的一份子，是很

施：引以為榮的。

于：很光榮的一件事。

施：對，所以他們寧願放棄在臺灣的學業，他們也要也要回日本去當自衛隊隊員。這個你就可以想像日本自衛隊自我的定位，或者是說，追逐那個老鷹，洪老師的那個老鷹，這個是比喻的相當好。就是他們其實等於是

很……等於是很……很希望嚮往在全世界去翱翔的。

于：飛翔的。

施：對對對，跟人家鬥的。可是因為美國把他封起來，把他關在籠子裡面。但是現在美國告訴你，好，我把籠子打開了，你可以出來了。那這個出來以後會不會造成某些世界的變動，那當然我們這個就有待觀察了。

于：那美國要來把這個關在籠子裡面的，關了那麼久的老鷹給他放出來，他為的不是日本的利益吧，為的是他自己的利益吧。

洪：你也可以這樣講，在地緣政治的這個狀況之下，你一定要確保自己的安全跟利益。那美國這個全世界用兵啊！國家的債務這麼高，死傷這麼慘重。我們經常看見不論在中東，不論在過去的南美洲中美洲，那那個甚至於現在南海，我們剛剛前面的第一則這個菲律賓的這個概念，那個南海的部分，其實美國都無役不與啊！啊所以在這個中俄在演習的過程當中。那亞投行又很多這個歐洲的盟國都叛逃而去，哈哈！所以美國人抓住在亞洲，讓亞洲的這個日本扮演比較重要的角色，甚至於跨越亞洲到別的地方辦演一定程度的角色，對他來講也是一種利益的結盟。也更穩定了他在經濟在軍事的力量比較弱的時候，日本能夠代替一點點角色，扮演一點點功能。這個都是好的。

于：哇！那這樣的話是代表說，其實現在日本他是跟這個美國的結盟，已經就是完全是一個明著來就對了。

洪：臺灣過去也是，我們那個美國人在打這個中東戰爭的時候，那個伊拉克戰爭的時候，臺灣也出錢啊！我們那時候不能出兵啊！我們也出了一點錢，所以後來結束的時候我們分了一些車子回來啊！就捍馬。那個就是那個時候拿的，那我們分到一些剩餘的軍事……當時臺灣出過錢啊！然後分了一些回來，所以我們路上會看到我們這個軍隊用這個捍馬，甚至捍馬現在已經變成這個民間車了啊！已經商用了。你會看到捍馬改裝，變成是一般人在用的吉普車。所以，其實就是我們有出錢。臺灣也被美國要求要出一點軍費啊！所以美國其實在這個過程當中他用這種方式來要求，跟他同盟結盟或是跟他友好的國家，協助他一臂之力啊！

于：那這樣的話是美日走的近，對我們臺灣會有影響嗎？

施：我想，整個的全球的武器對抗大概現在會分成兩個集團，一個就是中俄，一個就是美日，這兩個會變成兩大集團。那其實站在臺灣的角度要去思考的就是說，萬一有一天這兩個集團產生衝突的時候，這兩個集團對我們都

于：中俄跟……

施：美日。都是大咖這兩個都是大咖，這我們都得罪不起的。

于：那我們……怎麼辦？

施：可是問題是我們怎麼辦？我們這種小螞蟻級的對不對，遇到這樣狀況的時候，人家不會讓人家不會讓你保持中立的。人家一定要求你表態的。

洪：我們能跟法國，要求法國，呵呵。

施：那不一樣，因為站在地緣政治的角度是

洪：太遠了。

施：太遠了，對不對，我們不會不會要求他要表態。

洪：日不落國英國也幫不上忙。

施：可是我們就是在什麼，地緣的圈子裡面，我們一定會被要求表態的。

于：所以我們目前是站在一個比較居中的狀態。

施：我們只能裝死活命。現在的狀況是我們假裝不知道！這個我相信只有在我們節目在討論這個問題！

于：哈哈哈……

洪：我們私下討論，也許我們可以請教主持人啊！如果到到時候這個現象出現了，要你來抓個主意，你怎麼辦？

于：這個、這個太嚴肅了，這個要……我覺得要、要來表態的後果啊感覺好像嚴重性很高耶！

施：很嚴重吧！可是你要想假如你今天是總統的話，你要怎麼辦？你是中華民國總統的話，要怎麼辦？

于：哇，所以說他們這樣的所謂大國的結盟就是要來，讓我們這些臨近的……算是小國嗎，小螞蟻的國家要感受到這個壓力。

洪：我們沒那麼小。我們其實也不像，我們不應該說是我們那麼小到像一隻螞蟻，被大的動物一樣，我們有一定程度的力量。至少兩千三百萬人可

以舉行公投，說我們要往哪一邊去這樣。

于：呵呵呵，好，如果就是即便上從一些世界大國的合縱連橫的策略，可以看出他們其實都暗自就是在布樁。那暗自布樁之後，大國跟大國之間會有怎麼樣，哦比較正面的衝突，或者是比較正面的一些來這個相互針鋒相對的話，我們就是稍待後續的來看一下國際情勢怎麼樣來變動。不過還是希望說，結盟歸結盟，但是正式的衝突太嚴重的衝突還是不要發生。以這個站在和平的立場來觀看的話是這樣。好接下來我們來欣賞一首這個歌曲，歌曲聲過後再跟兩位老師一起來關心另外一則國際大事。

（音樂）

于：好的，現場時間是下午的兩點四十八分、午後陽光第二階段，我是于庭。今天星期二節目後半段我們《地球脈動》的單元，邀請的是，高師大地理系洪富峰老師還有施雅軒老師來節目當中，跟我們聊聊上周的國際大事。接下來跟大家來關心的這個、國際的事件，其實看起來比較輕鬆，但是討論起來可能也不見得是輕鬆的。是什麼樣的議題？就是，根據統計的數字，說中國在 2014 年已經超越法國，成為世界上第二大的釀酒葡萄的種植面積國家。剛才在這個休息時間跟兩位老師討論，于庭才知道，原來這個所謂的釀酒葡萄跟我們一般想像當中，來吃的葡萄是有一點點給他不一樣的。那至於中國為什麼這麼積極想要成為這個釀酒葡萄的種植面積國家，就要請兩位老師來幫我們分析一下囉！

洪：好，那個施老師不太喝酒，所以他就把這題推給我。

于：哈哈哈。

洪：那個法國酒已經變成是他的國家技術了，他其實法國酒跟法國菜聯合起來，進入到聯合國文化遺產當中，來代表法國的所有的文化的最高階的一個層次。有一個法文字叫 Terroir，就風土的意思，就表示法國的酒、法國的食品是來自於的當地人的生活的習慣。他的土壤、降雨量、日照、天氣、氣候等等的因素所促成的，所以這是獨有的特殊的文化，這是法國。所以中國開始在葡萄酒上面的量在增加，其實，看起來其實是

為了滿足他現在已經有差不多三億人口過著中產階級生活方式的一種，那個……從供給面要增加，那他自己也可以提供，這一部分的產品來滿足他內在的需要。不過中國其實不太習慣喝葡萄酒。他是喝白酒的。所以這一點來講你比不上，法國為代表的歐洲。因為歐洲人從希臘開始酒神戴歐尼修斯，太陽神阿波羅，理性跟創造想像力一分為二，然後到了耶穌，後來變成是，祂還是種葡萄酒的這個農人的兒子，祂的血液就是葡萄酒，在宗教上面，葡萄酒跟他們的生活是結合在一起的，在婚禮、在各個層次上通通放在一起，可是在中國並沒有這一個。所以這一次這樣的一個種植這麼大的面積，其實是因為他本來國土就大，有這麼多人需要，想把這個過去的奢侈品變成日常生活必需品的一個概念而已。可是……恐怕品質……量雖然增加，那品質要達到一定的水準時間還滿長的。

于：所以這個洪老師這邊就對這個葡萄酒釀植面，哦！釀葡萄酒的這個葡萄的種植面積，中國陸陸續續在擴增當中，您覺得是一種，從需求面來出發，是一種文化，或者是生活型態改變的一個……哦算是學習或者是

洪：中國從來就沒有這麼多的中產階級，那他跟誰學，他看到法國人，他看到美國人這樣過生活。然後下班啊！各種的這個節慶啊！喝一杯葡萄酒在那邊晃啊晃啊晃啊！似乎就變成是一個，覺得生命都美好起來了。所以，就開始變成是一種日常需求，可是那麼貴，進口的又這麼貴。那有時候被炒起來那個價格是天價，也不知道真的是不是有那個價值。

于：所以乾脆，就……自己種。

洪：那就自己種吧！其實你也看，經常看到一些訊息就是，中國的企業主跑到法國、跑到歐美，有產葡萄酒的地區去買他們的酒莊。尤其這些年他們出國的比率越來越高，參觀酒、參觀酒莊經常會變成是一個非常普遍的、流行的，而且這個接踵而來的一個行程。

于：就是一個觀光點就對了。那老師是從一個生活形態的一個改變來作為切入，那不知道施老師這邊，面對這個中國擴大釀葡萄酒的這個葡萄的種植面積，你有什麼想法？

施：這個報告其實還有一個數據，可以念給各位聽眾聽。他是第二個葡萄種

植國，可是他是第五大葡萄酒消費國，第五大。第六大進口國，葡萄酒進口國。第八大葡萄酒生產國。其實，也就是說中國在葡萄酒生產已經位居第八，已經第八位了。那現在變成說雖然現在，中國的打貪非常嚴重，所以他會壓低整個葡萄酒的消費，可是當中產階級他、基於某種的需求的時候，像這種象徵中產階級的酒類，你就假裝，假裝說喝米酒跟喝葡萄酒的感覺，大家都會覺得說這種，食品是沒有價值觀的。錯了。食品是有價值觀的。

于：他會有一種想像，想像不一樣。

施：對，你拿著那個酒杯，裝個米酒在那邊晃對不對？你會覺得那個感覺跟裝葡萄酒那個感覺，你會覺得裝米酒在那邊晃很不搭！

洪：你看！連施老師都願意接受，葡萄酒是高於米酒的。

于：哈哈。

洪：他都願意接受。

施：當然啊！因為很多法國的葡萄酒是拿來當食物的，那就跟我們的、那是食材的，就是煮飯，就是有煮飯用的葡萄酒的。那就跟我們的米酒不是一樣的東西嗎？可是你聽到葡萄酒就覺得，啊！他是比較高一等的，所以站在文化的因素裡面你會發現，同樣都是葡萄酒跟米酒，它的價值會一樣，可是他的文化附加價值會不一樣的。

洪：他為什麼不拿一個高粱酒在那邊晃？

施：啊！那個就涉及到高粱酒不需要晃，直接喝就夠，可是葡萄酒晃他有意義的啊！

洪：那並不是我們文化的一部分。

施：所以，他在那邊晃，對不對？其實是，這個好像叫醒酒吧！這個動作是醒酒。讓氧氣進去醒酒這樣。可是問題是這個醒酒就會變成，在那邊晃就會變的好像是……嗜，好像是足高尚 tsiokko-sióng 這樣子。然後在那邊晃，然後就是這樣，在那邊搖，對不對？你看那個演那個好萊塢電影，通常社會名流在那邊拿著葡萄酒在那邊晃晃晃。

洪：所以你看這，三億人左右的這個所謂中產階級其實就是非常羨慕、仰慕，而且已經漸漸被這樣的一個生活方式所吸引，來內化成為他消費的

一部分。

于：好，我們其實不應、沒有要來比較說，各種他的酒類所謂的這個價值，或者說是所謂他到底是誰高誰低，但是，就這一個中國的消費形態還有這個，進口葡萄酒、進口進出口的排名，這個慢慢的提高，其實我們可以反映一個事實就是說，不管你平常習慣喝哪一種酒，但是他們的確有是要來嚮往就是說，可能法國啊或者是這個歐美國家他們在喝葡萄酒的一個姿態，或者是說他們習慣用葡萄酒來表達一些身分，或者是生活形態的一些嚮往。所以說從這個國際大事的一些狀態我們都可以看到我們人的、國跟國之間，還有人跟人之間有一些生活形態、生活的想法，還有生活的這個……所謂的想像，都在慢慢的改變當中。真的是、很有趣的一個消息。好的，今天因為時間的關係，所以我們要請兩位老師跟大家說掰掰囉，那也預約下周空中見！

施：好，再見。

洪：再見。

(End)

第 19 集

104.05.12

〈全球化的時代帶您掌握國際時事關心全球動態歡迎收聽地球脈動〉

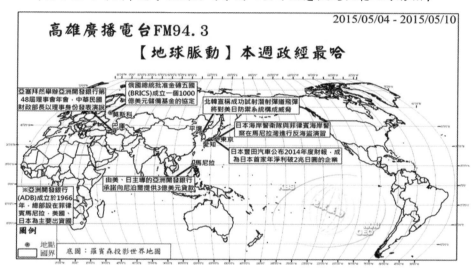

片頭：聽眾朋友午安，歡迎收聽今天 5 月 12 號的《地球脈動》。單元一開始帶大家先來關心上周的國際大事：

俄國總統批准金磚五國成立一個一千億美元儲備基金的協定
日本海岸警衛隊與菲律賓海岸警察在馬尼拉灣進行演習
亞洲開發銀行承諾向尼泊爾提供三億美元的貸款
北韓宣稱成功試射潛射彈道飛彈，將對美日防禦系統構成威脅
亞洲開發銀行第四十八屆理事會年會在亞塞拜然首都巴庫舉行。中華
　　民國財政部部長以理事身份發表演說
日本豐田汽車公司公布 2014 年度報表示淨利首度破二兆日圓，是日本
　　首家年淨利破二兆日圓的企業

稍待一會兒節目當中將帶大家來關心這些國際大事的最新發展狀況。

于庭（以下簡稱于）：好的，現場時間是下午的兩點三十二分、午後陽光第二階段，我是于庭。每逢星期二的節目後半段錄音室就很熱鬧，來了這個兩位高師大地理系的老師，分別是這個洪富峰老師還有施雅軒老師，要跟這個聽友們空中作伴，我們來聊一下這個國際的大事的一些情勢。那我們先請兩位老師跟大家問聲午安吧！

施雅軒（以下簡稱施）：大家午安。

洪富峰（以下簡稱洪）：好，主持人午安、大家午安。

于：好的，兩位老師非常有默契，同時開口跟我們問聲好。好，剛才，在這個開場之前于庭有為大家做一下六則國際大事的一個稍微的……做一下提醒，那接下來，我們是不是請施老師先就幾則比較簡單的一個訊息、先幫大家做一下分析。

施：好的，那上禮拜我們有講到，就是美國把日本這隻老鷹放出來了，所以你會發現在國際大事上面就有一些動作出來了。

于：就有他的消息了。

施：對比如說，日本的海岸警衛隊跟菲律賓的海岸警察在馬尼拉演習。

于：這樣是 OK 的嗎？合法嗎？

施：哦，這是合法的，但是問題是以前的日本的動作不會那麼大。等於說他現在就是到處走讓人家知道我來了，就是說他已經被放出來了，等於說他已經、美國給他開綠燈了。

于：有人支撐，有人在後面，有那個叫做什麼，有背景就對了。

施：對對，就給他開綠燈了，就可以到處去了，以前美國會壓抑他，不可以拋頭露臉，可是現在已經給他開綠燈了，就是，你要去哪隨便你，大搖大擺都沒關係。所以第二，所以另外一個就是亞洲開發銀行，就貸款尼泊爾，我們之前講的那個地震，就也同意了貸款三億。那我們都知道亞洲開發銀行，或我們講的「亞銀」，這個其實也是美日背景的，那當然第四則北韓這個，也在某個程度是針對日本來的。因為以前他，那個所謂的潛艦發射的飛彈的這個技術，這個新聞為什麼會引起人家的注目是

因為，以前的導彈都是從陸地上發射的，所以美日要監控他對不對，我只要監控每一寸北韓的領土。

于：每一寸就可以知道，

施：一定可以搞定。可是問題是當你有潛艦發射技術的時候，潛艦可以到處去啊！

于：潛艦的意思是就是在海面下？

施：就是在海裡面，就等於說在海裡面，他把它發射、把它射出那個海面的時候然後再點火，然後再放出去，等於說兩段式的出去就對了。

于：所以就是防不勝防了，沒有辦法抓到他的這個、有可能要動作的地方是不是？

施：對，變成說他也可能潛艦的神出鬼沒，他也有可能跑到日本的東岸去發射啊！因為假想在地緣政治上面北韓在日本的西邊，所以我就對準西邊，可是他現在跑到東邊的話、這樣發射的話根本就防不勝防。所以這則消息為什麼引起很重要的討論，說對美日的防禦系統構成威脅的道理就是這個地方，因為抓不到他的發射就沒有辦法預防。什麼愛國者飛彈不知道幾型都是一樣的，你要先能夠預防就沒有辦法預防。那當然另外一個，俄羅斯總統批准金磚五國基金要成立一個一千億的，然後總部放在上海。那這個這五個國家其實滿有趣的是「印度」。

于：印度？

施：因為我們講這五個國家，俄羅斯、中國、巴西、南非跟印度，那基本上前四個大概沒有什麼問題，可是印度也加進來了，那當然這個金磚五國加進來就構成了某種的穩定性，因為他是要解決短期流動性的壓力。比如說突然哪一國突然缺現金的時候，這個就可以，

于：要支援就對了。

施：就馬上就支援他。大概就四則新聞、大概是這樣子。

于：OK，好我們謝謝施老師。那接下來剛才這個施老師在幫我們做新聞提示的時候已經提到一個機構，就是所謂的亞洲開發銀行。大家不要跟這個之前我們在節目當中哦常常來討論的「亞洲基礎建設投資銀行」、這個「亞投行」不要跟他搞混，我們今天要談的這個「亞洲開發銀行」他的

簡稱，是叫作「亞行」，或者是這個「亞銀」。然後他是另外一個有別於所謂的亞投行的一個機構。而且他的成立時間其實還滿早的，1966 年就成立了。那如今是他第四十八屆的理事會年會，在亞塞拜然的首都巴庫來舉辦。那我們中華民國來出席的這個人員就是財政部部長，他以這個理事的身分在這個年會當中發表演說。那就這樣一則訊息是不是請兩位老師來幫我們講一下，我們來參加這一次的亞洲開發銀行的理事年會，到底有怎麼樣的一個經濟上或者是國際地位上的一個訊息？

洪：好，我來先講。那個經濟上大概也沒有什麼樣的作用，那國際上大概也沒有什麼樣的作用。

于：哈哈！那我們為什麼要來參加？

洪：我們要討論這則、選這則新聞的時候，我剛開始看見的時候是，我們的部長要去發表演說了，那他到底要說什麼？那誰要聽他說什麼？因為翻開歷史我們跟這個亞洲開發銀行，自從我們被改名字，而且某種程度的斷然拒絕參加了兩屆以後，我們跟他的關係是已經越來越弱了啊。我們也沒有聽到什麼樣的訊息，說我們跟他有什麼樣的關連對不對，雖然剛剛講說他要對尼泊爾提供三億美元的貸款，這本來就他該做的事情。

于：因為這個地震的關係。

洪：對啊！所以，其實他也不會以中華民國財政部長的身分去的，因為我們的名字也被改過了。

于：是、好像是說⋯⋯

洪：這個十九年前當時的中華民國的財政部長郭婉容去中國參加的時候，她就開始抗議了啊！但是她就含淚，為了應有的這個泱泱大國的這個氣質，雖然被不公平的對待，很不情願的接受但是就要抗議，那還是把他參加，然後在回來。那經過這十九快二十年了，我們跟他的關係其實是很淡、很淡、很淡啊！

于：很淡，是不是？那跟大家來補充一下，這個亞洲開發銀行在 1966 年成立的時候，原本我們是這一個其中的一個會員國，那後來因為這個中華人民共和國加入之後我們就被迫改名了，然後也改成了另外一個名字。至於說是什麼名字？我們就請這個施老師。

施：洪老師說這不重要，臺灣沒有幾個國際組織可以參加，你知道嗎？所以
　　我就說這則新聞出來為什麼我們把他擺進來，很重要的是就是這一點。
　　就是說臺灣被封殺太多了，所以能夠曝光的，所以其實他在現在臺灣的
　　新聞媒體沒有被討論，這個才是很奇怪的事情。因為我們其實沒有幾個
　　正式的組織可以參加，我們都是什麼觀察員啊！非正式會員的，這個是
　　正式會員的。但是現在會比較有趣的一點就是說，感覺有一點像忍辱偷
　　生，我們還是保有正式的會籍，年會還是可以去參加，但是總是有一口
　　氣吞不下去！所以通常人家講的，在參加上面一定會放一個牌子，就是
　　UNDER PROTEST，就是抗議中！

于：抗議中，這樣的意涵是？

施：所以我們的國籍叫作 Taipei, China（UNDER PROTEST），就是我們自己
　　會製作一個小牌子，然後放一個抗議中這樣子。那這個其實在我的認知
　　上面，其實這個其實是兩岸問題，中華人民共和國跟中華民國這兩個國
　　家所要面對的就是，到底我們有沒有辦法用中華民國的方式走出去？

洪：現在在國際上面的、臺灣的，你看我們都講臺灣的，不講中華民國的商
　　人，去參加這些國際活動的最多的就是我們這邊的商業界的人士啊！因
　　為我們是以經貿界起家啊！我們的外交上面已經節節敗退到我們剛剛講
　　說好像大家都不太注意。對啊！不太注意。所以是經貿起家。可是你會
　　說中華民國商人嗎？誰是中華民國商人？大家都講臺灣商人。臺商，對
　　吧！那為什麼我們會自稱是臺商，可是我們在外面又要取作中華民國財
　　政部長，為什麼你不說中華民國在臺灣的財政部長？這個意義是不同
　　的。因為中華民國不被中國承認啊！那個中國是中華人民共和國，以至
　　於我們的名字已經改成，我們都搞不清楚 Taipei, China，Chinese Taipei，
　　然後臺澎金馬。過去有人說這叫「冠夫姓」。就是我們嫁了人之後冠了
　　好幾個夫姓，丈夫是誰、名字還好幾個，那這種是自我解嘲的方式表示
　　說，因為我們的外交空間被壓縮，壓縮到連本來我們是創始的，而且我
　　們放進去很多錢的一個銀行，我們現在都完全被擺到等我們的這個財政
　　部長去演講的時候大家都不注意，而且我們會問，他到底他要提出什麼
　　樣的演講的內涵？對我們有什麼的幫助？或是他這個去講的時候還特別

關心尼泊爾的這三億貸款，他講說不夠還要再追加一點，三億是不夠的，根據這個我們國內的研究應該四億、五億，或者是時間要拉長，或是內涵要怎麼分配。那這樣子那個演講本身才等於真正在參加國際的會議。當然我們不知道那個實質的內涵是什麼。這是個好事情，可是在我們看起來，真的嗎？你會不只懷疑、不僅懷疑。因為他一次再一次的只是做一個這個內銷新聞。對對，我們其實、好像我們又存在了，可是都是在臺灣。中華民國就只有在臺灣而已啊！出去就沒有中華民國了，出去就臺商啊！出去叫作 Taipei, China，Chinese Taipei 啊！從來沒有中華民國，中華民國這個名詞就只有臺澎金馬這個區域這幾個可以用而已，你看多可憐。

于：所以提到這個在國際組織的地位其實是這個所有我們在地朋友，應該是內心當中的一個滿痛的一個傷口。

洪：那難道我們出去以後我們護照上都要印一個 UNDER PROTEST。

施：沒有啊！我們護照沒有被改啊！我們護照上面還是中華民國。

洪：走出去的時候大家才看的見。

于：施老師這邊還有沒有要繼續來？

施：因為這個就讓我想到前兩個禮拜那個有朱習會，那朱習會，習近平有提出了五點的主張，其中有一點，我這邊念一下：中華民族偉大復興要大家一起來一。最後那個字我就消音掉了，因為我們這個節目是要進軍金鐘獎的，就不念出來了。

洪、于：哈哈哈哈！

施：所以那個字，對不對？大家聽眾有興趣大家去查一下。假如說真的要大家一起來，那我想尊重我們的存在、尊重中華民國存在，這個其實是中華人民共和國很大的一個課題，大概是這樣子。

洪：其實你也可以說我們跟中華人民共和國之間有一種莫名其妙的冷戰。這跟那個彼此保證互相毀滅的這種什麼美蘇那種，拿著核子武器對著你的冷戰是不一樣的。**因為你不承認我，其實我也不承認你，那兩個又必須密切的互動合作，這不是冷戰這是什麼？這叫奇奇怪怪的冷戰。**

于：奇奇怪怪的冷戰。

洪：非常奇怪的冷戰。我們也知道你心裡面在想什麼，你大概也都知道我心裡面想什麼，我們要裝模作樣。這是，這個是你不能夠理解的！那到最後說我們就選擇冷漠，所以我們到最後就不管了。所以你不會聽見中華民國商人這個名詞，你是聽到臺商。你不會覺得很奇怪嗎？那臺商是哪一國的？請問臺商到底是哪一國的？臺商也在中華人民共和國做了很多的貢獻啊！對不對。我們很多臺商今天還回過頭來指正我們中華民國的內政啊。對吧，這種事情都存在啊！可是他叫臺商啊！還是中華民國商人。或者是他已經改變了？他的身分已經改變了？這是很有趣的。

于：所以從這個一些世界的事件，一些大事的事件我們可以看到其實在臺灣的一個國族的認同，或是國家的認同好像都處在一種比較搖擺的姿態。那每次談到這個國家認同好像氣氛就會有一點凝重！好沒關係接下來，我們用一首歌來改變一下現場的氣氛，送給大家來自 MP 魔幻力量的《射手》。

（音樂）

于：好的，現場時間是下午的兩點四十九分、午後陽光第二階段，我是于庭。今天星期二地球脈動的單元，錄音室裡面很熱鬧！兩位這個（高）師大地理系的老師，洪富峰老師還有施雅軒老師，跟我們來聊天聊什麼！聊上周的國際大事，接下來跟大家來討論的是這個日本有一個知名的汽車公司，那根據他的年度報來表示說，首度突破了兩兆日圓的淨利耶！也是日本的這個國內裡面第一家淨利破兩兆日圓的企業。那接下來是不是就這個請我們的洪老師，來跟我們講一下，這樣的一個日本產業的經濟上的一個斬獲，跟他們的這個目前的這個經濟的政策有關係嗎，還是說其實跟這個日本的企業文化是有很密切的結合？

洪：今天我們主持人好厲害，她已經把答案講出來了。哈哈！

于：沒有，我們要請這個老師仔細的來為大家分析。

洪：好，這個跟聽眾朋友做一些分享。那其實 TOYOTA 不只是在一段時間以來獲益這麼多，你如果注意這一段時間現在是 5 月中旬了，那 4 月底的

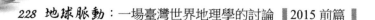

時候臺灣所有汽車的銷售量 TOYOTA 就排名第一名。佔的比率還滿高
的。所以其實臺灣對他們的獲利也應該有多都少少的一點貢獻。臺灣也
是在這個系統裡頭，我們幫助了他累積了這麼多的淨利。那我倒願意從
另外一個故事談起，現在的他們的社長叫豐田章男，他是他們創辦人這
個豐田喜一郎的孫子，他第三代。

于：世襲的企業。

洪：你也可以這樣講，因為他們是所有權和經營權結合的，有很多在美國的
英國的一些公司，他經營權跟所有權是分開的，但是在東方，那包括日
本、包括臺灣，有時候我們說所有權這家公司是誰的，那經營者就是他
自己，或是傳給他的親屬下一代，這種比比皆是，很多的到處都有這
樣。所以公司是家族的，那所以一個故事是……在這個豐田章男他在
2009 年接任這個第四任的社長，他在 09 到 2010 年的時候他在美國發生
了這個他的車子爆衝的事件。

于：安全的疑慮。

洪：對，那根據報導死了十幾個人。十數人。那這種事故其實在各種品牌的
車子都有，但是美國就下重手來處罰他，要為他這個瑕疵付出代價。那
這個豐田的這個社長就跑去美國說明、報告。那我印象比較深刻的這個
過程中，他說著說著他就哭了！

于：在會議場所哭了嗎？

洪：在大眾場合就哭起來，就飲泣了。那你可以解釋說，那他因為接了這個
工作是背著他的上兩代的人留下來的。

于：他的使命很沉重。

洪：對，這種企業精神其實家族的企業精神。那他哭著說他誓言要把他改回
來，因為每一部車子都印著他家族的名字，就是 TOYOTA 這幾個字。

于：哇，等於說每部車對他來說都是他們家的名譽的代表，對不對？

洪：對，他用這種概念。某種程度像這種所謂我們現在叫做達人。不知道有
沒有這種汽車老闆達人這樣的觀念。

于：哈哈哈。

洪：他也許就是這種精神，就因為印著我們家的車子，竟然出現那樣的事

情，如果嚴重一點那切腹自殺了，對不對？

于：對，在很多日本的這個上位者好像比較激烈的都會用這樣的手段。

洪：都用這種方式來表達他的慚愧，所以我認為雖然這一段時間以來獲利這麼多、的一般的解釋會從金融，或者是貨幣的等等的這個匯差來看，也是！那當然幫了大忙，但是如果以這家企業並沒有一個這樣子的，把整個企業的形象要往上推的這一種企業家的精神。那這種榮譽，我認為是做不到的。

于：所以等於說這個哦這個社長、第四任的社長他在美國……

洪：他第三代、第三代。

于：第三任的這個社長。

洪：第三代的接班人第四任的社長。

于：他解釋之後就有比較改善了。

洪：罰款啊！還是罰款。罰的超高了！罰了三百六十七億臺幣耶，當時。你看到都是天價吧！

于：對啊！都是我們、難以想像的一個數字。

洪：可是那麼多人死了啊！那你也可以說美國人對他高標準啊！其他的這個汽車你發生也許有雷同的事件，也許都沒有那麼兇狠。

于：是。那但是如今我們把那之前的新聞跟現在他們獲利的新聞加在一起，是不是表示說其實他們已經在很多、世界很多地方已經獲得了認同。

洪：這已經變成是一個大品牌，全世界最大的汽車廠現在就是他。就TOYOTA。就表示他一直在市佔率、在獲利上面不斷的往外找。這個是，你這個成功是可以當作那個臺灣我們國內的一些企業的一個追……等於效法的對象。那我的看法是我們跟他們一樣，所有權跟經營權經常是結合的。

于：結合的。

洪：那我覺得應該要有這樣的一個視野。要用國際標準來看待我們自己出去的所有商品。

于：那施老師這邊有要來進行補充的嗎？

施：那我想 TOYOTA 他的一個形象，他其實在包裝上面已經跟中產階級做結

合的一個情形，所以在整個全球中產階級紛紛竄起的過程裡面，TOYOTA 大概也會，車子給人家這樣的形象，很容易讓人家覺得中產階級我第一個、我首部要買的車，很容易就會聯想到 TOYOTA 的這部車。那當然在文化的宣傳上面，我舉一個例子，比如說在好萊塢的卡通裡面總動員系列的，比如說玩具總動員啊！海底總動員還有汽車總動員的汽車總動員，裡面就全部都是車子的那個。那個有錢的那個下廣告的人那個頭上就長了一個牛角。那你就知道，所有的車子對不對他影射長牛角的，就是 TOYOTA 啊！所以你會發現在整個的一個

洪：那 TOYOTA 出錢嗎？

施：我覺得應該不會 TOYOTA 出錢，可是他是一種隱喻就是說

于：還是置入性行銷。

洪：既然是隱喻，那就要出更多錢。

于：哈哈哈

洪：這是洗腦啊！就洗腦小孩子。

施：對，就是小孩子我是，我不知道看的出來、看不出來，但是你在看的過程裡面已經都定位。

洪：這才屬害啊！直到有一天這個小孩子變中產階級就自動的跑進去那一家公司叫 TOYOTA 去買車。

施：就下單，就是那個故事裡面演下單，下廣告的那一個人就頭上長一個牛角這樣子。

于：就是他們的這個形象好像已經被大家置入了，不管是有意還是無意的。

施：他不是有錢人，也不是類似像那種極端，而是他取中間值的那個部分。

洪：對，其實以他車的形象差不多也是在這個位置。中產階級的用車，是為了家庭生活工作上需要的。他不是炫耀的。那也因為這個樣子他在全球賣的這麼好其實也可以說，其實中產階級是最主要的市場的需求者。

于：是。那其實從今天的這個日本汽車大廠的一個案例，我們可、也認識了這個所謂的日本企業的文化，以及他們面對這個商品上的挫折會用怎麼樣的這個企業態度，或是這個，相當特別的一個社會的態度來面對。

洪：對啊！我們的油的事件也應該這樣處理才對啊！

于：啊！哈哈哈，是。

洪：我不能再干擾主持人了。

施：呵呵。

于：哈哈哈哈。沒有！就是從這樣的一個企業的一個……哦一個文化當中，其實可以為所有的企業經營者來提供一個這個算是反思的一個形象，或者是說要來學習效法的一個形象。好的，今天節目當中因為時間的關係我們先跟兩位老師來說掰掰囉。那我們也這個預約、下周空中見！

施：掰掰。

洪：再見。

(End)

第 20 集

104.05.19

〈全球化的時代帶您掌握國際時事關心全球動態歡迎收聽地球脈動〉

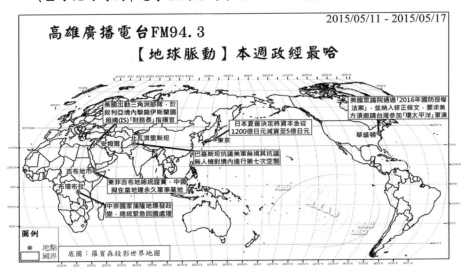

片頭：聽眾朋友午安，歡迎收聽 5 月 19 號的《地球脈動》，我是于庭。節目一開始先跟大家回顧上周的國際大事：

美國出動三角洲部隊擊斃在敘利亞境內出沒的伊斯蘭國組織「財務長」指揮官

巴基斯坦抗議美軍無人機對境內進行了第七次的空襲

日本夏普決定將資本從一千兩百億日圓減資到五億日圓

中非國家蒲隆地爆發政變，總統緊急回國處理

東非的吉布地總統證實，中國計畫在當地建立永久的軍事基地

美國眾議院通過了「2016 年國防授權法案」，並且在法案中納入了修正條文，要求美方邀請臺灣參加兩年一度的環太平洋軍演

稍待一會兒節目當中跟大家來關心這些國際大事的最新動態。

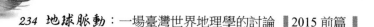

于庭（以下簡稱于）：好的，現場時間是下午的兩點三十二分、午後陽光第
二階段，我是于庭。星期二的這個節目後半段大家都
很期待我們的高師大地理系，洪富峰老師還有施雅軒
老師大駕光臨這個節目當中，跟大家一起來關心一下
這個國際大事的最新消息。那我們先請兩位老師一來跟
大家問聲午安囉！

施雅軒（以下簡稱施）：大家好！

洪富峰（以下簡稱洪）：大家好！主持人午安。

于：好的，那剛才這個哦節目一開始的時候，于庭有幫大家稍微做上周比較
重要的六則大事的這個資訊的提醒，那我們接下來是不是一樣我們先請
施老師就這個前四則的新聞資訊，幫我們做一下這個初步的這個整理、
初步的分析。

施：好的，那這一周大概基本上是「美國周」，所以那前兩則新聞是美國出
動三角洲部隊、到敘利亞去斬了他們類似像財務長的指揮官。那這個最
主要的目的就是，之前我們有回顧一個新聞就是，他對他轟炸了幾億美
金的但是他都沒有效果，但因為主要的是你在怎麼炸地面上的設施，問
題是他後面的金流你沒有斷的話、他可以繼續買啊！所以他們就決定朝
另一個方向，就是找出他們的金流，所以就是這個財務長的腳色。但這
個財務長後來被殺了，抓了他的太太。所以現在就等於說要從他的太太
去套出來 IS 他整個金流、財務的狀況。這個可能是後續，美國要去破解
IS 這個組織的方式。然後再來是巴基斯坦抗議美國無人機。那這個其實
我會感覺到他會這跟「中巴經濟走廊」會有一點點的關係是因為，中巴
經濟走廊還沒開始之前美國有免去巴基斯坦的外債。但是後來他跑去跟
中國友好，所以在某個程度美軍感覺在考試巴基斯坦就是，我就是無人
機一直去看你能怎麼樣，你打的下來嗎？無人機跟黑貓，我們以前之前
說要偵測那個黑貓對不對？因為黑貓裡面畢竟有人的，所以你飛機的速
度不能到某種的極速因為傷害到人體。可是無人機你怎麼飛都無所謂，
因為裡面是沒有人的。

于：無上限就對了。

施：對對對，所以你要打無人機打下來基本上還需要有一些技術，到現在還沒有研發出來。那再來就是「鴻夏戀」，我們之前講的鴻夏戀，夏普決定把資本從一千兩百億日圓減資到五億，那等於是手上假如有兩百四十張股票會變一張！

于：啊捏，投資人會哭吧！

施：對啊！那這個會不會就沒有鴻夏戀？也不知道。只是說現在鴻夏戀大概進入到另外一個新的局面。一個大公司瘦身成中型的公司了。再來就是中非國家蒲隆地發生政變，因為總統去外面的時候突然家裡就施火了，就

于：大火災。

施：他就趕快回來處理，後來就把他弭平掉了。新聞大概是這樣子。

于：好的，接下來我們就兩則比較大的新聞會做比較詳細的分析跟解說。那其實在前兩周大致上我們講到全球的軍事狀態的話，大部分我們探討的是美國以及日本的軍事的狀態，不管是合作還是說有一些動作，但是這一周要跟大家來講的，美日這個浮出檯面之後，接下來這個第三個國家就開始蠢蠢欲動、迫不及待了，他們也要來搶奪這個全球的軍事報導的版面，那就是中國。那根據東非吉布地的這個國家的總統來證實說，好像中國目前規劃說要在東非吉布地這個地方建立一個永久的軍事基地。那東非吉布地的地方好像是一個滿小的國家，係按怎這個中國？要千里迢迢來這邊來建一個軍事的永久基地？我們是請這個洪老師來幫大家說明一下。

洪：好，那位置上面是非洲東北部、亞丁灣西岸，是紅海進入印度洋的一個要塞，所以位置很重要。那我們這個節目在上個月的 21 號，也是在我們這個現場，那時候正好有一個當天的新聞是瓜達爾港就剛剛巴基斯坦，這個我們今天的第二則、巴基斯坦，這個中巴經濟走廊，那當時瓜達爾港不是要讓這個中華人民共和國用四十年的經營權？那這個深水港基本上其實他的經濟上面重要性是不高的，那做為軍事上的位置離的又稍微遠了一點。所以當時我們在節目當中也特別講到說其實，看起來戰略上他們不要瓜達爾啊！就是要今天這個……我們今天

于：吉布地這裡。

洪：吉布地的這一個軍港才是他們要的。

于：所以他的這個大動作，前面的布局慢慢布、慢慢布，終於在上周浮出來了。

洪：你想一想那個全球的那個軍事同盟啊！有時候其實比不上經濟結盟重
　　要。經濟結盟給你一點錢啊！可是給你錢如果不能夠保護這很容易被拿
　　走啊。所以有時候軍事跟經濟啊！

于：並行嗎？

洪：重要性是不分軒輊的。比如現在古巴的那個菸草也可以開始直接出口到
　　美國了啊。英國也要參加亞投行啊！所以我小小的一個在非洲邊的一個
　　這個吉布地，你們拿、把我的國家當作軍事基地，我什麼都沒有我只能
　　賣你這個位置啊！正好就放在這個印度洋跟紅海之間啊！這是我唯一的
　　資源啊！就是我站的位置好，所以我就賣給你們，所以美國也來、法國
　　也來、日本也來、現在中國也要來，就賣給你啊！

于：所以等於

洪：所以很自然而來的就把這個位置賣出去了啊！所以現在的狀況看起來就
　　是，有時候你要想一個問題：從一個個人來講，我們還需要看新聞、聽
　　報導嗎？要，對不對。可是我是也可以上網去搜尋啊！我可以透過一個
　　關鍵字搜尋到過去五年、十年，所有只要放在上面的資訊，說不定都有
　　人幫我們整理了。那人都已經、個人都已經變成這樣的一個全球化的這
　　種資訊通，流通的一個狀態，你想像國家是怎樣？國家當然是很多邊界
　　就被這個各種的力量把他切割了啊！所以我雖然跟你軍事同盟，雖然我
　　跟你經濟結盟，但是偶爾我也要跟別的人玩一玩啊！所以也許已經進入
　　到一個新的狀態，我們姑且稱之為軍事基地俱樂部的年代吧！

于：就是說這個全部的人，應該是說世界比較大的國家都要湧到這裡來蓋一
　　個軍事基地，好像如果沒有這樣做，人家做、我們沒有做，就有一點落
　　伍了嗎？

洪：我要參加世界盃，

于：哈哈

洪：我一定要，我要進去比賽一下。那我的各種軍艦、各種武器其實就是我

球員啊！就是我各種的表演賽的一樣的，要到世界上各地去展現。你想想看在這一次俄羅斯也已經跟中國在「地中海」軍演了。什麼時候中國的軍隊跑到地中海啊？所以你能不能把他想像其實只是一個軍事基地俱樂部的員工，或是一個軍事俱樂部的老闆派了他的員工、派了他的球員到地中海去表演而已啊！

于：哈哈，所以等於說洪老師把這樣的一個哦……全球的強權的軍事布局看作是，有一點像是一個聯歡的比賽就對了。

洪：你看瓜達爾港其實不重要啊！他的經濟也不重要啊！他的軍事作用其實很偏、在那個主航道外面、不重要。可是，今天講的這個吉布地他很重要。他是大比賽的位置啊！他像世界盃一樣大家都要來啊！是這個區域的世界盃的場景啊！

于：是不可以錯失的。

洪：我們這個球隊怎麼可能不派人去比賽比賽。所以一定要去！那一定要去，因為他的地理戰略位置太重要了，他的地緣的這個扼守的這個海的防線上面非常重要。各種的油品啊、貿易路線都在這個路線上走啊！所以太重要、太重要了，所以我一定要去。去雖然我過去跟某一些國家沒有軍事同盟，雖然我跟某一些國家還有小小衝突，沒有關係啊！就是很像是球員比賽的時候架拐子啊、出一條腿擋人家啊！撞了他的鼻樑一樣的差別而已，還好。

于：所以這個檯面上大家都要報到，然後私底下怎麼樣的角逐、怎麼樣的這個勾心鬥角就是在私底下檯面下大家各自努力了。

洪：應該看起來像是這樣的狀況，但是比較可憐的是這個國家。

于：怎麼說？

洪：這個國家，東非的這個吉布地，他就只能賣給你軍事基地，你到我們家來設立軍事基地，已經二十一世紀了，人的生活的情形已經跟冷戰的時代不一樣了，我們軍事基地到底代表的是什麼樣的意含？

于：所以那邊的其他的這個狀況的發展是並不是理想的就對了。

洪：你看他從資料上來看這個國家是非常非常弱小的，當然過去他也當別人的殖民地啊！他也沒有什麼資、農業啊！各方面的資源都非常短缺的。

也沒有比較好的穩定的時間讓他發展，所以，聽起來是這樣說好像有一個軍事基地進來了可以有一些收益，可是其實聽一聽滿慘的。那如果這個狀況一直維持下去，其實他也沒有主體性啊！他依然需要靠大國的軍事基地來支撐作為他的經濟收入的主要來源，這個國家大概很難發展啊！我們也要同情他的狀況。

于：哈哈哈哈。所以老師就這個強權的立場以及這個作為軍事基地，這個比較小的東非國家的立場來幫我們做了一下分析，那不曉得施老師對於這一則消息有沒有什麼意見要來跟大家分享的。

施：我只補充一點，大家還是要記得這個是亞洲跟歐洲很重要的航線。地中海、蘇伊士運河、紅海、印度洋這一個航線，吉布地剛好是卡在那個中間的位置。所以誰能夠守這那個位置，基本上誰就能夠打通這個亞歐的一個航線。所以為什麼他現在會變得那麼重要，主要的理由在這個地方。

于：等於說是掐住這個航線的喉嚨了。如果真的有什麼狀況發生的話其實在這邊有軍事基地的幾個國家都會有動作。

施：馬上軍隊就可以去解決他們國家的利益問題。

洪：不過這些國家都來了，那對象是誰？

于：對啊！對象是誰？要掐誰的喉嚨？

施：這個就像大家都打疫苗，那誰沒打疫苗誰就會發病啊！

于：哈哈。

洪：所以是俱樂部，大家都來玩一玩。

于：那至於他的這個後續的這個重要性，到底到這邊要來掐誰的喉嚨？我們就稍待後續的新聞，看會不會有這個更新的一些資訊，我們在節目當中跟大家分享囉！好的、現場時間是下午的兩點四十三分，接下來跟大家分享這個，講到中國，我們來聽來自大陸的歌手金莎，送給大家比較輕鬆的歌曲《不可思議》。

（音樂）

于：好的，現場時間是下午的兩點四十八分、午後陽光第二階段，我是于

庭。今天星期二節目後半段這個《地球脈動》的單元，邀請到高師大的洪富峰老師還有施雅軒老師，來節目當中跟大家分享這一個國際大事。那接下來要來探討、要來這個比較詳細跟大家分享的這一則國際大事，哇！講了很多的這個軍事訊息，終於有一則軍事訊息是與這個臺灣，有嘎進去一腳了。那剛才這音樂聲當中我們播音室當中，兩位老師已經就自己的立場開始在討論起來，非常的熱烈，所以想必接下來的分享應該會非常的精彩。這個訊息就是說美國的眾議院通過了 2016 年的「國防授權法案」，而且在這個法案當中納入了一個修正條文說，希望 2016 年的這個環太平洋軍演可以來邀請臺灣參加。那針對這樣的一個資訊、、我們先請施老師，他好像就是有一則故事，從這一則訊息當中衍生出來的故事要跟大家分享。

施：好，那我先講我的結論，就是**臺灣現在已經出現了「小早川效應」**。

于：小早川效應。

施：小早川，小早川是誰？他全名叫做「小早川秀秋」。

于：是日本人嗎？

施：日本人，就日本戰國時期一個武將。那他的登場是因為，日本戰國時期由德川家奠定的那個基礎就是所謂的「關原之戰」。關原，那關原之戰等於說豐臣家跟德川家的一個對決。那整個對決就是德川家就是東軍，然後那個豐臣家就是石田三成為主將是西軍。然後兩邊都擁兵十萬以上，然後這個小早川秀秋他有一萬五。然後兩邊還沒開戰之前，在布陣的時候，兩邊都要挖腳他。希望他來加入他。所以那個時候石田三成說，啊你來加入我，你只要加入我打贏了，我就多封你什麼樣的領地啊！

于：就會有好處就對了。

施：對，然後德川家也派人來了，就說你來對不對，你加入我這邊我就會給你什麼好處這樣子。所以後來那時候小早川就說，好、那我就看起來德川家對不對

于：利益比較好。

施：贏面比較大，所以他就準備要加入德川家。結果後來東西軍、兩軍一接

戰的時候感覺西軍好像贏面比較大。所以後來變的他不敢加入東軍了，就原地軍隊就不動了。然後德川家就說小早川不是要出動了嗎？怎麼到現在還沒有？結果就催促他趕快出兵啊！然後他就開始賴皮了就不動了。然後德川那時候就下了一道命令就是，拿砲轟他！催促他快一點！

于：沒有選邊站反而直接自己先變成砲灰了。

施：對對對。結果就轟他了以後，那小早川就嚇一跳！啊，怎麼辦？那就趕快加入德川家了。但是也就是因為小早川加入德川家，也就讓一些所謂的騎牆派就跟著跑了。所以後來德川家就贏了。所以關原之戰後來就是德川家贏了。所以後來整個豐臣家，就是所謂豐臣秀吉這個系統就慢慢的退，後來有大坂的冬之陣、大坂的夏之陣就全部都敗，後來就變成我們現在講的德川幕府時代就是這個時候來的。那為什麼講說臺灣現在有所謂的小早川的效應？

于：對啊！為什麼？這有什麼連結？

施：一樣，就是一樣我們之前有講過了，現在**整個全球的軍事的對抗就是美日對抗中俄**，跟中俄的聯盟。那基本上環太平洋軍演基本上是在某個程度的假想敵，是美國，是我會認為是設定是對中國的。

于：就是美國聯合其他國要對準中國進行演習。

施：因為所有的軍演一定有假想敵！那現在很清楚的假想敵應該就是美國，就是對的就是中國。好，那他假如說要邀請我們的話，當然這個現在眾議院提出來要到正式邀請當然還有一段很大的一個討論，但是我會覺得臺灣的立場是你們最好不要邀請我。雖然國防部很樂觀其成，那個新聞講的很高興，很樂觀其成希望你來邀請我，因為我們的軍隊基本上是美式配備、美式戰法，我們基本上我們所有的系統都是美式的，所以當然是樂觀其成。但是就我們政府而言我猜大概應該他不希望邀請我們。因為邀請我們一樣就會跟小早川秀秋一樣，你就要表態，你要不要參加。

于：是……就是如果……點頭了，那有可能就是我們的這個美國的假想敵就會開始對我們造成了一些影響就對了。

洪：哎！這個主持人講的真是非常的優雅，美國的假想敵。

于、施：哈哈哈。

于：那剛才我們在正式開始介紹之前這個兩位老師有這個意見上的交換。剛才施老師已經分享了他的意見，那洪老師您這邊怎麼說？

洪：我們剛剛前一則講這個吉布地，他都可以在這個大國的外交、軍事跟經濟當中扮演了這樣的重要的角色，大家都跑到他們家去設軍事俱樂部，臺灣何嘗不可能？可是我們為什麼今天誤用到我們好像很擔心去扮演這樣的角色，到底是為什麼？臺灣本來是一張王牌啊！是非常好的一張王牌。不論中國的一帶一路，他現在已經走到南美洲、走到非洲去了，已經灑豆成兵的狀態不只是一帶一路而已。可是在太平洋的北太平洋的東亞這一帶，臺灣的位置太重要了。所以我們剛剛講說，前不久的美國借這個軍機好像故障、迫降在臺南，這小把戲而已啊！這次他們的鷹派已經抬頭了直接說：一起來吧！所以在這種狀況，臺灣難道還要再擔心這個小早川效應嗎？還是在努力去把小早川效應再擴大、擴大成為我們有更大的談判的空間，扮演更重要的角色，我們不是沒有這樣的能力，不是沒有這樣的角色可以扮演。所以，剛剛講說也許我們的國防部、軍事的發言人可以希望說透過跟美國的合作，有一個可能性，我們又擔心，剛剛主持人講的，怕把他講出來所謂的美國的假想敵，那臺灣的假想敵是誰？假設我們在這個過程當中我們有沒有假想敵勒？還是我們一直沒有敵人？就你們去打一打都跟我們無關，那我們也不願意選邊站，就出現了這個小早川效應的心境，難道是這樣子的嗎？其實我們也該想一想了，我們要不要？對不對，等到人家來迫降。所以剛剛施老師說，好，你如果真的去處理了，恐怕這一次迫降的不是美國軍機了。

于：哈哈哈。

施：美國的假想敵。

洪：美國的假想敵的軍機就迫降了，哈哈。難道我們這麼糟糕嗎？人家的軍機要迫降就迫降了啊！不通知一聲嗎？不事先告訴我們嗎？甚至有時候我都懷疑這個迫降都不是真的。根本就是個演習！只是用故障、迫降這樣來矇蔽，或者是故意轉個彎，降低他的直接的效應罷了。

于：其實這個國際的這個情勢，就如兩位老師剛才為大家來做說明的，每一個不同的看法都有不同的切入點，像哦！我們施老師是站在這個兩岸的

情勢做為切入，然後洪老師是就這個我們臺灣的戰略地位的重要性來進行切入，那不曉得這個聽眾朋友你的想法是什麼！那接下來到底我們臺灣會不會……

洪：那主持人，主持人你，我們這個節目做了一段時間了，你的看法是我們應該學小早川、還是這個學吉布地？哈哈。

于：我們這個老師一人一邊剛好，這個主持人要站在中間，要不然我怕這個等下會打……

洪：你看連主持人都有小早川效應。

施：對啊！小早川多好用啊！你知道嗎？

于：不然等一下怕我們這一個主播室裡面分成兩派會有一點點的尷尬。好的，那之後，後續到底這個美方的邀請會是怎麼樣，我們就靜待後續的消息來作這個介紹，如果有任何更新的資訊就會在節目當中跟大家分享了。好的，今天因為時間的關係所以要先跟兩位老師說掰掰囉！那我們也預約下周空中見。

施：掰掰。

洪：再見。

(End)

第 21 集

104.05.26

〈全球化的時代帶您掌握國際時事關心全球動態歡迎收聽地球脈動〉

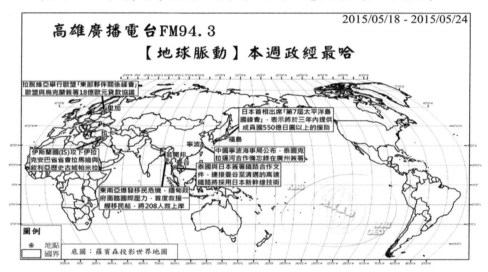

高雄廣播電台FM94.3
【地球脈動】本週政經最哈
2015/05/18 - 2015/05/24

拉脫維亞舉行歡迎「東部夥伴關係峰會」歐盟與烏克蘭簽署18億歐元貸款協議

日本首相出席「第7屆太平洋島國峰會」，表示將於三年內提供成員國550億日圓以上的援助

伊斯蘭國(IS)攻下伊拉克安巴省省會拉馬迪與敘利亞歷史古城帕米拉

中國寧波海事局公布，泰國克拉運河合作備忘錄在廣州簽署

泰國與日本簽署鐵路合作文件，連接曼谷至清邁的高速鐵路將採用日本新幹線技術

東南亞爆發移民危機，緬甸政府面臨國際壓力，首度救援一艘移民船，將208人救上岸

圖例
○ 地點
　 國界
底圖：羅賓森投影世界地圖

片頭：聽眾朋友您好，歡迎收聽 5 月 26 號的《地球脈動》。單元一開始帶大家來關心一下上周的國際大事：

「伊斯蘭國」攻下伊拉克安巴省省會拉馬迪以及敘利亞歷史古城帕米拉
日本首相在福島縣磐城市出席了「第 7 屆太平洋島國峰會」領袖會議，
　表示將在今後三年內向峰會成員國提供五百五十億日圓以上的援助
泰國與日本兩國政府簽署了鐵路合作文件，將採用日本新幹線技術連
　接泰國首都曼谷到清邁的高速鐵路
在拉脫維亞舉行的歐盟「東部夥伴關係峰會」，歐盟與烏克蘭簽署了十
　八億歐元的貸款協議
中國寧波海事局公布，泰國克拉運河合作備忘錄在廣州簽署
東南亞爆發了移民危機，緬甸政府面臨國際壓力，首度救援一艘移民
　船將二百零八人救上岸

稍待一會兒節目當中跟大家來關心這些國際大事的最新動態。

于庭（以下簡稱于）：好的，現場時間是下午的兩點三十分、午後陽光第二階
段，我是于庭。今天星期二，5 月 26 號節目後半段，
兩位高師大的老師來節目當中跟大家分享這些國際大事
的相關資訊。那一樣是邀請到我們的高師大地理系的洪
富峰老師、還有施雅軒老師，來跟大家打聲招呼吧、兩
位老師。

施雅軒（以下簡稱施）：大家好！

洪富峰（以下簡稱洪）：大家好！

于：剛才這個于庭有為大家做上周國際大事的一些整理！接下來是不先請、
一樣請我們這個施老師先來幫我們就前面四則的資訊，來做一下稍微的
複習。

施：好的，那我就繼續延續，日本鷹被放出來以後繼續在全球展翅翱翔。那
第一個就是日本首相在第一屆的太平洋島國峰會裡面，承諾三年內要提
供五百五十億日圓。那再來就是泰國跟日本準備簽屬鐵路合作，要打算
從曼谷到清邁的高速鐵路要採用新幹線，他有可能會暨臺灣、因爲臺灣
是新幹線技術輸出的

于：第一個

施：第一個，那有可能泰國就是第二個了。假如他有成型的話。那再來就是
受注目的伊斯蘭國。那我們上個禮拜有談到他們類似像財務長這樣子的
角色被抓了，所以他們這一周基本上大反撲啊！他們攻下了伊拉克的其
中一省的省會、拉馬迪，還有敘利亞古城的帕米拉。這個帕米拉基本上
打下來以後就變成 IS 在敘利亞佔領了九萬五千平方公里啊！那基本上也
是臺灣快三倍大啊！那他整個戰術的使用上面基本上是很人地關係結合
的、爲什麼？就是乘沙塵暴來的時候，然後美軍就什麼、停止轟炸，因
爲裝備

于：不能、不能動

施：然後他們就整個車就跑在沙塵暴的後面，然後就衝進去。然後就雙方一
交戰的時候，等沙塵暴過去了以後，哇！美軍就不能轟炸了。因爲就分

不出敵我是誰了，就這樣被打下來了。

于：哇，所以他們非常善於利用當地的地形還有天氣的狀況。

施：對，而且我會覺得他們戰術靈活的程度，我都覺得都是玩真的，真的是「作戰的人」！那個不是嘴巴說一套的，絕對不是我們所認知的只是網咖上面貼貼照片什麼的，那個有另外一組勢力是專門是有實戰經驗的。那我猜為什麼他們會那麼積極主要理由就是因為，我猜，應該是真的是財務長被抓了，所以整個的系統怕被美軍破獲，所以就乾脆一口氣把所有的資源下放，然後整個衝鋒陷陣再擴大他的版圖。那也變成是說，其實你知道了那也是過去式了。那再來就是拉脫維亞舉行的這個合作關係，一樣歐盟貸款烏克蘭十八億歐元，那這個當然也是一樣希望能夠擺脫，烏克蘭能夠擺脫俄羅斯的關係。大概、四則新聞是這個樣子。

于：好的，接下來，第一則要跟大家比較詳細來分析的這一個資訊是、根據這個中國，中國的寧波海事局的這個官方微博上的資訊顯示，說泰國有一個叫作克拉運河，那這個克拉運河目前已經即將要來進行動工了，那跟誰一起合作？泰國跟中國已經在這個中國的廣州簽了合作備忘錄。為什麼這樣一則訊息在泰國要挖運河會成為這個世界、世界大家要關注的點？是不是先請這個施老師來幫我們講一下。

施：那克拉運河的概念基本上是在拉瑪五世的時代就有了。拉瑪五世就是誰？大家如果有在看電影的話，那個《安娜與國王》周潤發演的，他是拉瑪四世，裡面的那個小孩子就是拉瑪五世。

于：這麼遠的時候就有這樣的一個概念了。

施：對，那但是沒有人要投資因為工程太大了。

于：這個地方是很、很重要的話是在哪裡？

施：他剛好是假如說真的有要挖通的話，剛好可以連接印度洋跟所謂的泰國灣、這個角度。就是安達曼海跟泰國灣就剛好接起來了。所以就可以不用走麻六甲海峽。所以這樣子的一個情形在 2004 年塔克辛再被提出來。

于：這根本就睽違了一百多年有了吧！

施：對對，一百多年，然後塔克辛基於某些的目的然後再把他找出來。那基本上當時候中國就覺得他要擺脫麻六甲。就他們講的麻六甲的噩夢嘛！

所以就、有對這個有意思。可是這一次的新聞會有趣的點是因為，明明是官方的，但是後來中國外交部跟泰國都說沒有這回事！

于：哼哼哼哼，所以說在官方微博公布是不准就對了。

施：不是不準，他就說這只是因為

洪：這個不是海事局的官方，是他們自己內部的。比如說我們高雄廣播電台我們公布也變官方啊！官網。是這個意思，不要誤解了。

于：所以等於說這個官方都否認說會有一個……哦中、中泰的這樣一個合作對不對？

施：對，現在就是這個樣子，所以這個就不得不讓我們好奇是，那背後是不是又有什麼樣的一個壓力讓他們覺得，不能夠這麼敲鑼打鼓的進行這樣子。

于：我們先來說一下假設這一個中泰合作的這個運河真的開通之後，最大的受惠者、最大取得好空 hó-kuang，是哪一個國家？

施：最大的好空 hó-kuang 當然就是泰國啊！突然一大筆基金要來你們家、當然也不能說好空 hó-kuang 是他啦！因為有人會認為說生態會被破壞，然後土方、

于：環境的議題。

施：還包括這裡有所謂的泰國的主張分離，就是我要脫離，脫離泰國的。但是基本上就經濟層面來講，資源一定就直接就進來了。

于：等於說世界各國要從這個太平洋要到印度洋的船隻，或者印度洋要來到太平洋的船隻我現在可以不用走到麻六甲那麼的南方，我們從這個、如果假設這個運河真的開好之後，從泰國這個地方彎就可以

洪：克拉運河。

于：通往這兩個大洋了。

施：所以這邊就講，航程縮短一千兩百公里可以省下，是可以省下三十五萬美金啊！

于：哇，所以說以這個十萬噸的油輪來說這樣一次開通了之後就省三十五萬美元。那剛才老師會講說，為什麼這個官方上面是都否認的，是為什麼？

洪：你看這個開運河其實基本上，你看埃及的蘇伊士運河，然後南北美洲的中美洲那裡的巴拿馬，其實在大航海時代為了節省時間而出來的。也經

過了很多的時間的醞釀甚至有失敗的過程，到最後完成了。那到今天還重啟要開這個運河，甚至包括這個在南美洲也有另外一個啊！在巴拿馬運河的上邊，也是……中國政府有介入投資的一個運河。那你會一直有一個疑問說，如果這個運、航道已經這樣固定了，那基本上已經有進行這麼久了，為什麼還需要再挖這兩個運河？好，在兩洋當中繼續挖，不只啊還有其他的基礎設施一直持續挖下去，那我們在這個節目當中談的就是當美國跟中國互相在比誰的力量大的時候，我們可以用這樣的一個地緣政治的概念來看今天這個克拉運河，所以「我想要（建運河）」，可是……好像又……官方又說「沒這回事」，那就激起我們的一個疑問就是說，到底為什麼？你不是很想要嗎？那為什麼兩邊都會說不？或者是官方說沒有，而且是泰國也否認，那中國也否認。那我跟施老師我們討論這個問題的時候馬上、幾乎有一個共識「互相給面子」。

于：互相給面子怎麼說？

洪：在國際政治上本來就是，我雖然想要但是為了你現在面子掛不住，我那個暫時就說 NO！各位想想看，剛剛講的 2004 年當時的總理，那個 Thaksin、塔克辛他的妹妹就是前任的總理啊！最近在判刑的。

于：盈拉嗎？

洪：盈拉，所以，現在的執政者，應該跟盈拉是不對盤的。

于：就死對頭。

洪：所以你哥哥說要的我們不要。這是猜想啦！我們要另外更多的資訊才能做這一種

于：判斷。

洪：可以判斷。可是看起來似乎有這樣一點味道在裡面。是他內部的問題所顯現的，我們要否認。所以我們也奇怪為什麼否認？好，那為什麼中國外交部也要否認？

于：對啊！為什麼？

洪：賣給美國面子。哈哈。

于：因為原本這個麻六甲這個海峽是……哦新加坡這邊

洪：一定要經過新加坡。

于：美國的力量對不對，新加坡加上美國的力量。那如果說真的這一個、中泰的這個合作運河開通了之後，好像新加坡跟美國的利益就比較少了，對不對？

洪：或是其實你也可以說這個運河不見得這幾個大國，或甚至包括中國現在的官方是不是把他定為成為他是立即性，而且非常重要的一個基礎設施，恐怕也有疑問啊！

于：所以說這有可能是先簽，因為目前是簽這個合作備忘錄，也有可能簽了之後沒有動靜是不是。

洪：對啊！

施：回去慢慢研究。

洪：慢慢研究啊！先丟一個案說開始可行性評估，評估可以評估三年五年都可能。可是他就變成是釣新加坡一個很重要的一個東西。等於說我這樣沒事刺你一下，新加坡沒事就被刺一下就緊張一下這樣子。

于：所以也是這個外交上的一個籌碼，就是我不見得好像真的開始動作了，但是我就是丟出說，我們已經簽了一個備忘錄囉，那很有可能即將在不知道什麼時候我們就要合作來開這個運河。所以新加坡就會有一點受到驚嚇。

洪：比如說巴拿運河今年到目前為止根據我的理解好像還沒有，他整修之後還沒有完全開通。本來他的預計是去年他就應該要、新的運河要開通了。他的時程是慢的。再加上在這個過程當中很多環境的課題，環境的課題已經變成現在的一種國際上面的普世價值。大概越來越少的政府敢冒這種破壞環境的大不韙，去推一個基礎設施，尤其這麼重大的基礎設施。啊所以在這種狀況之下，這個未來這個克拉運河的前景是不是真的會如同我們今天稍微談到的，說可以拿來作為地緣政治上面去卡對方的一個利器，恐怕其實也滿有疑問的。

于：所以說這個國際政治上充滿了很多這個、叫做什麼？

施：詭譎多變！

于：對，而且很多都是，不能說是紙上談兵，但是、是說，他們會一直在不斷的拋出議題。

洪：好那比如說這麼說好了，全世界這個跨洋的大運河就這幾個啊！那我專門就做跨洋大運河就這幾個，我做完一個那我這些人怎麼辦？再去找下一個目標繼續做跨洋大運河。所以凡是所有地峽的地方我都去給你研究一下，適不適合來蓋這個大運河。甚至於國內的或是大陸，在一個這個大的這個陸塊上面的，有沒有區域跟區域之間我也給你做一個大運河，那這樣來研究的過程當中，我當然就開始拋消息了啊！那資金很多，我們這個節目之前，大家都印錢，錢很多啊！那沒有大的計畫，這個就是大的計畫要不要來試看看！那個克拉運河，到 2030 年的時候說不定就可以完成了。

于：是，那只是會不會完成就要看後續的這個動態了。我們從這一個訊息當中可以看出這個國際大事，國跟國之間的這個資訊的拋出！他背後的這個所蘊含的意義好像還滿有趣的。好的，接下來我們來聽輕快的歌曲，送給大家好久不見的誰？中國娃娃。

（音樂）

于：好的，現場時間是下午的兩點四十七分、午後陽光第二階段，我是于庭。剛才跟大家欣賞這個來自中國娃娃的《Oh！Oh！Oh！》。大家還記得中國娃娃是哪裡來的這個……哦這個人嗎？其實他是兩位這個泰國女生所組成的，每年這個中國年的時候大家還記不記得都會來播放他們所唱的這個中國年的慶祝歌曲，還記得他們嗎？那因為跟大家談的這個中國還有泰國這個合作一個協議，所以跟大家欣賞來自泰國的歌曲。好的接下來要跟兩位老師繼續來分享的這個國際大事，一起討論的國際大事是這個目前應該是全世界都在關注的，就是東南亞這邊有爆發所謂的移民危機！我們可以在新聞的片段上看到，就是很無助的眼神然後坐在這個小船上，可是現在他們好像變成了這個互相推，各國之間互相推來推去的一個人球。那因為這樣的一個訊息，緬甸政府就面臨了國際壓力首度來聲援救了一艘難民、這個移民船上面的移民。那接下來就要請老師幫我們講一下，好像說這樣的一個移民的狀況，是在別的地方也曾經出

過、出現過有這樣類似的狀況，但是這一次在緬甸的這個移民潮又有不同的背景，我們先請施老師來幫我們講一下。

施：那現在全球在談難民的話題一個就在地中海，一個就在這個地方。那我想東南亞難民跟地中海難民的屬性有點不太一樣是因為，地中海難民其實是因為來自於在地的戰亂不斷，所以你在那個地方生存不下去，所以你會主動想找一個新天地生活。尤其是那個是那個新天地是發展相當良好的歐洲，所以不斷的過去。可是東南亞難民的屬性會比較不一樣是，因為他們會去的地方基本上、也是在那附近，可是並沒有一個所謂的發展的很好的一個國家去吸引他們。所以在人口的遷移上面所謂的「推拉理論」，就是人口為什麼會動，一種就是「推」，就是我在這邊有一個力量把我推出去；一種就是「拉」，就是那個地方對不對、過得好好，所以就把我吸過去。那這個東南亞的難民大概看起來會以「推」的屬性比較多一點。

于：推力。

施：也就是說，緬甸軍政府因為在某個程度對他們的不友善，或者是在他們的身分認同上面出現了某種的壓力，所以就把他們推出來了。

于：所以等於說這一些所謂的東南亞的移民，他泛指的其實是來自於緬甸的人民對不對，就是因為國內可能……待不住了！或者是國內的政府有給他們一些怎麼樣的壓力，所以迫使他們必須哦到海上，然後航向一些未知的未來……

施：他們的來源是來自緬甸沒有錯，可是緬甸政府不承認他們是緬甸，一直說他們是孟加拉人。

于：所以他們在身分的認同上面……

施：對，所以才會說、為什麼說這個他們為什麼會在緬甸待不，就是說我明明是緬甸人，可是你又說我不是緬甸人！

于：為什麼會這樣……

施：那我猜在某個、應該是在整個少數族群的認同上面可能產生了某些的磨擦或什麼，導致成緬甸的軍政府不願意承認這樣子的事。可是，他所導致的某些問題，也就是說當一船一船的人載到你的國家的時候，你要不要收容

他？他涉及到人道的討論問題。所以這個其實不是最新的消息，這個其實已經看這消息已經兩、三個禮拜了。那基本上馬來西亞或者是印尼，也都出現了相當多的一些頭痛的一個處理的方式，然後遭受到國際上面的一個譴責。可是大家始終都沒有想過說，那我要如何正本清源的治標，或者治本的解決的這樣一個問題。那這個就涉及到這個現在的國際的一個角力。我們現在這樣說現在對不對，大家都要當大哥。中國要當大哥、日本要當大哥，美國本來就是大哥了。可是大哥什麼時候應該產生作用，就是這個時候啊！所以因為什麼，你要處理這個的問題一定是跨國際的。你不可能說馬來西亞、印尼然後緬甸，你不是單一突破的，而是你要變成是一個整合者的角色。而這個整合者的角色其實就是最適合大哥露臉的時候，那只是說現在大家為什麼都沒有要處理，就是說這個大哥，還沒有大哥要來處理，現在大家感覺看起來……

于：很忙嗎？呵呵？

施：對，現在大哥都拚命什麼籌錢、借人家錢，可是真正要當大哥的其實在這個時候，誰能夠出來解決東南亞問題，是能夠獲得東南亞的掌聲、或者國際的掌聲的。

于：是，那就這一個緬甸的這個移民、緬甸的難民他們這樣坐著船就航向可能是泰國、馬來西亞跟印尼，所以這三個地方的人也、政府也不敢收是不是？他們、他們……

施：嘖，這個是，唉！洪老師。

洪：這個施老師忍了三個禮拜終於把這個新聞弄出來。

于：真的嗎？

洪：對，他剛剛講他已經忍了三個禮拜了啊！又看到這個訊息非講不可了，他就希望說想在東南亞當大哥的人要出來處理這個事情。可是很抱歉，東南亞就是沒有大哥。新加坡算東南亞的大哥嗎？他那麼小。印尼算東南亞的大哥嗎？看起來有點像啊！兩億多的人口，一萬多個、幾萬、上萬個島，那個哪裡處理一下就可以讓這一群，雖然這個……號稱是孟加拉人，可是看起來他應該有緬甸的國籍。那所以正本清源還是要透過東南亞國協這個緬甸、這個國家，或者是跟旁邊的那個孟加拉不在他們國

籍當中的人去做一些對談。那這個時候其實也不是誰當大哥啊！其實國
際就有這種救援的組織，在加上聯合國不是經常有這種組織在幫忙這
個……包括軍隊、包括戰亂、包括疾病，這個時候就應該要出手了啊！
我覺得應該要這樣，可是這個問題看起來都還引不起注意，因為大家猛
烈、除了說出錢出力之外都在做各種的結盟，我們剛剛講的各種的運
河，而這種人道上面的議題其實並沒有被特別被關注啦！所以如果要
做，我的建議其實應該是要到聯合國，因為他還是現在具備有這個基
礎，而且那個一站出來全世界都會同意說，應該讓聯合國扮演一定的角
色，這個時候就應該出現，恐怕不是用國家誰要來做地方老大的概念。

于：所以其實我覺得從這樣的一則議題、兩位老師討論的內容可以來看出
說，所謂的這個國際政治上面的這個領導者，他們其實除了在國際政治
在經濟上面有影響力之外，像這種關於人道、關於道德或者是人性之間
的這一些哦和平的方式，也是他們要來著墨的地方，就是……

洪：是，比如說如果潘基文，聯合國秘書長願意為這件事情表達一點意思，
然後聯合國派出一個類似代表團的去了解，到底、到底發生什麼事情？
為什麼到了印尼、到了馬來西亞都還被推出來？那類似這樣一個問題能
夠釐清，然後再進一步，看看有沒有什麼樣一個方法。因為這個問題就
是、就是一直在這邊兜著，兜到施老師這邊都快忍不住了。

于：應該是很多人看了都還滿忍不住的。

洪：我們也許在……聽眾朋友也許生活都過的還很 OK，可是你想像假設你是
在海上，那個糧食、飲水那麼擁擠、還一直有危險的。那個是、那是生
死搏鬥。這是應該被關注的。

于：所以後續我們就來期待看是……所謂的聯合國或者是說哪一個組織，哪
一個國際組織，會對這樣的一個東南亞難民的狀況會來進行救援，或者
是說，會來進行處理。

洪：對啊！這值得關注啊！因為、這個已經是人道課題了。這個即便是人口
什麼「推拉理論」的解釋可以來詮釋，是哪個力量比較大，可是誰願意
出來做這個事？看起來拖這麼久，那就是聯合國就應該要出面了。

于：因為再不出面的話可能這一些移民的、這一些難民的生命的安全，可能

就是會有直接的傷害。

洪：剛剛講的那個地中海的要去、渡進去義大利的人在半路上面就翻船了，那個都是慘劇啊！因為那麼小的船坐了那麼多的人，你就想像他們要逃跑的心情有多強烈啊！那個仲介的有多麼沒良心。這個已經不是講良心的時候了，這個時候要講有這種慈悲心、要有力量！這個時候聯合國的力量就應該要出現了。在我看起來，只是從外部的新聞這樣判斷，那個要來交給東南亞這幾個國家，自己從內部去解決，恐怕困難度很高。應該要介入。尤其這個時候緬甸不是開始已經在要開放跟世界接軌了嗎？這個時候聯合國介入進來處理這個事情應該是很恰當的！

于：好的。非常謝謝兩位老師來跟我們談論，談了這一個中國跟泰國的經濟上還有建設上的合作，以及國際難民的這個人道的議題。那我們相當謝謝兩位老師！我們也預約下周繼續空中見囉！掰掰

施：掰掰！

洪：再見！

(End)

第 22 集

104.06.02

〈全球化的時代帶您掌握國際時事關心全球動態歡迎收聽地球脈動〉

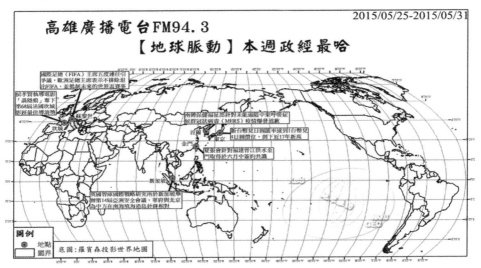

片頭：聽眾朋友午安，歡迎收聽今天 6 月 2 號的《地球脈動》。單元一開始帶大家關心一下上周的國際大事：

侯孝賢執導的電影「聶隱娘」奪下第六十八屆法國坎城影展最佳導演獎

新臺幣兌日圓匯率達到一臺幣兌四日圓的價位，創下近十七年的新高

國智庫國際戰略研究所在新加坡舉辦的第十四屆亞洲安全會議，華府
　　與北京對中國在南海填海造島針鋒相對

南韓保健福祉部對於未能遏阻中東呼吸症候群冠狀病毒，也就是
　　MERS 病毒的疫情提出道歉

金門夏張會針對福建晉江供水金門取得 6 月中簽約的共識

國際足球協會主席五度連任引發爭議，歐洲足總主席表示不排除退出
　　FIFA，並且抵制未來的世界盃賽事

稍待一會兒節目當中帶大家來關心這些國際大事的最新動態。

于庭（以下簡稱于）：好的，現場時間是下午的兩點三十三分、午後陽光第二階段，我是于庭。今天是 6 月 2 號星期二、星期二節目後半段邀請到高師大兩位老師，洪富峰老師還有施雅軒老師來節目當中跟大家聊一聊，上周的國際大事。那我們先請兩位老師跟大家問聲午安吧！

施雅軒（以下簡稱施）：大家好！

洪富峰（以下簡稱洪）：主持人好、各位聽眾朋友，大家好。

于：好，兩位老師非常的有默契的同時開口了。好，那接下來這個施老師是不是會就剛才于庭為大家整理，就是為大家來這個報導的一些國際大事，會為我們做一下這個初步的講解。

施：是的，那首先第一個是恭喜侯孝賢導演，他所指導的電影《聶隱娘》，得到法國坎城影展最佳導演獎，這恭喜他。這人家講說「十年磨一劍」啊！那因為他也好久沒有他的作品出來了。那再來就是……新臺幣兌日圓現在到達了一臺幣兌四日圓的價位，但是這可能不是最低點，因為

于：還會再貶嗎？

施：因為他貶，現在看起來不像是市場機制啊！所謂我們東西會變成便宜就是太多不要，就像高麗菜一樣，

于：供過於求。

施：對，可是日圓在某個程度他會這樣貶，一開始人家會覺得說某些的目的其實跟市場有關係，可是看現在一直在探底的過程裡面，我會覺得，他可能要達到某些的目的，但是背後的那一個操作者顯然還沒有達到，所以還會一直下。

于：所謂的目的是？

施：就是不知道是什麼目的，所以我們才……全世界的人都想知道那個是什麼。因為你沒有知道那個底是什麼，你只能讓人家一直喊啊！現在越喊越多啊！有 160、170 的，有 200。但是這個都是沒有任何的依據的，憑金融的專業去猜的。

于：是

施：那再來就是第三個就是在新加坡辦的一個亞洲安全的會議，那基本上華府，華盛頓跟北京針對中國在南海填海造陸針鋒相對，因為中國會認為說這個是他的合法、合理的活動，但是美國會認為那不對，那個不是。那主要問題癥結點是因為十二海浬。就是說假如這個十二海浬是屬於某個國家的。

于：十二海浬是經濟水域的……

施：就是那個島礁的十二海浬是屬於那個國家的延伸。但是現在問題是、癥結點是說，那島礁，就是說你會，不會浮在海面上的那個不算。

于：就是上面看不到的不算。

施：對對，那不算啊！所以中國就那你我看不到，那我就加蓋就好，你就看得到。

于：哼哼哼。

施：那美國就說，那你加蓋的不算！那兩邊就吵起來了啊！就是那個到底算不算的問題。那假如那個算，那美國很多、我到處就都……

于：很多都算啊！哈哈。

施：都算，我就不能那個啊！不能過去了。那第四個也是提醒聽眾，就是說最近有新的一個病叫作「中東呼吸症候群」。那這個是屬於冠狀病毒系列的。那跟我們之前的 SARS 是同一個家族的。那他現在在我們的東亞就是在南韓有爆發，所以才會讓那個保健福祉部的官員道歉。因為這個目前看樣子還沒有煞車的一個跡象。那這個病基本上跟 SARS 感覺他的徵狀很像，所以各位聽眾假如說你有類似像咳嗽，或者是發燒啊！或甚至他說有些人還會腹瀉。這個其實跟流感也很像！

于：所以有可能會被忽略，初期會被忽略。

施：對，那現在唯一能夠一直提醒自己的就是說，你可能來自於中東地方或是你跟中東人士接觸過，類似像這樣你就要有自己這樣子的危機意識這樣子。以上四則。

于：好，其實現在就是老師幫我們提的這個第四則，有關於 MERS 的疫情真的要提醒大家，不要覺得說好像現在在南韓有這個 MERS，大家就覺得，還離我們有一點遠，但是提醒大家，目前這個全球化時代很多的病

症，像之前的這個伊波拉，雖然是從這個非洲開始的，但是由於全球化的交通的發達所以很多病症它其實是沒有國界的，要提醒大家多多留意自己的身體囉。好的，接下來要跟老師來繼續比較深入探討的這一則資訊，就是延續這個夏張會。夏立言以及這個張志軍的會面，好像說做出了一個初步的簽約共識，說哦金門這個地方目前是好像有缺水的狀況，那是希望可以取得福建晉江的這個水源。這樣的一個共識，據說會在 6 月中簽約是不是？

施：那我想這個簽約的時程有看到 6 月的、有看到 7 月的，但是唯一可以肯定的是金門縣政府跟那個福建，他們這樣的供水計畫應該是不會變了。因為整個計畫幾乎全都出來了。那我想我能夠體會金門人需要用好水的一個心情。

于：所以目前那邊的水是怎麼樣的⋯⋯來源是怎麼樣的？

施：他們來源就是靠天吃飯，靠天吃飯然後，所以他們的水質其實都是很不好的。那我要分享以前我有個去金門的一個經驗，就是那邊去玩然後走路就渴了，然後就走到商店去買一瓶水，那上面寫說那來自於「臺灣省南投鄉」。那個瓶子我都沒有留起來，我覺得這個很重要，為什麼所以從臺灣過去都知道一定是「南投縣」，不是「南投鄉」。

于：對，南投鄉係啥寫 si-siánn-siá⋯⋯

施：所以這重點就來，就是那瓶水來看一定是不懂南投縣的人。那可是問題是住在臺灣誰會不懂南投縣，也就是說那一瓶水生產者就不是從臺灣過去的。也就是說在十幾年前我去金門玩的時候，那個時候的民生用水，尤其是瓶裝水基本上已經是從中國大陸過來的。這樣才能夠解釋為什麼他們寫成「臺灣省南投鄉」。所以這樣子的一個情形，那今天讓一個金門需要用好的水，然後福建這邊也希望提供，那當然其實在整個的一個討論上面我們可以體會金門人，可是在整個我們評論的過程裡面我們不得不想到，我們兩三集前面講到所謂小早川的效應。就是一個小國界於兩個大國之間面臨到抉擇的時候，你要怎麼辦？這個就稱之為「小早川效應」。那根據我們洪主任之前講說，那以後未來臺灣遇到小早川效應的時候，啊！怎麼辦？就公投！那我們真的就一個禮拜公投把它結束。

好那我問你，假如今天金門也要公投的話，那個時候，我們用水、我們看了一下說金門大概一天要五萬噸的用水，一天。然後未來晉江大概可以供應最大量是到五點五萬噸。所以基本上全部都喝晉江、都沒有問題了。那問題是當發生這樣的公投的時候，然後不小心就歲修了，這個用水就歲修了，一滴水都沒有的時候，那你覺得在選擇的過程裡面你會選擇美日這邊嗎？這個機率就很渺茫。所以為什麼說這個會有很重要的一個戰略，或者是說一個討論的道理就在這個地方。

于：所以從這個（中國）大陸的國臺辦主任說，他在哦這個在談這樣的一個合作的簽約共識的時候他有特別來說，希望大家不要把這個水源，就是這個民生的問題把它想的比較有關於跟政治來做連結。可是好像，我們在大家的這個認知之下，難免就會把這樣一個議題跟所謂的戰略心態啊，或者是說這個國家的意識形態來做一個靠攏。那不曉得洪老師這邊有沒有什麼話要來，對於這個議題來做這個說明？

洪：其實新加坡也是一個小島，新加坡也用很多水，他也沒有水源。

于：那他們的水怎麼來？

洪：所以當然有自來水是來自於馬來西亞，所以馬來西亞跟新加坡稍微有一點點不愉快的時候，那有時候馬來西亞就會說：你在吵，我就給你斷水。

于：感覺就是那個烏克蘭在吵然後俄羅斯說：我給你斷，斷天然氣。

洪：類似這樣一個狀況。那這種情形稱之為這個「小早川效應」也很妥適、很恰當。但是我們回過來應該看看我們自己，這個其實我們實在很愧對金門人啊！他過去當戰地，那打仗打這麼久，可是連好的水我們都不肯給他們。那金門有一個酒廠賺很多錢，可是政府、當地的政府也沒有想說，那我賺了這麼多錢我把這個錢，酒把它轉換變成乾淨的水，因為新加坡就跟德國的公司合作來做這個很高階的海水淡化廠。那這種技術全世界都在競爭，也有日本的公司做的非常好的，那我相信先進的社會都具備這樣的技術。其實以臺灣要來發展，如果把它放在金門，還有其他的啊比如說放在澎湖，澎湖的水也不是很好啊！他一直以來有這種超抽地下水的問題。所以從這個新聞事件回過頭來看整個臺灣的治理，我們

其實這方面是很落後的。應該把這個資源轉換變成是，透過也許這個海水淡化的這種技術，讓他的成本下降。我看過一則報導，實際的數字不知道，他就說新加坡跟德國西門子的合作已經把現在的成本壓到只剩下三分之一。對，這已經是一段時間之前了，就不經意看過一個訊息這樣。所以回想起來其實我們太慢了、太慢了，這件事情太慢。那以現在的狀況就是說，那好吧！你簽約就簽約。可是我認為金門自己擁有自己的供水系統，不完全依賴這樣的思考也應該還要存在。

于：其實同樣一則事情透過大、這個老師們不同角度的分析，一個是向外來看，一個是向內來做這個自我的調整或者是自我的反省，其實都有不同的角度來做這個事件的詮釋。那不曉得聽眾朋友您是怎麼想的。好的我們先休息一下聽一首好聽的歌曲，接下來再跟兩位老師一起來聊天。

（音樂）

于：好的，現場時間是下午的兩點四十八分、午後陽光第二階段，我是于庭。星期二節目後半段《地球脈動》的單元邀請到高師大地理系，洪富峰老師以及施雅軒老師來節目當中跟大家聊聊一些國際上的大事。接下來要來關心的這一則資訊想必喜歡這個足球、喜歡運動的朋友應該都會關注的。所謂的這個國際足總、國際足球總會，也就是我們簡稱的FIFA，F、I、F、A。目前要來選這個主席。那主席

洪：連任了、連任了。

于：已經確定連任了。

洪：確定連任了。

于：然後好像說這一個主席的選舉過程之中是有人有來爆出來說，如果某某人他再繼續連任的話、這個原本的主席再繼續連任的話，就要來抵制未來的世界盃賽事。那于庭想要問一下，這個所謂的 FIFA 他就是一個非政府的組織，那是怎樣，當他的主席有這麼的力量、這麼的龐大嗎？為什麼大家要來杯葛？

洪：你如果注意訊息，最近不是我們也有臺灣的所謂 CT、Chinese Taipei 所謂

中華隊，也在踢足球啊！我們也在亞洲踢這個亞洲內部的代表權的比賽啊！我們也找了幾個不算是傭兵，但是其實他們已經入籍到我們這兒來的，看起來不是一般的臺灣的民眾，來增加我們的這個強度，希望能在世界盃能夠有入場的，進入到最後的 32 強。那每四年打一次這是世界上的大事啊！那個激起所有的這個觀眾迷，對每個人都瘋狂，啊還有人弄這個章魚去猜、猜看看到底誰會得冠軍。

于：哈哈哈哈，章魚哥！

施：章魚哥。

洪：對吧！這個你看他是一個世界運動。而且從他的這個好看度來看，那也是值得觀察的。所以這一次的這個事件其實最主要的爭論點，其實應該是從 2022 年的這個主辦權，就最後的那 32 強的主辦的點被阿拉伯國家、卡達搶去了！那美國恰恰好也申請那一次，可是這個鎩羽而歸。所以有人就認為，是因為這樣子的關係美國老大哥不愉快了。所以即便過去 FIFA 每次的各種的地點的選擇、國家的選擇申辦，或者是他的這個主席的選舉，多多少少都有這種內部好像金錢幢幢、鬼影幢幢的傳聞，但從來沒有像這一次這麼大張旗鼓的做這個事，有人認為是有關係的。

于：所以等於說之前所謂的這個世足賽要舉辦的地點就⋯⋯在決定的時候就有一點繪聲繪影說，有一些黑箱還是怎麼樣。但是這一次⋯⋯

洪：其實有時候你看世界運動的大比賽，跨國去比賽的時候。主辦單位一直希望你要辦的好啊！那要申請的人就要使出渾身解數，把所有的可能的好的條件通通弄出來，

于：就是我有、我有這個條件。

洪：比如說這個卡達這一次 2022 年的，你看他在 6、7 月的時候白天日溫、室溫，一般的這個室溫可以達到五十度 C 耶！那怎麼比賽啊？那些來自於這個溫帶地區的球員恐怕上場二十分鐘昏倒了。

于：就先中暑了。

洪：結果到最後冠軍是卡達！哈哈，變這樣。

于：哈哈。

洪：別人都昏倒了。

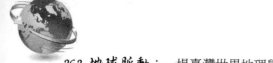

于：這是戰術之一嗎？

洪：對對對，利用他的優秀的天氣，把他的敵人通通都掃除了。但是在這個過程當中，他除了這個因素以外人家問說：為什麼這樣你還想要辦？

于：對啊！為什麼？

洪：而且他就用太陽能把他轉換成為這個冷氣，然後來到所有的球場、觀眾席，通通讓他有冷氣。這實在是超高手筆。也只有中東會幹這個事情。

于：他們的資本夠厚。

洪：所以在這個事件上面其實就從這裡引爆了，是不是有某一些那個投票的人，他收錢了、他被收買了。那在美國的概念上是，只要在美國或者是跟美國相關的事務上面耍詐、違反了法律，以美國人的概念說，那這個是任何人是不可以高於法律的，他要追究。所以就透過把邁阿密的，中美洲、南美洲的那個足球聯盟的那個總部去掃蕩。

于：掃蕩？

洪：掃蕩之後把一些東西都搬走，把資料啊弄得好幾箱這樣搬走。那也結合瑞士，就到他們要選舉之前，也去抓人。當中還有一個那個華人，應該是不會講中文的，但是他也是在中南美洲變成是一個足球協會的那個當地的主席，也被逮走了。他是華裔的。那像這樣的一個叫 Li，那像這樣的這個狀況其實在美國來講就你就犯罪，所以那就跑到你家裡來抓人，因為你是跟美國有關係的。所以也會有一種說法說好像美國在報復他沒有申請到，可是也有一個說法是他在維持他的法律的而已啊！不過施老師總是從另外一個角度來看。

于：哈哈哈。

洪：很想聽聽他來講一點，到底是為什麼原因。

于：好，施老師來講一下關於這個 FIFA 的事件～

施：因為我都在想啊！假如今天不是 2018 年俄羅斯要舉辦世界盃的話，這個歐洲盃的會不會有個反桌 píng-toh？就是說他……

于：為什麼跟 2018 有關？

施：就是俄羅斯啊！就是說其實就是一石兩鳥，等於說我們的冷戰思維裡面，基本上就是歐陸跟美國對抗俄羅斯。所以基本上在整個那個什麼對

抗的過程裡，現在我就一直在看啊！因為他放話說假如他沒選上他要退出，那我就在看你會不會退出。歐洲足球會不會退啊！結果大家都俄羅斯比，只有你歐洲隊沒有比。

洪：施老師的意思是說，俄羅斯為了讓歐洲隊都要跑到俄羅斯來，就去勸那個卡達說：啊！你們退好了、你們退好了。那你們到我這裡來的時候，我們弄一個很熱的球場讓你比賽這樣子。

施：所以這個其實都有冷戰的感覺。就是那個冷戰背後的一個，甚至包括我們之前講的那個烏克蘭，烏克蘭的問題也是歐洲跟俄羅斯鬧得不愉快。所以那個情緒其實一直延伸，所以才會亮出來說：你要是再選這個、要是在投票給他。因為那是兩百多個會員一票、一票投出來，那是民主機制。所以民主機制，他就等於說恐嚇人家就是說「你敢投他對不對我就退出」。好，但是大家都投他。那這下子你那個歐洲的足協的主席，你自己要怎麼……

洪：但因為對手也是太弱了。這個約旦王子太弱了，約旦王子才三十九歲，然後第一輪拿的票數因為他們要達到 140 票以上、三分之二，那兩個人第一次都不過。那第二輪的時候這個王子就撤了，他知道他沒有辦法。所以他其實他基本上也是太弱。即便說這個大國威脅不讓這個主席連任，可是對手太弱了撐不起來也是有因素的。今天如果這個主席是很強的，就強勁的對手來選那投票的人會覺得這個也不錯啊，所以派一個很弱的人要來跟一個看起來有爭議的人比，你還是比不過，因為相差太遠了。不同級數，跟一個競爭者、挑戰者的位階達不到，所以即便威脅也沒有這個效果。

施：而且那個什麼大家在分析的過程裡面，那個王子大概只有歐陸跟北美的支持他，亞洲的、非洲的全都是支持老的，這個是這個連任十七年的這一次、這個人。

于：所以從這樣的一個國際的算是運動的非政府組織的主席的選舉，我們又可以看出其實……

施：我們就提一個數字啊！2014 年巴西辦足球、那個世界盃，對不對？營利四十億美金啊！賺了二十億美金啊！這個主席的位置有多重要啊！

于：所以說這個哦應該說大家表面看感覺好像就是去踢個足球，但是實際上這個 under table，有很多的這個

洪：有很多要贊助啊！

施：飲料贊助對不對、信用卡要贊助，所有東西都要贊助，都是錢啊！

洪：美國人不爽就是很多贊助廠商都是美國的啊！可口可樂排第一名啊！麥當勞在第二線啊！VISA 也是美國的啊！還有很多的公司通通美國贊助啊！所以美國的政府認為說，我要贊助然後你又賺錢、然後你又違法，然後搶走我的、我應該要辦的。是可忍孰不可忍啊！

于：是，所謂的這個國際運動賽是經過這樣，經過老師的分析應該可以看出他是也是這個國際、國家之間的一個

洪：戰爭。

于：運動賽局的戰爭。所以運動賽事好像不是我們想的這麼的單純。

洪：對，足球大戰。

于：大家之後來觀賞這一個 2018 年的世足賽的時候，2018 年的這個世足賽的時候，可以來觀察一下，到底在開戰的時候各國的這個所持的角度，或者是各國他們有沒有什麼權力的角力。

洪：就看歐洲隊還會不會去比賽。

于：好，我們靜觀其變，我們來看一下這個 2018 到底會是怎麼樣的。好的，今天因為節目的關係所以我們要先跟老師說掰掰囉。

洪：好，再見。

于：節目尾聲送給大家好聽的歌曲，那我們也跟這個兩位老師預約我們下周空中見！掰掰！

施：掰掰。

(End)

第 23 集
104.06.09

〈全球化的時代帶您掌握國際時事關心全球動態歡迎收聽地球脈動〉

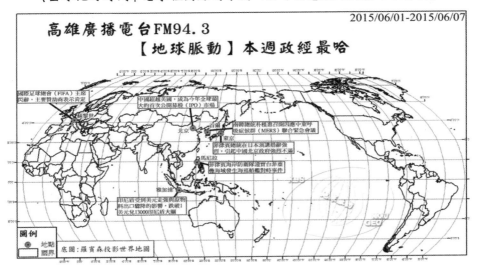

片頭：聽眾朋友午安，歡迎收聽今天 6 月 9 號的《地球脈動》。單元一開始帶大家來關心上周的國際大事：

南韓總統朴槿惠召開了因應中東呼吸症候群（MERS）的聯合緊急會議
國際足球總會主席閃電辭職，主要贊助商表示「這是正確的決定」
菲律賓海岸防衛隊證實了台菲重疊海域發生了海巡船艦對峙的事件
印尼盾受到美元走強以及原物料出口驟降的影響，跌破一美元兌一萬三千元的大關
菲律賓總統在日本演講時措辭強烈，引起中國北京政府的強烈不滿
中國超越美國，成為今年全球最大的首次公開募股（IPO）市場

稍待一會兒單元當中將帶大家來關心這些國際大事的後續動態。

于庭（以下簡稱于）：好的，現場時間是下午的兩點三十二分、午後陽光第二階段，我是于庭。今天是 6 月 9 號星期二。星期二節目後半段邀請到高師大地理系兩位老師洪富峰老師以及施雅軒老師，來節目當中跟大家聊聊天！聊什麼？就是聊上周的國際大事。那我們先請兩位老師跟大家問聲午安囉！

洪富峰（以下簡稱洪）：主持人好，各位聽眾朋友，大家好。

施雅軒（以下簡稱施）：大家午安！

于：好的、兩位老師午安！那今天節目當中要跟大家聊的國際大事，是不是先請這個施老師，從剛才于庭有稍微幫大家提到的六則國際資訊當中，我們先就前面四則來做比較精要的這個說明。

施：好，那第一則南韓爆發的 MERS 到現在似乎還沒有停啊！所以……總統朴槿惠已經召開緊急會議。那其實也呼籲所有的聽眾，在整個的這個 MERS 的消息、要自己要注意，雖然還沒有進到臺灣的一個個案，但是因為它的狀況跟感冒實在太像了。那唯一比較大的差別，就是你的呼吸會稍微比較喘。所以假如你有接觸，你有去中東，或曾經接觸過從中東來的東西，請大家多注意。

于：是。

施：然後再來上個禮拜，我們講的國際足球總會對不對，閃辭了！

于：已經辭了。

施：四天，當了四天的主席。然後這個新聞有趣的是贊助商都說「這是正確的決定」。

于：呵呵。

施：飲料商啊！運動器材啊！還有那個信用卡公司啊都說這個讚！

于：所以表示贊助商也是滿腹委屈。

施：呵呵！對對對。所以應該他們就不會再退了。那再來就是印尼盾。那印尼盾受到美元走強跟原物料出口驟降的關係，那這個其實跟澳洲也有點像。就是你這個國家的經濟是以出口原物料為導向的話，全球經濟受

創，或者是說整個引擎稍爲遲緩的時候，你馬上就會受到衝擊。那受到衝擊第一個影響就是你的貨幣，就沒有人要了。所以他跌破了一美金換，哦以美金換兌，就是一萬三千大關、一萬三千大關。那再來就是菲律賓海岸巡防隊證實臺菲重疊海域發生海巡船艦對峙的事件。那這個是原本是我們的海巡隊先公告出來的，結果變成是菲律賓的重要消息。那爲什麼會變成菲律賓的重要消息是因爲日本的，不是日本的，菲律賓講錯了。菲律賓認爲是臺灣的漁、臺灣的海巡署船霸凌了菲律賓的船。

于：菲律賓漁船。

施：不是！菲律賓的海巡船隻。因爲我們出動的，假如大家有去看那個影片的話你會發現就是，我們出動的是基隆艦，五百噸的，然後對方是一百一十五噸的。原本就是我們的漁船，我們的漁船這個是明進財六號，明進財六號被他們扣住了。那扣住了以後我們基隆艦去救他這樣子。救的時候，經過交涉對不對，後來就人就放回來，那我們就回來。本來是到這邊就結束了。可是後來傳到菲律賓會認爲說，因爲我們靠著船大，船大隻對不對。其實這邊講五百噸，我查資料是六百噸耶！是更大隻的。那這個會不會延續到就是我們到等下第五題的，第五則的消息的討論。

于：是，好，從這個剛才施老師來幫我們講解的這個訊息的最後一則，就是提到這個菲律賓海岸跟臺灣的這一個艦隊、海巡艦隊有發生了一些小小的，算是小小的摩擦、小小的一些狀況。那其實這個訊息也可以延伸到接下來我們要深入討論的，就是，好像說菲律賓總統的這個艾奎諾三世，他到日本去做一個演講，那這個演講引起北京非常的不高興，是怎麼樣的一個演講，施老師要不要幫我們講一下。

施：好，那剛才，那個我講的那個消息，其實還有後續的報導。記者就是去問菲律賓官員，就是說好、面臨這樣的情況你要怎麼辦？然後菲律賓的官員就說，我們會從日本購買船隻擺在北部海域。

于：擺在北部海域！

施：對，也就是說未來，按照他報紙，菲律賓報紙的規劃。以後有可能就變成是日本製的船隻跟我們臺灣製的船隻發生對峙。

于：對槓。

施：那為什麼突然菲律賓會講到日本船隻？就是因為菲律賓總統艾奎諾三世去日本去訪問。然後那當然就把南海問題把他檯面化出來。但是會讓……國際的政治評論者會很訝異的是，他引用的舉例。他舉例是舉。就是說，哦全世界各國在二戰的時候，因為放縱納粹德國，所以後來歐洲就慘遭了這樣子的一個不幸。他舉這個例子就是要大家說，針對中華人民共和國的南海的一個狀況，要出來阻止！可是他舉例為什麼會舉納粹、納粹德國。這個就很尷尬。

于：對，這個例子好嚴重……

施：因為這樣就變成納粹德國的頭頭是誰？那你要是納粹德國把他比做中國的話，那這樣子會引起很大的一個紛爭，所以這個問題的爆點會是在、是在這個地方。

于：那這一則訊息就是說，哦菲律賓總統在日本演講的時候，他把這個中國大陸對於這個南海的，近期的一些行徑，包括說在南海做一個填海造陸啊！或者是說在南海做這個鑽油平台，一系列的南海、海島，然後這個海域的部分做一些他們，屬於他們中國、屬於這個中國的開發的時候，好像就引起了鄰近的國家的一些紛爭。其實南海海域是一個非常複雜的狀況，他這個周邊的國家有越南、有菲律賓、有中國、有臺灣，還有馬來西亞。那對於這樣的一個南海的爭議，這個洪老師這邊有沒有什麼訊息要跟我們分享的？

洪：我的看法是艾奎諾三世，不論做這個演講，或者是，在臺灣跟菲律賓的這個船艦。在我們重疊的海域發生這個對峙事件，他是，他的訴求對象是菲律賓人。他是講給他國內人聽的。那這個艾奎諾三世……他就是以前的前任，以前的早期的這個，他的阿公是反對分子，他的媽媽柯拉蓉也當過菲律賓的總統。那在他媽媽當總統大概一年多的時間勒，他們發生政變，他沒有被殺死，他的保鑣都死了，他自己也中五槍。那資料上寫著說他現在身上還留一顆子彈，在肚子。那這樣一個人，他在菲律賓的民調算很高。那這個民調高是怎麼高起來？菲律賓這個國家經濟發展，然後災……不是很好，那災難還滿多的，那為什麼他的民調能這麼高？

于：為什麼？

洪：他就靠跟國外的這個衝突的事件，他站這個！非常強烈的去維護菲律賓的人民、國土的立場上，他好像是英雄一樣。那黑道大哥就是敢出來擋子彈的人就變黑道大哥不是嗎？哈！

于：是……

洪：所以他敢出來在日本的國會指責那個中國的行為就像納粹一樣。那很多菲律賓人會覺得怎樣？如果說「哇！真是我們英雄啊！」也是合理的一個崇拜的對象吧！

于：所以他這些在外面，其實這樣聽起來是有一點點對於國際間的挑釁的行動，其實是要來鞏固他在國內的支持度嗎？只是這麼單純？

洪：我認為至少有這樣一個效用，所以你看他的民調的、這個支持的程度，一般來講在過去歷任的，最近這上個世紀末、這個世紀初的菲律賓總統算還不錯的。就是因為他看起來國際情勢上他是很弱的人，但是他有一股氣。

于：呵呵，有一股氣。

洪：我才剛剛講說他被打五槍沒死啊！哈哈，不要小看這樣的人生經歷，他就會變得豁出去了！

于：怎麼樣我攏袂驚 lóng-bē-kiann，反正我就是大難不死，必有後福。

洪：也許我剛剛講的這個隱喻失義，看起來不像這個……真的的比喻到恰到好處。但是他激起的這種報導，以及從另外一個角度講說他敢於這樣表達，其實是支撐他的高民調的這個原因之一。

于：了解。

洪：那另外一個層次是，不要忘記我們跟他的對峙。因為談到剛剛前面這一則，我們跟菲律賓在海域上面的這個事情，一直好像一段時間就會出現。

于：對，都會重演一次。

洪：層出不窮，其實最近他們是把我們當作中國的一部分。不要忘記，我們曾經有一些罪犯是被送到、去問中國要不要……這個接這個犯人的。前不久有這樣的訊息，就臺灣的、臺灣人但是被當作中國人來對待了。不要忘記這一個，在菲律賓在主權上他是承認中共，不承認我們的。

于：那想請問老師，這個南海地區就是他有非常複雜的這個、地緣的關係。就是很多國家都、哦會來說這些地方是我的、是我的，大家的爭論不休。那像這樣的一個不管是南海，或者是東海地區這種複雜的地域狀況，要怎麼樣？到底要、這種這樣的一種紛爭，最後會走向怎麼樣的一個境界？是有可以處理嗎？

洪：打仗啊！

于：就是只能靠武力來解決是不是？

洪：打仗是大家最不願意樂見的。

于：對啊！

洪：因為打仗就是一定可以保證即便不能互相毀滅，至少可以讓你斷手斷腳。這是現代的民主，或者是說進步的社會跟國家不願意接受的。那我們在地圖上常常講說南海有十一線段，我們的固有疆域當中是這樣。

施：中華民國。

洪：中華民國有畫十一條線段。

于：十一線段？

洪：十一個線段、十一條線段，線段把這個南海劃起來。

于：範圍圈起來就是了。

洪：對，我們有個研究生最近還在這個東沙做調查。就這幾天

于：哇！

洪：對，這是真的。那後來中華人民共和國就把靠越南那一邊，因為他跟他友好，所以兩個線段把它拿掉，所以變成九段線。可是最近他又多加了一個線段是把整個臺灣，包括臺灣海峽南邊，通通包在它的範圍裡面啊！所以這個爭論，我認為跟這個也有一點點關連。所以菲律賓他是承認中華人民共和國的這個所有權的觀點來講，臺灣南邊的海域是跟中國之間的衝突，臺灣只不過是馬前卒而已，在他來看。

于：那今天這個洪老師好像有幫我們帶了一張很有趣的地圖。

洪：對啊！這個據說過去的這個耶穌會的教士畫的，在西元 1734 年。

于：1734，哇！這個是。

洪：對，已經兩百八十年了。

于：對。

洪：那這個圖，據說菲律賓政府要向國際海洋法的法庭去提交說，那個跟中國的爭議當中的黃岩島是屬於他們的。

于：就是古地圖對了，拿這個當證據。

洪：那我們施老師都不同意的勒，我們請他分析一下。哈哈哈！

于：哈哈哈！

施：我不是不同意！我的意思是說你拿一張古地圖、耶穌會（教）士所繪的古地圖，那難道中華人民共和國就說「好，那我就撤出了，我承認是你的。」就是不可能！

洪：不可能。

于：所以即便是這個拿出了深藏兩百八十年的史料，還是沒有辦法來解決中、哦這個南海地區的..關於地域啊、關於資源的這些紛爭。

洪：這個史料也有爭論。我們現在的這個所有權也不過七十年對不對。好，那你拿一個兩百多年前的地圖怎麼知道那時候畫的對的，還是假的。然後，你怎麼知道那時候那個島就是屬於你的。這個，有的吵。而且剛剛講的，我已經佔了，然後你說是你的，就繼續吵。

于：所以想必這個南海地區的..紛爭會是持續不斷的演變下去。

洪：必然的，但是文明人應該有文明的……處理事情的方法。

于：處理的方法。

洪：不是就是，你們兩個打一架這樣。這個是不符合文明人的處理的方式的。

于：所以我們就期待這個國際之間可以找出一個屬於文明人、屬於文明國家，要來解決這樣一個複雜地域之爭到底有什麼方法？我們就靜觀其變囉。好的接下來來聽這個 IPIS 的歌曲，還記得他們嗎？四位這個兄弟姊妹都是在菲律賓長大的。

（音樂）

于：好的，現場時間是下午的這個兩點五十、兩點四十九分午後陽光第二階段，我是于庭。接下來要請這個高師大兩位老師，洪老師以及施老師來

跟大家討論的議題，比較偏向經濟的議題，相信有在做這個投資的朋
友，應該都對這個議題是滿敏感的。據說今年度中國超越美國了，成為
今年全球最大的 IPO 市場。什麼叫作 IPO 啊？要不要請施老師來幫我們
解釋一下。

施：好，IPO 對不對，假如你直譯過來的話就是首次的公開募股。可是以我們
常常在玩股票，就是抽股票啦！

于：抽股票。

施：那他會變成是最大的、整個超越美國，其實他背後這個是有意義的，這
個意義就變成說，他對於資金的一個吸引的、磁吸的能力，已經超越了
美國。假如是以客觀的指數的話，這個是重要的一個指數。那我想說那
個，我們舉一個最簡單的例子，比如說阿里巴巴，現在是很大的一個商
務集團。那其實他在美國紐約掛牌 IPO 的時候，原本是六十八塊美金，
然後一掛上去就是飆到九十二點七塊美金了。所以就變成說，你的公司
對不對，你會放在資金、磁吸強的地方。那這個是，阿里巴巴是去年的
事情，這個是今年超越的，所以想必今年的總額，因為今年才過了 5 月
而已，其實未來還有七個月就可以加總是，假如要是整個都是贏過美國
的話，那在整個全球的金融市場其實是應該是有重新洗牌的一個可能。

于：那于庭想請問洪老師，為什麼大家都爭、這個算是趨之若鶩，要來做這
個中國的掛牌公司的一個公開募股。

洪：其實如果說的比較遠一點大概就是，差不多有七、八年的時間了。因為
還記不記得這個……金融風暴，2007、08 年的時候，到 09 年之間的金融
風暴。在金融風暴出現了以後，對美國是重挫的，後來才出現了所謂，
我們在這節目當中談了幾次的所謂量化寬鬆，就印鈔票、來救要倒的公
司。那這個過程當中其實連高雄都有人損失。因為最有名的一家公司叫
雷曼兄弟，很多民間就稱呼他是鱸鰻 lôo-muâ，鱸鰻兄弟。就是、這個不
還。那我的印象所及，高雄銀行當時還曾……承受了、還買賣了大概將
近五億新臺幣的這樣的、他們的……那個債券。後來都變成廢紙了。那
還有這個受害者要求議員到議會去，要跟是政府陳情說，高雄銀行或是
市政府要出來解決啊！我們又不能去打美國。

于：呵呵呵。

洪：所以這個金融風暴以後，其實美國的那個資本主義，以及他們操作的這個手法，當中的合法性跟正當、正當性其實受到質疑。而且在這個過程當中是有重挫的。那反之，新興市場就崛起了。那後來所謂的那個什麼「金磚四國」對不對？那今天的中國的市場就在裡頭啊！印度也是，還有其他的。所以，在這個過程當中其實是一種，你可以說是全球的金融權力、的重新洗牌。這個地圖要重新畫。所以就跑到香港來、跑到上海、跑到北京來了。因為亞洲現在在所謂的「崛起」！不論你是和平的不和平的。南海幾線端來去爭吵。可是在經濟實力上這裡還是漲的比較快。美國相對比較，好像停滯在這個某一個程度上面。所以這些集資的錢就會跑過來，而且這裡比較有機會。那在這邊開這個發行，也有很多人、也有很多的公司在這邊就開始在集資。所以已經超越國家啊！因為現在資金不是用國家的方式啊！除了國家以外有一些私募基金，他也很多錢啊！他不只富可敵國啊！你很難想像的超級大的這些資金，他們也在尋求出路，所以一個公司他敢於出來公開募股，未必是他真的需要這個錢來做什麼樣的做法，他是拿到市場上來讓所有人去評估「我值多少錢」。所以像剛剛講的阿里巴巴的這個「我到底值多少錢？」那開始賣六十塊就漲到九十，現在維持在九十等等。這國際上的行價就是我有這樣的一個價錢，倒不見的他真的需要一股用九十塊美金去做其他投資，未必。只是我有這樣的價值。道理在這裡。

于：所以這個 IPO 所呈現的……

洪：他是首次、首次以後當然就是開始在市場上繼續的交易。

于：是。所以他也呈現的是一個就是把自己放在一個國際市場上。

洪：放在國際市場上。

于：的天平上，讓大家去秤重。

洪：讓所有的可能的買家你來「掂掂我」。

于：哈哈哈。

洪：你要……

施：值多少錢？

洪：對，我值多少錢。那這樣子的話其實是最好的一個行銷啊！我就不用告訴你，我需要在那邊弄廣告讓你知道我這個公司，你就由這個機會大家就來討論，我到底要做什麼行業。敢拿出來這個全球去做 IPO，而且還能夠值這麼多錢。

于：是，所以是一個很大的國際行銷、以及國際自我形象的一個展示就對了。

洪：對，所以不是他欠錢而已。他當然可以藉這個方式集資，但是最重要的一件事情是，藉這個機會來展示，他進入到國際的這個競爭的領域裡頭，而且因為有一個評價，他也會隨著這樣的評價不斷在督促他向前去推進。那這個是國際經營的一個方式跟手法。

于：是，所以這一次的這個中國超越美國成為全球最大的這個 IPO 市場，也代表說其實大家對於中國掛牌的公司，或者是中國的公司的這個投資興趣，還有對於他們的這個公司的、願意投入的資金是比較高的。

洪：但是如果沒有香港來，有時候你總會想說，假設你把香港抽掉，那中國還能不能這麼大？

于：怎麼說？

洪：因為資金的流動中國還是管控的啊！那我跑到上海跟跑到香港是不一樣的，跟跑到北京也是不一樣的。所以如果把香港的因素抽掉還能不能這麼大，其實是值得懷疑的。

于：所以洪老師

洪：因為國際上其實就是你不要管太多。

于：哈哈。對，商業的交易就是不要、自由、自由管這個、

洪：你把我管了，管的。我們是不是最近有一些農產品要輸送到中國去，說什麼走小三通還要在那邊通關、還要在那邊卡了三個月，茶都、什麼春茶變成夏茶了，都沒有價錢了。所以，國際上有時候就是要恰恰好時間，有時候快速是重要的。那你關卡擋的越多，那資金就不會來。所以我一直認為如果把香港因素抽掉，恐怕也沒有這麼樂觀。

于：OK，所以這個比較大的吸引力恐怕是在香港。

洪：所以中國在實驗啊，在實驗所謂的這個自由區，那個叫經濟實驗區的這個「試驗區」，就什麼都不管。人員、資金各種通通，而且還因為他必

須要有國際規範，你那個所有的報帳是要符合國際規範、是要透明到一定程度的。那這個是個大挑戰，還沒那麼快。

于：呵，好。不過從今天的這樣的訊息我們可以看出這個，全球對於中國的掛牌的企業其實他的興趣是還滿濃厚的。那就投資人「靜觀其變」。投資人來看一下您後續的這個投資動作要從哪裡來切入。好的今天節目當中相當感謝施雅軒老師還有洪富峰老師，謝謝兩位在這個節目當中的說明，那我們也下周見囉！掰掰。

洪：再見。

施：掰掰。

(End)

第 24 集

104.06.16

〈全球化的時代帶您掌握國際時事關心全球動態歡迎收聽地球脈動〉

片頭：聽眾朋友您好，歡迎收聽今天 6 月 16 號的《地球脈動》。單元一開始我們來關心上周的國際大事：

七國集團高峰會（G7）在德國的巴伐利亞地區舉行為期兩天的會議

非洲聯盟十四日開始在南非的約翰尼斯堡舉行高峰會，並同時啟動創建「非洲大陸自由貿易區」的談判

日本央行（BOJ）總裁針對日圓所引發的升值言論，透過經濟財政大臣指稱談話內容被曲解了

新上任的美軍太平洋司令部司令哈里斯表示，歡迎日本自衛隊參與巡邏南海

美國在臺協會（AIT）臺北辦事處新任處長梅健華搭機抵臺

中國國家主席習近平在北京人民大會堂會見了翁山蘇姬所率領的緬甸全國民主聯盟代表團

稍待一會兒節目當中帶大家來關心這些國際大事的最新動態。

于庭（以下簡稱于）：好的，現場時間是下午的兩點三十一分、午後陽光第
二階段，我是于庭，在空中陪伴大家到下午的三點
鐘。那今天節目當中要跟大家這個邀請到的是，我們
兩位高師大地理系的老師，洪富峰老師以及施雅軒老
師來到節目當中，要跟大家談談上周的國際大事。那
先請兩位老師跟大家問聲午安吧！

施雅軒（以下簡稱施）：午安！

洪富峰（以下簡稱洪）：午安！

于：哈哈哈，兩位老師非常的簡潔，想必應該是被這個外面的天氣弄得有一點
點覺得，好，我們講話簡潔就好，因為外面真的是太熱了。不過雖然外面
天氣炎熱，但是我們關心這個國際大事的心情還是要持續來進行。那一開
始是不是先請施雅軒老師，就四則的這個資訊做一下簡單的提要？

施：好，那七國高峰會在德國舉行。那他所主要的議題這個其實我們也都談
過了，就主要談希臘跟烏克蘭的問題。那當然也沒有什麼結論，大概就
是共同去解決、想辦法由集體的力量來解決。不過比較有趣的是，這個
原本七國高峰會其實是八國。

洪：呵呵。

施：俄羅斯被暫停會籍了，因為是克里米亞的問題。可是哪天我又突然發現
啊，以前我小時候背的八國聯軍啊！「俄德法美義奧日英」啊，只有奧
匈帝國不是、其他七個都是！就是奧匈帝國就是（換成）現在的加拿
大，你就是把奧匈帝國改成加拿大就是八國高峰會了。

于：就是八，所以他們的這個所謂的大國的勢力是從百年前一直到現在。

施：一直到現在還是。那再來是非洲聯盟在南非舉行高峰會，一樣也是要解
決某些問題，是自由貿易區的問題。那我想自由貿易區現在是某種、大
家會覺得好像是一種、自由貿易走到最後不得不形成的一種組織。但是
其實在談判的過程裡面其實充滿著敵我，就是說我到底賺了什麼？我
賠了什麼？在這個折衝的過程，所以要不斷的在那個透過會議來去處
理。那再來就是兩則跟日本有關的消息，一個是日本央行總裁，他講

了、就是說日圓差不多這樣子，結果日圓馬上從 125 馬上就升到 122。結果後來他就透過那個……財政大臣說，他講話被曲解了，所以上一集我不是講了嗎，就是說日圓到底有沒有底線？到現在可能還沒到，就是政治目的還沒到。所以他不小心說錯話了，對不對？馬上日圓就升值彈回去，他馬上說沒有這回事，這又下來了。

于：所以這個總裁的希望是希望這個直直落 tit-tit-lȯk 嗎？

施：不知道！就是、摸著石頭過河，我會覺得以政治的那個來看的話，已經、這個已經脫離財經的那個.. 探討了。那再來就是美軍的太平洋司令對不對，哈里斯那新就任。那這個新就任，他是日裔。他有日本人的血統。那這個其實滿有趣的是因為，變成因為美軍太平洋司令部會管到日本的自衛隊，所以你透過血統上面的親近，會便成說家己人 ka-kī-lâng，這有沒有什麼樣的問題，那等一下我們再來討論第五則的時候我們再來繼續討論。

于：好，那我們謝謝施老師幫大家做這前四則的新聞的一個提要性的分析。那接下來我們要來深入討論的就是美國在臺協會，也就是大家平常都來簡稱說 AIT。AIT 的臺北辦事處新任的處長梅健華搭機抵臺，等於說來上任就對了。想請問老師，為什麼今天節目當中要特別來談這則？又或者這個剛才施老師有稍微提到好像說，這個梅健華對於這個美國的關係，是不是跟這個哈里斯對於美軍的關係是有一點點類似的。

施：對，因為這個梅健華他有華裔的血統。所以這個顯示某種美國外交政策一種小小的改變。就是說以前 AIT 的這些人基本上他是不會去 care 這些東西的，可是他是第一個他啟用華人血統，在某個程度當然是他本事夠，可是在某種的一個策略上面，因為你搭配了哈里斯，你就不得不覺得說美國的政治外交開始轉向某種的一種邏輯。這種邏輯就是，假如**我們作文化分析的人，就是說「自我跟他者」的討論。**

于：哇，好嚴肅！自我跟他者。

洪：哈哈哈。

施：這是學術的名詞！白話文就是說咱係家己人 lán-sī-ka-kī-lâng，因別人 in-pȧt-lâng；「自我」就是家己人 ka-kī-lâng，「他者」就是那個別人 pȧtâng，就是這樣子啊！其實在某個程度你一個美國派來的外交官，基本上就是他者。可是你怎麼跟這塊土地做一個融和的動作。

于：親近一點。

施：那其實在某一種策略上面，他可以選擇跟你的血緣有點類近的人，你就會覺得這係家己人 ka-kī-lâng。

于：就是外表上至少看起來好像跟我們長的差不多，不會太這個突兀就對了。

施：這裡我要講一個鄭成功的故事。

于：好，講到鄭成功！

施：就是說鄭成功在臺灣現在基本上，鄭成功的崇拜基本上是相當多的。可是鄭成功的崇拜其實在清朝是很少的，主要的理由是因為官，就是說你去拜鄭成功、你在廟裡拜鄭成功，你在某種程度會得罪清朝的官員的。因為他就是反我清朝然後你又拜他，那在某個程度對不對，以現實的政治考量下面他絕對不會公開拜的。可是為什麼現在鄭成功的崇拜會這麼多，是日本人來的結果啊。也就是日本人他統治臺灣的過程裡面，他要消弭對日、臺灣，日本對於臺灣統治上面的某種的那個什麼，嘖！那個什麼？

于：隔閡？

施：隔閡！對對對。那他啟用就是說，我鼓勵你拜鄭成功，因為鄭成功媽媽是日本人，所以鄭成功就是日本人啊！

于：啊，他一半的血統是日本人就對了。

施：對，那你竟然崇拜鄭成功我當然鼓勵你，就是因為你也能夠接受我日本人的統治啊，因為他是日本人啊！

于：所以說等於說這個目前美國要來施展的一些外交政策，除了從權力從軍事……這個比較硬的這種實力來著手之外，他們在挑選這一些領袖上面，也會從比較從軟的部分、就是從一些文化的這個切入點，想要透過這樣比較軟性的議題，或者是軟性的親近感，讓大家好像在這些國際大事要來談判的時候，或許是不是可以幫助他們來推行一些政策是比較方便的。

施：是的。

于：那洪老師您怎麼看？

洪：其實這一、兩則這個訊息其實也反映一件事情，其實就是在美國這個移民的社會的裡頭，亞裔的抬頭。

于：就是華裔人士的。

洪：華裔日裔啊！其實以前也有菲律賓裔的，其他國家的地區的外交官、那麼到臺灣來。那像包括前一段時間的駱家輝擔任這個美國駐中國的大使，這個其實也是。就表示亞洲的黃種人在美國社會不論在軍事、不論在外交，其實過去都在科學領域。大部分去好像我們比較會讀書，亞裔的人表現比較好。可是現在已經接觸到整個國家的最最最核心的公共事務外交然後軍事。所以其實也可以有一個訊息來看待就是說，過去的亞裔已經從科學、從甚至商業的這個領域，慢慢的往軍事、外交的領域在美國社會抬頭了。這些例子當然還有待觀察，不過我是同意剛剛的說法，就是找一個你認為是你親近的人，其實是代表對方。

于：呵呵呵呵，我覺得這樣的手法聽起來有點心眼很重。

施：啊這個就是政治大國啊！不會動不動就兇你這樣子啊！對不對？

洪：他有一定的規則。那藉這種方式，其實派駐外人員除了溝通其實也要消弭彼此之間的歧見，或者是有衝突的時候好處理，到最後是兩邊都獲益。這是文明社會的一個這個比較像樣的處理方式。啊所以有這一群知道亞洲、知道臺灣、知道中國大陸的人！來擔任我們這樣一個代表處裡頭的主要的負責人，那我認為是非常好的。

于：所以從這個哈里斯還有這個梅健華的就任，其實老師提供了給我們一個，表面上可能看是說好像我們這個亞裔的人，在這個美國的社會當中逐漸嶄露頭角，突破以前都是靠這個經商啊！或者是靠這個科學的研究去在這個美國的社會當中有一席之地。但現在他們也進入了美國的這個官方組織當中滿重要的一個角色，他們也開始擔任一些要職。那另外也提供我們一個想法，就是美國開始採用這些亞裔臉孔的人，來作為管理這個太平洋，或者是說管理這個美國跟臺灣之間關係的這些要職的官務的時候，他們所採用的心理戰到底是怎麼樣的一個想法。好，我們施老師還有話要補充！

施：這兩則新聞其實還有番外篇啊！

于：真的嗎？

施：就是說 AIT 主動發布了一個新聞，就是在那個媒體室，他在就職的時候那個照片。然後他還怕別人看不懂，照片下面還寫說臺灣參謀總長跟海軍司令皆參加了這個交接儀式。

于：有文字有真相。

施：對就是怕你看不懂，就是他只放照片的話怕你看不懂，他要告訴你臺灣有派參謀總長，好。

于：AIT 發的嗎？

洪：對，AIT 主動發的，所以在以前過去這個事不會發的。也就是說以前兩岸的默契就是，好吧！那你就是軍事那邊、你們是軍事同盟可是我不要承認，因為我們

洪：你不覺得是因為臉書用太多了嗎？臉書就、隨便就有這個圖文並列的方式。

施：他們是官方。他們不是平常老百姓，那是不一樣的，一定有經過的某種的討論。他要做到的什麼東西？一種是臉書，好，我只要放照片就好了啊！為什麼要特別點名臺灣的參謀總長跟海軍司令有去參加。

洪：這個就是專業者在處理這個消息時候的用法啊！當然讓讀者一看就……原來誰參加了。誰在這邊打卡？

施：對啊，重點就來了啊！

洪：幫他們兩位打卡。

施：對，幫這兩位打卡。重點是這兩位我相信他不想讓人家知道他去參加那個啊！可是 AIT 就是要幫你講，你就是有參加啊！

于：那這樣子要來參加的意味是要來跟這個……

施：就是說那個你看，在臺灣的軍方是參加美軍這邊的。

于：所以是要來宣示了。

施：等於說我們的小早川效應還沒選，人家已經幫我們選好了。

于：哇，所以從這個外交事務可以看的出來步步都是詭譎啊！好像一個很輕描淡寫的這個我們所謂的臉書的 tag 別人，看誰在這個照片裡面其實都是

有學問的。這樣談一談覺得內心有點沉重耶，好像每次講到這些國際關係，或者是外交事務外交步驟的話都會覺得啊這個……要來從事這些事物的人，想必這個內心的這個，不能說城府，應該說內心的這個盤算的伎倆，或者是盤算的這些技巧要非常的厲害。

洪：技巧比較好，伎倆很負面。

于：是是，技巧。好，談到這裡就覺得有點沉重，來換一首這個好聽的歌曲給抒發一下大家的心情，送給大家許茹芸、安力奎的《頭號情人》。

（音樂）

于：好的，現場時間是下午的兩點四十七、午後陽光第二階段，我是于庭。星期二節目後半段《地球脈動》的單元，都會跟這個高師大地理系的洪富峰老師還有施雅軒老師來聊聊國際大事。剛才談完了這個臺灣跟美國的一個關係之後，接下來要來談論的這個議題，好像說這個緬甸的一個……應該要稱她為反對派的領導者嗎？反對派領導者這個翁山蘇姬她率領了一些這個、應該也是？是她獨力自己嗎？還是說她有代表團？

施：有代表團。

于：有代表團一起到哪裡，到這個中國國家主席、到了北京去拜會習近平。為什麼翁山蘇姬會到這個中國來拜會？因為她目前不是、還是以這個比較、偏向這個反對黨的身分在這個緬甸這樣的一個地位嗎。是不是要請洪老師來幫我們聊一下。

洪：她這次是去了北京、上海然後再到雲南。那她是受訪的、受邀訪的。

于：受邀？中國主動邀她。

洪：對，邀她去訪問。那我們很容易把她跟這個 2015 年的果敢軍事衝突聯合在一起。臺灣其實也有一些人在寫關於果敢，因為當中跟過去國共內戰的時候留下的尾巴、還沒解決的部分是有關連的。

于：果敢是怎麼樣一個狀況，老師要不要稍微講一下。

洪：就是在緬甸的邊境，其實他們是華人。可是在緬甸的境內啊！過去也會有這個做毒品的問題。做海洛因的毒品就從這個區域出來，所以當中有

一些這裡的領導人，他們其實在西方社會領頭被當作是不只是軍事，他們其實是販毒集團的，這樣的概念。那最近他們這個區域跟緬甸的政府有一點衝突。那這個衝突看起來其實除了那個位置、種族等等，最主要其實我認為是分配不均。那過往幾十年的戰爭打到現在，還是持續著。那你不知道一個跟你種族不一樣，可能語言也不一樣，價值思考都不一樣。雖然在你的境內，但是什麼時候要出現狀況不知道，而且他們是有軍事力量的。

于：果敢是有軍事力量。

洪：他們有軍事力量、他們有武器啊！所以就形成這個邊界的衝撞。那本來緬甸的軍政府是跟中國和好的啊！可是為了這個事件兩邊的關係就冷淡了。所以很容易把這個關係連起來說，這個中國要求或是邀訪這個翁山蘇姬，其實是在對緬甸的軍政府施壓。告訴你，你給我小心一點！我要扶持這個人，出來跟你選總統。那二方面，其實你也可以從另外一個角度。翁山蘇姬長期往這個民主鬥士的形象，獲得這個諾貝爾的和平獎。那從過去這個聯合國的秘書長、過世的這個教宗約翰保祿二世等等，都為她講話。然後她感人的故事是她為了照顧母親回去，然後就留下來了，到她的先生生病要過世的時候，好像是緬甸的黑名單。

于：不能出境。

洪：緬甸說，不然妳走、妳走、妳走。她說，我走了，你不讓我回來，說她要留下來。所以給人一種非常堅毅的為了這個國族當中的人的未來，然後願意承受這個、那個我們跟她的丈夫、跟她的兒子這樣長期分離。

于：生離死別。

洪：所以以前會有人偷偷的游啊、游啊！游河在河道游到她家，然後她被軟禁的時候去看她，這樣都會變成大新聞。所以有一個傢伙，那個游泳去她家看她也都會變成國際大家關注的事情。所以她已經變成一個象徵，就是在軍政府、緬甸軍政府的統治的過程當中是民主的、是自由的，是向正方向人性等等去、去這個推崇的人。所以她就很、甚至現在網路上都有她的講的好的語言，我們應該學習的等等這些節錄的……

于：名言就對了。

洪：對啊！像「翁山蘇姬嘉言錄」這樣子。

于：呵呵。

洪：哈哈，都會出現。所以，中國跟美國都在爭取她我想是在這個基礎上面，尤其是在南海，不要小看這個是一個區域的概念。雖然他不離這邊的南海，他是在另外一邊，可是他也是東南亞十國這個非常重要的國家。如果翁山蘇姬真的，這個未來變成是緬甸未來的領導者，你想想看她會造成什麼樣的影響。她在東南亞十國當中會變成，說不定就會變成很凸顯的一個代表者。當李光耀不在了以後，她會變成東南亞十國的一個最耀眼的領袖。可不可能？這是可能性存在的。所以兩邊透過自己的個別的計算之外，跟剛剛主持人不太喜歡的，那個有什麼樣的操作

施：伎倆。

洪：對，這個細胞都不太對的，可是這個就是一個。

于：哦……就是聯繫 A 然後打擊 B 就對了。

洪：你也可以這樣簡單的說，那另外一個其實是建構一個平台。因為不論是軍事或是外交在二戰以後其實很少弄到說要你死我活的。沒有那麼多深仇大恨。其實都要各自照顧各自的利益。啊只是利益跟利益衝突的時候希望能夠，這個沒有辦法大家都得到最圓滿最理想的、退一步，彼此之間還能有一個空間，大家都一直往上走。我相信那個領導者或是決策者都應該想要走這條路才對的。

于：是。洪老師表達了他對這一則事件的看法，那請問施老師這邊有沒有要補充？

施：我想這個在某種程度算是、比較狠，算狠棋啊！主要的理由是因為

于：算很什麼？

施：狠，狠腳色的狠。

于：狠棋。

施：為什麼？因為這個是要把中國軍方紓壓用，為什麼？因為緬甸曾經有炮彈飛到中國的境界裡面來。那時候中國的軍方就放話說，二戰以後再也沒有一個炮彈敢這樣子進入到中國。結果緬甸的炮彈過來了，那要怎麼處理？所以其實習近平要壓的過程裡面，他必須要找一個抒發口，就找

這樣、類似像這樣，也就是說讓緬甸軍方很難看，然後就此來去舒壓。因為果敢現在的邊界問題，目前還在什麼衝突當中，雙方還在對峙當中。所以需要有一種打開個出口的一個壓力。那這個是變成是某種的一個策略使用這樣。

于：所以施老師也覺得翁山蘇姬的訪中國也是算是中國政府他要攏絡嗎？

洪：這個南海也在衝突耶！那個釣魚臺才稍稍剛剛緩和下來，地中海也要軍演，那在弄到連果敢這邊都要打仗，那印度邊界上也不穩定，那這個國家才在和平崛起，那什麼叫和平啊？這下去得了。所以這個要安撫是很正常的。你不能全面作戰，所有邊境都在作戰啊！

于：呵呵，那就……那就四周都被包圍了。所以這算是一種這個國際上外交的一個摸頭政策。

洪：總有個輕重緩急，這個事情稍微處理一下讓他緩和下來。讓鷹派沒有那麼強烈的意願或者是立足點說，就我們也開始把炮彈丟過去。

于：所以這是和平崛起的大國要使用的一種比較和平的手段。

洪：其實某種程度也學習當作是一個理性的國際參與者的概念。

于：是。

洪：不要老是要以為你的肌肉比較強大就要欺壓、霸凌你的隔壁的人，叫他落人來相拍 láu-lâng-lâi-sio-phah，這一種方式是不能常用的。

于：所以說我們其實也看到國際政治從這個二戰之後慢慢有在提升他的層次。就是不要都是以這個戰爭的方式來解決。

洪：對，說一個題外話、跟這個相關，你看那個德國的跟法國戰爭，二戰之後他們做了多少事情。彼此之間這樣打的你死我活到今天。他們做了非常非常多的事後修補的工作，包括最近我們在講教科書，他們互相一起來編教科書的事情。

于：對於歷史的詮釋。

洪：都是要弭平過去的這個，他們是這樣打的這樣你死我活的。那個仇恨是在過去這些年，他們都願意這樣做，我覺得是比較文明的作為。值得學習。

于：所以其實在這個二十一世紀的時代大家應該抱持著都是一種比較和平、

比較理性的方式來看待國際大事，那我們也很期待就是一些流血的衝突就是不要在這個國際上再重演了。大家如果要談什麼就好好的坐下來談，這樣也是確保這個世界各地各個民族各國的人民他們的生命財產的安全。好的今天節目當中相當謝謝兩位老師，那我們也預約下周空中見囉！請兩位老師跟大家說掰掰吧！

洪：好，說掰掰。

(End)

第 25 集

104.06.23

〈全球化的時代帶您掌握國際時事關心全球動態歡迎收聽地球脈動〉

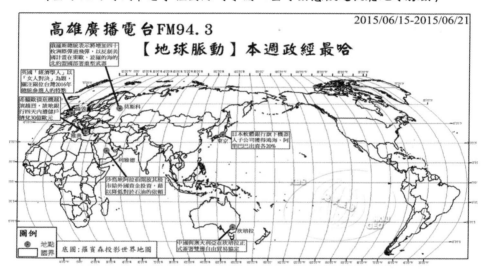

片頭：聽眾朋友午安，歡迎收聽今天 6 月 23 號的《地球脈動》。單元一開始帶大家來關心上周的國際大事：

俄羅斯總統表示將增加四十枚的洲際彈道飛彈，以反制美國計畫在東歐、波羅的海的北約盟國部署重型武器

中國與澳大利亞在堪培拉正式簽署了雙邊自由貿易協定

沙烏地阿拉伯開放股市給外國資金投資，藉此降低對石油的依賴

希臘歐債危機越演越烈，當地銀行四天內遭儲戶擠兌三十億歐元

日本軟體銀行旗下的機器人子公司獲得鴻海、阿里巴巴出資各百分之二十

英國《經濟學人》以「女人對決」（Femaleface-off）為主題，關注兩位臺灣 2016 年總統參選人的特點

稍待一會兒單元當中帶大家來關心這些國際大事的最新動態。

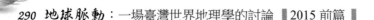

于庭（以下簡稱于）：現場時間是下午的兩點三十分、午後陽光第二階段，我是于庭。到了星期二節目後半段我們節目當中非常熱鬧，邀請到了高師大地理系兩位老師，洪富峰老師還有施雅軒老師來節目當中，跟大家聊聊國-際-大-事-。那我們先請兩位老師已經這個到錄音室了，跟大家問聲午安吧！

洪富峰（以下簡稱洪）：午安！

施雅軒（以下見稱施）：大家午安！

于：好，非常的簡潔有力。那剛才這個節目的片頭、單元的片頭于庭已經稍微為大家來.做一下上周國際大事的這個稍微的提醒。接下來是不是請施老師一樣先就這個前四則的訊息，為大家做一下簡要的說明。

施：好，第一則俄羅斯的新聞，他其實是在因應美國本來要計畫佈署重型武器，所以俄羅斯是老大哥，禁不起人家生氣，所以就馬上就是加碼就是四十枚的彈道飛彈，那我們都知道這個彈道飛彈都是跨洲際的，所以是直接可以作攻擊的。

于：遠程嗎？

施：對對。所以俄羅斯這樣子的話，其實最近有個新聞，俄羅斯跟英國的那個什麼戰艦、哦不是戰艦，戰機，彼此之間稍微、就是靠近到三公尺。這個其實都是很危險的，只要稍微有一點，就是說這種擦槍走火越來越會出現，去凸顯他其實在這個世界上還是有某種的影響力，所以這種新聞會越來越多。那第二個，中國跟澳大利亞正式簽署雙邊自由貿易協定，就是我們一直講的 FTA。那當然他們的好處就是彼此的互取所需，就是以後澳大利亞的牛肉，或者是說所謂的產品進去中國慢慢的就會免關稅。那中國生產的進到澳洲，對不對？那基本上這兩個國家是互補的，所以其實不會有什麼非常大的一個傷害。只是說因為他們的經濟體太大了。所以當他們簽署的時候，雙邊、兩個國家的雙邊的貿易量會一定會突然的就會激增了，這個是一個很重要的一個訊息。那再來是沙烏地阿拉伯他開放股市給外國資金投資。那其實我們都知道沙烏地阿拉伯

他對外賺錢的就是石油。

于：油，對。

施：可是賣石油通常都會有一種恐慌，就是有一天我油賣光了怎麼辦？

于：所以他現在是要未雨綢繆的意思。

施：對對！就是要未雨綢繆，就是說，好，那我要轉型成什麼？那像杜拜就轉型成房地產啊！蓋大樓什麼的。他現在就是說，好，那以前不給外國人碰的股市，那我把他開放慢慢轉成金融貿易中心，朝這個方向在走這樣子。那再來就是希臘這個歹戲拖棚 pháinn-hì-thua-pînn，那個希臘我們不知道講多久了，那現在感覺已經快到結局了，就是四天內被擠兌三十億歐元。那為什麼？就是擔心我的錢擺在戶頭裡面，那萬一突然我要換成就是歐元換成希臘幣，也就是說脫離了，希臘要是脫離歐元區的時候，就變成說你戶頭裡有多少錢就換成多少錢，就像以前臺灣以前的四萬換一塊那樣子。那我擔心會那樣子所以我就把我的歐元全部都提出來，然後轉到別的地方去存。然後四天被提出來三十億歐元，這是很大的量、這體質不好的銀行會垮的。那大概這四則的新聞大概介紹到這邊。

于：OK，那接下來要跟大家比較深入來聊的是說，在這個日本有一個所謂的這個機器人要做這個、這個算是智慧型機器人的公司嗎，他們獲得了這個鴻海還有阿里巴巴，也就是臺灣還有中國大陸的企業來做出資，然後要來量產這樣的一個情感型的機器人。想問一下老師這個情感型機器人是怎麼樣的一回事？

施：剛才我們在一開始的時候有聊到，你說那個電子雞啊！

于：哈哈哈哈。

洪：電子雞會跟你講話嗎？

于：電子雞會發出聲音，會逼逼叫。

施：那他也會啊！看起來目前的售價，看說十九萬八千元。

于：十九萬八千元。

施：不到二十萬日圓。

于：這樣其實也沒有到很貴、很貴。

施：也沒有很貴，所以它的功能對不對其實在某個程度也是有所侷限的。並不像一台車或怎麼樣，因為它就是小小的、小小的一隻。但是這樣的產品它其實背後有一個有趣的連結，就是它其實由日本的軟銀，然後跟鴻海跟阿里巴巴。那為什麼我們會去看待這樣子的一個問題？是因為在政治上面中國跟日本其實彼此叫囂，摩擦的相當嚴重，可是在經濟面上面他們是你中有我、我中有你啊！

于：所以檯面上國與國之間你們這個領導者去吵軍事的事情，我們檯面下就是商人。

施：賺錢的事、賺錢的事。

于：我們開另外一扇門就對了。

施：對對，因為你看由這三家公司其實就所謂的研發、生產還有就是販售。

于：研發、生產到販售。

施：對，就是通路。這三家公司組合起來就是可以讓你買到那個不到二十萬日圓的機器人。所以你其實看到這個產品，其實背後是有一個很龐大的一個組織的。

于：那他們也看好這個東西會賣得很好嗎？呵呵。

施：不知道，要測試。預計說一個月要賣一千台。

于：一個月要賣一千台，好！

施：預計、預計。

于：好，如果所以這個小時候如果對這個電子雞有興趣的朋友或許也可以考慮來買一下，這台新的、應該是說剛出廠的這個情感辨識功能的機器人，他有個名字，叫 Pepper。為什麼這個名字好像還滿好笑的。那接下來洪老師是不是要就這個，這樣的一個跨國企業的合作，我們剛才提到這個研發然後製作跟通路，其實就整合了日本、臺灣還有這個中國大陸的三個相當大的廠商、相當大的企業。這樣的一個跨國集團的合作在目前是不是一個時代的趨勢啊？

洪：這個已經是跨國公司的常態。不用講的這個阿里巴巴，很多人以為會誤解說他是……那個馬雲所擁有的，馬雲佔的比例不到百分之十啊！他的最大股東其實就是今天這家公司叫軟銀。軟銀不是銀行啊！

于：我一開始也以為這樣子。

洪：是軟體銀行，他是做各種的軟體的。所以你如果現在 6 月份你買了他的
這個 Pepper、這個人形機器人，他的背後的功能就持續賣給你，可能就
像你買了一部電腦，你的電腦中有什麼樣的功能，你再跟他買軟體。他
背、後面的軟體一件一件的開發出來賣給你。

于：所以可以不斷的更新、更新、更新。

洪：比如說如果有兩個人各買一個 Pepper，然後 Pepper 要取名字。然後，你
出去郊遊的時候，出去 social 的時候 Pepper 跟你出門。然後他們兩個
Pepper 互相去說郊遊，然後這兩個 Pepper 彼此之間就來比了，看誰的功
能比較強，好，我就買多一點的軟體，他還會跳舞啊！你剛剛講說要有
表情的啊！這個我們的媒體報導說有一個具備有一個「心」的這個非常
具有東方的概念，禪的概念。說你有心無心，說啊這個人是正面的負面
的。機器人要有心困難度太高了！我們人活生生的要有心都很難了，更
何況是機器人。我不曉得我這樣講這個主持人跟施老師還有我們聽眾朋
友能不能理解我在說的意思。就是「心」這個字實在是太抽象了，他不
是「肉團心」而已，它是一種注意力。是一種無時無刻對於環境的，對
於你的週遭的，甚至對於自己、所有的這個細節的完全的理解，那層次
很高。所以要有心，其實他概念上是說他會思考、他會跟你互動。就是
高階版的，你剛剛講的小時候玩的電子雞啊！他不只是會餓、會哭而
已。哈哈，他會跳舞，他可能跟你溝通。但其實最早這家公司他其實是
做翻譯機的啊！

于：做翻譯機的。

洪：對他做這個機器是可以翻譯的，所以聽見你講什麼話，他可以翻譯成不
同的語言。他其實是有，等於機器人是會跟他的主人是會互動的。

于：互動。

洪：所以如果未來他可以幫你做各種的服務，現在、或者是說在工業上面的
機械手臂他會做各種的組裝，那個是設定好程式他就按照程式在做的，
我想大部分的聽眾朋友大概都很熟悉。可是如果是一個人形的機器人，
他會有情緒，他會跟你互動，那就更進階了。所以這一個新聞或是這一

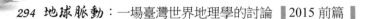

個公司現在所成立的這個投資，其實在做這個事情。那我們剛剛講說從研發到生產到這個通路、通通合起來。其實軟銀做這個事情做很多啊，你如果了解他的發展的歷程，在過去二、三十年他大量的投資各種透過軟體來控制的，或者是林林總總的這種通路，他通通投資、無役不與啊！可以這麼講。你查查那個資料可以數百件以上。所以這個阿里巴巴是他的這個主要的投資的項目之一，目前，而且在過去的這個十多年還賺了相當多的這個利潤，這個是往前跨一步的一個新聞而已。

于：所以這樣的一個新聞等於說，除了講到說這個在……哦機器人的軟體製作上好像又在、這個人的科技的發展又更上一層樓之外，其實也講到所謂的跨國集團的合作。老師，于庭想要問一下像這樣的跨國集團的合作對於、各國來說到底是各取其利？還是說其實它背後對於這個各個國家是有一些些危機的，因為就表示說你沒有辦法控制整個產品從研發到賣出去這樣一條路。

洪：剛剛我們第二則這個中澳簽了自由貿易協定，其實就是各種的……看要看實際的內容跟他的進程。那到最後其實就是雙邊的貿易是障礙越來越少。可是關於國家，他還是一個國家，你看他是用國家跟國家簽定的。這個國家是有邊界的，在邊界是要設關卡的。那這個關卡有些是牽涉到要維護你的主權。好，比如說最近有一些流行病，你可能的、危險的、會傳染的人，那我要給你擋住啊！這個要阻擋在境外，讓這件事情不會擴散進來啊！所以我們就你出國旅遊的人大概都知道，進關的時候就會先簡單的測量你的體溫，看你有沒有發燒，來做為一個指標說，你在這個旅程當中是不是染了、可能什麼樣的疾病，這要追蹤的。所以這還是要國家主權來控制啊！所以即便做到最後，回到您剛剛的提問，這個議題是很不錯的就是，我都通通跟你好像是一個了，那我還有沒有自我？就像第四則的希臘，我已經是在歐元區了，那為什麼提領擠兌的都要來擠兌我們這個希臘的銀行，其他人要跑去擠兌？他也有他的內部的範圍啊！像英國他沒有參加歐元區啊！他雖然是歐盟的

于：一份子。

洪：一員，對。那在經濟上面的密合度還沒有那麼高，所以跨國公司它可以

　　來這邊做生意、買賣你的東西，但是任何一個國家其實有某一些部分
　　的、關乎到他的主權，安全，還有其他的可能是有對他們的發展是有關
　　鍵的部分，他不會輕易就賣出去的，或是拿去交換的。

于：所以說即便這一個跨國的利益在怎麼樣龐大，還是有一些算是這個底線！

洪：用這樣比啊！很要好、很要好的姊妹淘，好的不得了，那有很多的事物
　　是不能 share 的。配偶不能 share。

于：當然

洪：這一定的！這沒有問題。還有其他屬於個人非常非常私密的這個訊息，大
　　概也不會講，有一定的程度。這他其實有一個遠近親疏的關係的。他從國
　　家的角度來講，關乎你的主權的維護、安全的維護，或是關鍵的生存之道
　　他不能告訴你的。有些公司不讓人參觀的啊！為什麼不讓你參觀？

于：商業機密。

洪：怕你把我們商業機密偷到手了。所以即便是都在講自由貿易，即便是關卡
　　都在削弱，彼此之間越來越方便讓你流通，可是，那一個限制還是在的。

于：哇，經過兩位老師這樣的一個分析其實我們可以看到，從這一個政治的
　　角度來看我們會發現說，這個政治的檯面上好像各國之間這個戰火是相
　　當猛烈的，但是如果進到這個自由貿易這一塊，好像各個跨國公司之間
　　又可以的這個 bodybody、稱兄道弟。但是在怎麼樣好的狀態之下，還是
　　有一些東西是沒有辦法共享、沒有辦法真的說整合到，哦這些跨國公司
　　真的變成同一個、同一家公司，這樣相當有趣的一個社會現象。下次如
　　果你購買某一家公司的產品的時候，或許你可以來研究看看、來關心一
　　下你手上的這個產品，他中間到底經過了這個多少個跨國公司的合作，
　　以及這個跨國公司之間他們合作的默契是什麼，這些可以讓聽友們，下
　　次如果遇到這樣的一個狀況的話，來關心一下跨國公司的狀態。好的，
　　我們先休息一下待會兒再回到節目當中跟兩位老師聊天。

（音樂）

于：好的，現場時間是下午的兩點四十九分、午後陽光第二階段，我是于

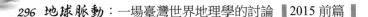

庭。星期二節目當中《地球脈動》單元邀請這個高師大地理系的洪富峰老師還有施雅軒老師，在節目當中跟大家聊聊國際大事。接下來要來關注的這一則這個國際訊息，是說英國相當有名的這個雜誌，周刊雜誌叫作《經濟學人》。那《經濟學人》最近以這個女人對決、女子對決為主題來關注臺灣 2016 年的總統參選人。為什麼《經濟學人》會這麼樣來關注我們臺灣的總統候選人，是基於這個臺灣的這個國際地.不是國際地位，應該是說國際的這個相關的影響力是可能會有、有一點的，還是說他這個立焦的焦點是站在女性參選，是不是請洪老師來幫我們聊一下。

洪：好的，那個《經濟學人》其實臺灣有很多的讀者。那他也變成臺灣現在的主流媒體的參考的消息來源之一。他經常會有一些的訊息那我們的主流媒體就會去引用，所以經濟學人對我們的影響力是大的。那我們的政府也在經濟學人上買各種的廣告。我就看過的這個包括旅遊的，應該是觀光局出錢的，那還有一些經濟部對於企業、我們的企業在國外的一些品牌的廣告都有。那所以《經濟學人》在亞洲的影響力、臺灣是一個主要的市場之一！所以他會關注我們這裡發生的事情，然後來吸引我們讀者的關心度是很正常的。那其次這個議題是兩個女人的戰爭，那如果順著這個順序走在明年的年中，臺灣會出現女性總統啊！那這個女性作為一個國家領導人的這種事情，在全世界不是新聞吧！我們旁邊的南韓就是，我們南邊的菲律賓就是，北邊的韓國，南邊的菲律賓，都有啊！那在歐洲那就更多了，那個梅克爾，芬蘭、挪威、冰島等等多的是。所以為什麼特別？其實看起來沒什麼特別。我們這個節目也談過翁山蘇姬，可能變成這個

于：緬甸。

洪：緬甸的未來的，假設狀況能夠順著可能用什麼國際普世價值這種民主制度、不應該限制人的，那她如果有選舉的這個機會大概也很容易就當選了，以目前的情況來講。美國也要出現那個女性總統了。

于：是。

洪：所以女性作為一個國家的領導人這種事情，從過往這一段時間以來在民主制度裡頭是很正常的。所以如果臺灣也出現這樣的一個議題，那其實

也不過是大家都一樣，那臺灣也進入這個行列之一而已。但是那個有時候我們就會跟施老師談說，女性做總統有什麼特別？高雄市的那個市長、議長都是女性啊！好像我們都要跟那個女性去招手說，你們來統治或是治理比較好一點啊。那這個也許可以請這個施老師補充一下。是不是女性除了這個家庭的那個治理之外，城市的治理、對於國家的治理真的會比較好？

施：刻板印象！女性治理比較不會反桌 píng-toh！就是，不會動不動就是……就怎麼樣了……比較會

洪：但是我知道兇起來很多很恐怖的，對不對？說惹啥貨 jiá-siánn-huè 惹啥貨 jiá-siánn-huè、毋通惹著 m̄-thang-jiá-tiòh 啥物 siánn-mih 啥物 siánn-mih 啥物貨 siánn-mih-huè，也有這樣的話語啊！

于：不過算是這個女性的這個執政應該是說要來逆轉一下，就是說長期以來男性執政，可能像剛才兩位老師有提到，都會以訴求以軍事啊或是暴力的方式來解決，等於說女性是開了另外一個選擇，就像、就是來看看說除了用武力、除了用軍事來解決一些紛爭之外，有沒有另外一條路來調解一些國家或者是國際之間的狀況。

洪：這你如果看梅克爾，你會覺得梅克爾是比較柔弱的嗎？

于：不會。

洪：不會她看起來相當的

于：鐵娘子。

洪：所以那個施老師會講說如果觀察點是動用武力，然後用美國來當作一個對象來看，假設美國真的出現女性總統，她真的會像動不動就出兵嗎？就下令去攻擊嗎？這是個觀察點。不過從歷史上其實也會有很多的女性我們說母系社會裡頭，這個女性是國家領導人帶領戰爭，從人類學的考古遺址都找的到的，她們其實不會輸給男性的。所以如果人是有無限的可能，那她作為一個國家領導人也已經有這麼多的例子了，那臺灣出現這樣一個案例，只不過因為是第一次所以《經濟學人》把她當作一個新聞來報導，也不過是，其實大家都知道了，只不過是從英國的一個有一百多年的一個期刊，賣的這麼好，經營這麼好，看起來還會持續經營

的，有影響力的一個新聞媒體，來關注我們的國家大事，所以會變成我們的新聞而已。

于：他抓的就是一個新聞點，就是說……他們來關注臺灣第一次出現這樣的狀況，算是一個新奇性，抓住這個新奇性

洪：你也可以講說他在賣他的期刊啊！

于：哈哈哈。

洪：因為據說前面有一、前面有一家期刊用了這個某一位候選人的封面的已經賣光了，還要追加。

于：是。

洪：尤其以《Economist》的這種，尤其是搞經濟來講，那我也能不能至少這個輸人毋輸陣啊！他也要跟上來啊！說不定他也做一集專輯也不一定，賣得更好啊！

于：哈哈哈，所以老師又從這本雜誌的銷售的觀點來切入是滿有趣的這個角度，那不管！好，我們不管說為什麼他要來關注這樣的議題，但是這個臺灣會來出現這個女性候選人的對決這是已經一個哦大概快要成立的一個事實了，那我們在看到這個新聞的時候、看到這樣的資訊的時候，其實也要這個把議題轉回到我們的身邊，到底這個女性的平權在我們生活中是不是真的有落實，也要呼籲大家多多來關心一下。哈哈。

洪：今天的主持人應該是非常支持這樣的觀點。

于：當然，因為以這個女性站在性別平等的立場所以呼籲大家。好的，現場時間是下午的兩點五十六分，節目尾聲要請兩位老師跟大家說掰掰囉，那我們也預約下周空中見。掰掰！

洪：好，再見。

施：掰掰。

(End)

第 26 集

104.06.30

〈全球化的時代帶您掌握國際時事關心全球動態歡迎收聽地球脈動〉

片頭：聽聽眾朋友午安，歡迎收聽今天 6 月 30 號的《地球脈動》。單元一開始帶大家來關心上周的國際大事：

俄羅斯外貝加爾邊疆區政府宣布，把十一點五萬公頃土地出租給中國企業四十九年

俄羅斯聯邦委員會通過法案，明年的 1 月份開始將全面禁止日本漁船在該國專屬經濟區內進行鮭魚捕撈

智利宣布首都聖地亞哥進入了環境緊急狀態，以處理城市煙霧彌漫的問題

希臘國會通過，決定把希臘以及歐洲聯盟（EU）還有國際貨幣基金（IMF）等國際債權人所達成的紓困方案交付公投

土耳其總統宣稱，不容許庫德族在土耳其南部和敘利亞北部地區獨立建國

美國速食店業者決定讓售將在臺灣的三百五十間直營店，經營權轉手他人

稍待一會兒節目當中帶大家來關心這些國際大事的最新動態。

于庭（以下簡稱于）：好的，現場時間是下午的兩點三十一，午後陽光第二
　　　　　　　　　　階段，我是于庭。節目當中邀請到高師大地理系的洪
　　　　　　　　　　富峰老師還有施雅軒老師，來節目當中跟大家聊上周
　　　　　　　　　　的國際大事。先請兩位老師跟大家問聲午安囉！

洪富峰（以下簡稱洪）：午安。

施雅軒（以下簡稱施）：大家午安。

于：剛才于庭已經就上周的國際大事，為大家做一下簡要的這個敘述，接下
　　來是不是請施老師來就前面四則的新聞，為我們做一下分析。

施：首先前兩條跟俄羅斯有關係。

于：是。

施：其中一則是俄羅斯外貝加爾邊疆政府，把十一點五萬公頃的土地租給中
　　國企業四十九年。十一點五萬公頃是多大，約大高雄市的一半土地，這
　　樣就租給一家私人公司。

于：那這個地方是很重要的一個地區嗎？

施：因為中國整個經濟發展起來，需要很多地方從事土地農耕，因為境內土
　　地已經不夠用了，所以有時候去非洲，有時去中南美洲，現在已經看上
　　俄羅斯了，另外一則新聞，跟這個剛好是倒過來的，是俄羅斯禁止日本
　　在專屬經濟區裡面捕撈鮭魚。

于：這又扯到領海、經濟海域了是不是？

施：其實這個問題一直存在的，那為什麼俄羅斯現在要下這個手？因為日本在
　　烏克蘭的問題是支持歐盟那邊的，大國的政治運作不可能一開始就打你，
　　先開始找你麻煩，讓你身體不舒服，等於是軟性的警告日本，你站在烏克
　　蘭這邊、站在歐盟那邊的話，我還可以繼續再調高政治的衝突度。好這是
　　一個。那再來就是智利進入環境緊急狀態，整個污染物沒有辦法排出去，
　　造成環境污染，所以發出這樣子的一個緊急命令，包括我們高雄，到冬天
　　你會發現就是整個灰濛濛的，現在事情就類似這樣的情況。那再來就是第
　　四個，希臘國會又來了，但是這個比較不一樣，是他要公投了。就像我們
　　的主任講的，凡是遇到重大議題的時候我們就來公投。

于：這是一種推⋯⋯就是政府不要做決定了。

施：對對對，因為你就會說這是強人對不對，好那我把這個權力交給希臘人民。那假如是希臘人民選哪一邊，我照做你就不要怪我了。因為不管哪一邊，希臘現在選的這個公投不管是哪一邊，絕對會對希臘人民造成很大的影響。但是大家來公投，所有的好壞！就大家一起來承擔。那什麼時候？好像是 7 月 5 號。

于：7 月 5 號。

施：對對，那到時候下禮拜我們再看公投的結果是什麼。

于：結果是怎麼樣。好的，那謝謝施老師幫我們分析了前四則的新聞，接下來要跟大家來講的這個議題，應該很多朋友都已經有注意到。美國知名的速食業者，決定要讓售在臺灣有三百五十間的直營店，把它改成授權發展。換句話說，經營權要來做轉手了。其實這個消息剛發布的那一天中午，于庭就有朋友已經先跑去這個速食店用餐。因為他跟我說，很怕以後吃不到像現在這種口味的漢堡了，那想請問老師這樣的一個狀況，為什麼這個速食業者在臺灣應該是還賺的，營運的狀況是還不錯的，滿受到青年朋友、小朋友的喜歡，甚至是一般的這個上班族，有的時候比如說要約談 case 也有可能約在這裡面。那這個整體看來其實在臺灣的營運狀況是不錯的，為什麼會突然這麼的算是閃電式就決定說要把臺灣的這個股權作讓售？

洪：我來回答嗎？

于：是，哈哈。

洪：麥當勞三十一年來其實已經跟臺灣的一般的人的生活的飲食文化結在一起了。那有這麼多店三百五十間，那你說經營權轉他人是不是你就吃不到原來的？我想是不會。他其實說不定會更符合你的要求，更滿足你的朋友，或是你同事的要求。因為他想要轉成這個加盟啊！

于：在地化經營。

洪：加盟就是要去照顧在地的口味啊！所以他等於加盟店得到的這個自主權的那個能力，或者是授權也要強化了，只是這個招牌還是而已。所以不必擔心。說不定越來越更符合你的口味是沒問題的。那其實像泰國，泰

國他就是有自己的，所以你去泰國的那個麥當勞裡頭他有在地的食物放在裡面的。那是印象是不一樣的。那今天會有這個消息一般的觀察是因為，麥當勞的在美國的股價在下跌，他可能需要這樣的資金回去救他的本公司。

于：所以是母公司的營運有出狀況就對了。

洪：像連日本都出問題啊！日本現在要連續虧本已經不曉得多少的那個經費了，那以至於說不定都要關掉了。那另外一個課題是其實飲食是文化。我們吃漢堡的這個習慣三十多年來，我們已經非常、非常美國化了。我簡單印象記得以前有個同學他去我們學校門口的，我念大學的時候他經常去吃麥當勞，大家問他你為什麼這樣子？他說我練習著將來去美國留學的時候就可以適合麥當勞。

于：好特別的方式。

洪：對，其實他已經跟我們結在一起了，其實不必擔心。這只是一個簡單的國際公司他怎麼調整他，全球化的時代在東亞地區他要收縮，他要換成在地授權，所以要把這個現在他還很有價值，雖然獲利在下降好像要接近快要打平的階段，可是整個價錢應該是很高的。

于：那想請問老師，換成這個所謂的授權方式對於他們來說是比較好的嗎？還是他只是急需這筆現金，還是說……

洪：應該是吧，就他來講其實他就是要出脫。那三十一年來他已經獲得了很高的這個營收了。這個時候要了結。可是他重點應該在美國的母公司本身，不要弄到最後連美國母公司都被別人買走了。像 7-11 這個其實他的品牌是美國的，可是已經被日本人買走了，因為日本的 seven 做的比他好。應該 2006 年吧！如果沒有記錯那個時間。所以過去這些年其實雖然其實還是美國母公司存在，可是他背後的老闆是日本人。

于：所以在這個全球化的時代，很多老闆的經營權都一直在、這個算是什麼風水輪流轉嗎，轉來轉去。

洪：這個經營本來就是看成本，而且所有的這些包括房地產，包括所有這些生產的機具設備等等的、甚至員工，都已經被金融化了。所以看的是股票市場的價格以及誰有沒有出更高的價格，隨時都可以出售的。

于：OK，所以全球化的企業就是一個

洪：不用太在意。

于：在商言商的狀況。好的，聊了跟這個民生飲食比較有關的議題接下來要
　　講的這個議題，有一點就比較嚴肅一點了。土耳其的總統他宣稱、不允
　　許庫德族在這個土耳其的領域不得，不允許它們在土耳其的南部還有敘
　　利亞北部地區獨立建國。那談到這個庫德族是不是先請老師來講一下，
　　庫德族是怎麼樣的一個族群？可能多數的朋友對於他們是有一點點陌
　　生，只是最近這個 IS 的議題出來，好像難免會沾到一點庫德族的名字出
　　現在新聞當中，但是相信應該多數的朋友是有一點陌生的，先跟我們介
　　紹一下這個庫德族到底是怎麼樣的一個族群嗎？還是怎麼樣的一個一群
　　人？

洪：庫德族就是住在庫德斯坦這個區域的人。那從據說西元前兩千多年前他
　　們就居住在這個區域了，所以就是現在所謂的兩河流域。

于：歷史課本上面會看到。

洪：兩河流域的比較上緣的地方，就是他們的家園。那以今天的國家來講包
　　括土耳其的東南部、伊拉克的北部、伊朗的西部、敘利亞的東北部、亞
　　塞拜然跟亞美尼亞的南部。

于：都是他們的活動。

洪：都有他們的生活的空間。但是因為都是在現在的國家範圍裡頭，所以他
　　就會變成這個國家、這六個國家當中的比較少數的民族。

于：那.這個族群已經很久了嗎？

洪：有四千多年了。

于：四千多年。那為什麼一直沒有比如說成立一個國家？

洪：對啊！這也是他們族人一直希望，在現代民族國家出現以後他們也希望
　　能夠成立國家。在一戰、二戰之後都有機會，但是都失去那個機會。那
　　他們的種族又是遊牧民族。而且那個

于：居無定所。

洪：你不能說現在的遊牧民族都居無定所，在那個範圍裡頭，從那個範圍來
　　看他是居有定所，就在那個範圍裡面。就在那個非常充滿著想像的這個

兩河流域啊！主持人你知道這個全世界最早的，那個公主、這個跟王子
或是從此過著生活快樂日子的會是誰嗎？一對男女，你會想像是誰嗎？

于：嗯？

洪：全世界最著名的。

于：亞當、夏娃。

洪：U'rright！據說亞當、夏娃就住在這個區域啊！

于：這裡是他們的失樂園是不是？

洪：所以你說不定還可以認為說庫德族人以前就住在伊甸園耶！就西方《聖
經》當中的伊甸園啊，多好！

于：是、是，但是他們一直、如果一直沒有這個建國的機會是不是就是，感
覺有一點流離失所的感覺，會這樣嗎？

洪：以最近這個，比如說跟土耳其的這個事件來講，其實他是因為美國的資
助。而且我們在節目當中、這過去這半年講的多次的在 IS 的戰略對不
對。那 IS、所向無敵啊！可是碰到庫德族的時候不一定打勝仗。

于：為什麼？

洪：因為庫德族人很會打仗啊！我已經流落了三、四千年了。我就在這個區
域，這個地方的環境我非常的熟悉，這是我的家園。你看我居無定所，
正好你打不到我。啊我可以回過頭來打你。所以以現在這個區域的戰爭
來講，庫德族是最好的戰士。其實在伊拉克以前把二戰結束以後，能夠
從英國獨立，也是庫德族人幫忙啊！到現在有一些基督徒在被 IS 進這個
屠殺，追趕的時候逃進庫德人的區域，庫德族也庇護他們啊！

于：等於說庫德族跟 IS 是兩個對立的單位。

洪：你可以說只要庫德族的區域 IS 不來攻占，庫德族人也沒有什麼意見。但
是要包容不同宗教的人，包括基督徒。所以這不最符合現在文明的一個
條件了嗎？可是他因為分布在這六個國家，比如說我們這一次新聞裡頭
主體的這個土耳其，他是最多的，號稱

于：佔最大面積。

洪：號稱兩千多萬人，兩、三千萬人之間，大概有一半左右、一千多萬人是
住在土耳其的邊界的。就住在土耳其的區域的。土地面積也是最大的，

所以土耳其當然會怕啊！前不久不是美國人空投了一些物資進去幫忙這個、那個要對抗 IS 嗎？都投到 IS 的範圍裡頭去。那時候我們就在猜想說其實說不定不是投錯了、是投對了，可是美國的情報不知道那個地方不是庫德族的人，是 IS 的。因為搞不清楚。所以這一次的事件假設能夠讓這個庫德族人在土耳其的境內，真正從半自治、自治的方式成立屬於他獨立出來成立一個國家，那這個區域的範圍、整個地緣政治這個區域又要重新改寫。而且土耳其也不願冒這個風險，他變成國家要分裂啊！他庫德族人又可以當作他跟 IS 之間的一個緩衝，逃進來的人就可以到這裡來受到庇護。

于：尋求庇護。所以說土耳其總統他現在不准說庫德族在他們的境內來獨立建國，除了這個疆域的問題之外，還有一些政治上的考量嗎？

洪：對啊！不過你有時候你從這裡在往未來推好了。現在是 2015 年了。假設又過了五百年土耳其還會存在嗎？伊拉克、伊朗會存在嗎？說不定不在了？說不定這個國家都換了。可是說不定到時候、五百年之後庫德族還是存在的。

于：對！因為他們。

洪：他依然還是亞當、夏娃的那個伊甸園的生活。因為他已經適應這個區域的所有的環境，他有屬於他自己的生活方式，語言、宗教、文化通通都有。

于：那剛才這個洪老師有幫我們談到說好像美國空投來援助庫德族，那是

洪：他不是援助，他其實是幫美國人打仗。去對抗 IS。

于：所以因為他站在對抗 IS 的立場，那等於說現在美國希望他可以更、對於這個庫德族的勢力、透過他們

洪：我相信他在接觸的過程當中庫德族一定會要求，那我要獨立、建立庫德族的共和國。那美國說不定是好好好，那我幫你去跟土耳其講一講。土耳其就不行、不行，今天的新聞是這樣來的吧！

于：所以這個國際之間好像很多的事件他的背後都會牽扯到美國這樣的一個勢力。

洪：對啊！你要靠庫德族來打仗，去對抗 IS，那你又不讓他獨立成為一個國家。然後等到你和平的時候，他又變成少數民族被你壓迫。

于：所以現在是庫德族人要抓緊這個時機，就說你要讓我建國。

洪：他這個過去的歷史、就一、二次大戰以來就一直不斷的重演，像伊拉克當中把英國人打走了以後，伊拉克的庫德族人沒有辦法成為國家。伊拉克成立以後、伊拉克的國家這個建立起來他還是少數民族一樣被壓制啊！故事是一樣的。

于：好，所以這個國際的政治、地緣政治真的是相當的複雜，每次講到這個 A 跟 B 有關係，好像他背後又加了 C 跟 D 的一些權力利益在裡面，大家有沒有覺得、國際政治……

洪：對啊！像現在他們那個城鎮叫科巴尼啊！那都是庫德族在守啊！土耳其政府也不敢去守啊！也不願意幫忙守，那為了防治 IS 那美國出手了，空投物資給他們，協助他們訓練給他們各種的軍事的武器。那他會講說，我有領土啊！我有軍隊啊！如果再給我主權我就成立了這個國家了。那接下來你就會看見庫德族有自己的貨幣了。

于：從國家到了貨幣。

洪：他有石油到處都是。

于：好~現場時間是下午的兩點四十八分。我們先來聽一首歌接下來再回到節目現場跟兩位老師聊天。

（音樂）

于：好的，現場時間是下午的兩點五十二分、午後陽光第二階段，我是于庭。今天節目星期二、節目後半段跟這個高師大地理系兩位老師，洪老師還有施老師來聊這個國際的世界上的大事。那今天 6 月 30 號，對於我們這個單元來說是一個、歷史性的一刻嗎！可以這麼講嗎？兩位老師！

施：可以、可以啊！

于：歷史性的一刻？為什麼歷史性的一刻？

施：因為偶像劇對不對已經演完兩季這是很了不起，呵呵。

洪：哈哈哈哈。

于：哈哈，就是我們已經、哦我們的單元已經跨越了半年了，即將要邁入第

七個月了。是。那是不是在節目當中也要請兩位老師先來跟大家解惑一下，為什麼一開始會想說要來節目當中跟大家分享國際大事？

施：這個其實，起點的時候剛好是我跟洪老師帶那個我們學校系上的、博班的專題討論的課。然後聊著、聊著就因為在談一個理論、**一個政治地理學者談的「非再現理論」**這樣子的一個概念。那我們就開始舉那個世界的新聞來去呼應，所謂為什麼叫作「非再現理論」，也就是說，我們這個世界是由一連串的結構，你要是承認這個的話就是叫作「再現理論」。那什麼叫作「非再現理論」？就是說，你要知道這個結構對不對就必須要不斷的知道到底發生了什麼事情，例如說你跟你的另外一半對不對，你以為是一個穩定的結構嗎，沒有。你天天都要看你跟他的互動。所以為什麼每天的世界新聞你都每天都要看，就是說你要透過每天變化的世界的脈動，你才知道國與國之間、這個區域到底發生了什麼事情，也就是說沒有一個穩定的一個結構。然後我們講一講我突然就、這個其實……也可以當作一個節目的一種賣點，然後我就跟主任講說那這樣子我們有沒有機會對不對，上電台或上電視來聊這個。然後，我那時候只拋一個這樣子，然後我就忘記。

于：呵呵！神來一筆就對了。

施：因為在上課只是聊聊而已嘛！然後就突然，在跳一個故事就是、就主任就突然跟我講說，我有聯絡到！後面的故事就讓主任來講吧！

洪：然後于庭就來主持我們的節目啊！所以應該請于庭可以談一談他的心得、感想。哈哈。

于：不敢說什麼感想。就是在節目當中半年時間跟兩位老師在節目上互動，其實一開始來說……哦一開始，跟兩位老師討論說我們這個節目要把它定位為一個星期跟大家關注上周的國際重要的大事的時候，我的有一個想法突然覺得說，我們這個的高雄廣播電台這個午後陽光第二階段的節目的視野、要從高雄、從南臺灣三縣市，跳出臺灣遍到世界各地了。我自己就有一點，我們的節目的世界觀突然、或者是說我們節目要關注的點突然要變的好多好多。那但是對於于庭自己來講，畢竟不是、不是學這個國際關係的，所以其實在這個主持節目的時候是有一點戰戰兢兢，

是要靠這個兩位老師！用他們的學術的背景來幫助這個節目作加分，所以真的是很感謝兩位老師讓這個節目的豐富度更加的充實。

洪：其實我們也希望說不是我們的同學、學生在課堂上去討論這些事情。每天都發生一些新聞。那這些新聞對我們的影響有些是現在看不到，可能慢慢、慢慢累積起來就會出現了。比如我們前不久在關心那個 MERS 的問題，看起來我們好像現在開始稍微緩下來了。我們也過關了。那這個就是一個非常重要的事件。那比如說我們這一周前面剛剛談到那個，俄羅斯要把他的這個土地出租給中國的企業四十九年，其實這不是單一的事件。其實各地都有，臺灣也有啊！也發生在我們周圍啊，只是不是簽四十九年而已。形式改變而已，可是他背後都一樣，他需要生產農作物輸入到他的國家裡頭，或者是相關的食物輸入進去。其實東南亞、其實澳洲早就比這個俄羅斯要更早就在進行相同的故事了。這個就是我們這個節目叫《地球脈動》，他就不斷在動。

于：每個禮拜都不一樣。

洪：對，剛剛施老師用這個文言文講「非再現理論」。

于：呵呵，哈哈！

洪：白話文就是整個地球每天都在改變，其實包括每一個人，其實他是動態的。跟你的生活的情境當中，你會從過去當中去找一些訊息回來，整個地球也是這樣啊。我們剛剛講的那個庫德族四千年，他的生活型態改變？改變。他們快樂過日子的伊甸園不見了，要面臨戰爭。可是看起來他們挺過去，我也相信他們還是會挺過去。

于：其實這個國際上發生的、每天都在發生一些大事。那不曉得朋友們有沒有一個感覺，就是說好像多數的臺灣人只會對這個比如說像 MERS 這種，哦關於衛生的問題或者是環境的議題好像會覺得這一些議題才跟我們有關，但是于庭要告訴大家，其實國際上即便是這個別國的政治的這個動盪或者是經濟的動盪，對於我們來說都算是一個國家發展的一個借鏡。我們可以從別人的例子然後也來檢視自己說，我們在這個國家發展或是歷史發展上，到底有什麼這個議題可以來值得做為後續發展做為參考。

洪：那我們還要繼續。

于：對！所以明天、不是明天，下周

洪：第三集。

于：第三季！還會在節目當中跟兩位老師聊天，是的。

洪：那主持人有什麼新的構想嗎？

于：新的構想我們就這個私下討論，因為時間已經不夠了，現場時間是兩點五十八分。

洪：所以要請我們的聽眾朋友多介紹你的朋友來收聽。

于：是的，我們這個「好康鬥相報」，我們也希望繼續跟兩位老師在空中繼續跟大家一起分享國際大事，那因為時間的關係，所以要跟大家先說掰掰了。預約下周空中見。

施：掰掰。

洪：掰掰。

(End)

名詞索引

人名索引